CONCEITO E NATUREZA DO RECURSO HIERÁRQUICO

DO AUTOR:

A utilização do domínio público pelos particulares, Coimbra, 1965.
A execução das sentenças dos tribunais administrativos, Lisboa, 1967.
Comentário à lei dos terrenos do domínio hídrico (com José Pedro Fernandes), Coimbra, 1978.
Curso de Direito Administrativo, vol. I, Coimbra, 1987; 2ª ed., 1994.
Curso de Direito Administrativo, vol. II (com a colaboração de Lino Torgal), Coimbra, 2002.
História das Ideias Políticas, vol. I, Coimbra, 2000; vol. II (apontamentos), Lisboa, 1998.
Estudos sobre concessões e outros actos da Administração (com Lino Torgal), Coimbra, 2002.
Grandes linhas da Reforma do Contencioso Administrativo (com Mário Aroso de Almeida), Coimbra, 3ª ed., 2004.

DIOGO FREITAS DO AMARAL

CONCEITO E NATUREZA DO RECURSO HIERÁRQUICO

VOL. I

2.ª EDIÇÃO

CONCEITO E NATUREZA
DO RECURSO HIERÁRQUICO

AUTOR
DIOGO FREITAS DO AMARAL

EDITOR
EDIÇÕES ALMEDINA, SA
Rua da Estrela, n.º 6
3000-161 Coimbra
Tel: 239 851 904
Fax: 239 851 901
www.almedina.net
editora@almedina.net

EXECUÇÃO GRÁFICA
G.C. GRÁFICA DE COIMBRA, LDA.
Palheira – Assafarge
3001-453 Coimbra
producao@graficadecoimbra.pt

Julho, 2005

DEPÓSITO LEGAL
230019/05

Toda a reprodução desta obra, por fotocópia ou outro qualquer processo,
sem prévia autorização escrita do Editor,
é ilícita e passível de procedimento judicial contra o infractor.

À minha Mulher

PREFÁCIO DA 2.ª EDIÇÃO

Este trabalho, sobre o *Conceito e Natureza do Recurso Hierárquico*, foi publicado na sua 1.ª edição em 1981, como trabalho de investigação para integrar o meu *curriculum vitae*, com vista à sua apreciação e debate nas provas públicas de *agregação* em direito (direito público), que viriam a ser realizadas em Julho de 1983.

O livro rapidamente se esgotou. Por duas vezes, de então para cá, tentei preparar uma 2.ª edição, mas por qualquer misterioso motivo não consegui nessas ocasiões levar o trabalho até ao fim.

Entretanto, o texto começou a circular sob forma de fotocópias – sistema que entre nós se tem generalizado nas Universidades, em clara violação da lei e com ofensa dos direitos de autor.

Depois, a primeira empresa editora faliu – e eu fiquei sem interlocutor para tratar de uma nova edição.

Muitos alunos, colegas, assistentes e juristas em geral foram começando a insistir comigo para que republicasse o trabalho, ainda que sem qualquer actualização legislativa, jurisprudencial ou doutrinária, por ele se revestir – diziam-me – de grande interesse teórico e prático.

Chegou agora o momento de, noutra editora, lançar a 2.ª edição da obra, quase 25 anos depois da sua publicação original. Muito gostaria de a ter podido rever, ampliar e actualizar: não pude, porém, dispor do tempo necessário para o efeito.

Optei então por uma republicação do texto, com a novidade de, neste prefácio, proceder a uma indicação tão completa quanto possível das principais alterações que neste quarto de século incidiram sobre a figura do recurso hierárquico.

Se o trabalho fosse apenas, ou principalmente, de descrição e comentário pontual de regimes jurídicos, decerto não poderia ser agora editado sem uma grande actualização.

Mas, como decorre do título da obra – *Conceito e natureza do recurso hierárquico* –, não se trata aqui de um estudo de anotação ou comentário do regime jurídico do instituto, mas sobretudo (e quase exclusivamente) de um trabalho de construção teórica. A sua validade permanece, pois, ao menos nas respectivas traves mestras e linhas essenciais de orientação.

Sai, portanto, o mesmo texto que em 1981, mas com três alterações significativas: a indicação, neste prefácio, do que mudou desde então na lei e na doutrina; a publicação em anexo de um projecto de decreto-lei elaborado em 2003 para o Ministério da Justiça, pelo Prof. Doutor Mário Aroso de Almeida e por mim, com vista a reformular alguns importantes aspectos do regime jurídico do recurso hierárquico no Código do Procedimento Administrativo (diploma que, incompreensivelmente, ainda não foi publicado); e a publicação do livro através de uma nova editora – a Almedina, de Coimbra –, a quem agradeço o pronto acolhimento que deu à ideia desta 2.ª edição.

Por agora, é tudo quanto o escasso tempo disponível me permite fazer. Espero que o livro, mesmo assim, tenha utilidade para os leitores que o vierem a consultar.

E faço votos por que as circunstâncias me permitam, num futuro não muito longínquo, elaborar uma 3.ª edição devidamente actualizada do próprio texto.

Principais novidades ocorridas, em matéria de recurso hierárquico e figuras afins, de 1981 até hoje:

- Foi abolida, em 1985, a figura da reclamação pré--contenciosa necessária, que se revelou nociva à efectividade das garantias contenciosas dos particulares;
- Foi publicado o Código do Procedimento Administrativo (CPA), em 1991, que estabelece em pormenor o regime da reclamação, do recurso hierárquico, dos recursos hierárquicos impróprios, e do recurso tutelar;
- Foi consagrada, na revisão constitucional de 1989, a subordinação da Administração pública ao princípio da justiça, o que transformou os actos administrativos injustos em actos ilegais e, por consequência, transferiu os recursos com fundamento em

injustiça da categoria dos "recursos de mérito" para a dos "recursos de legalidade";
– Os requisitos da definitividade e da executoriedade do acto administrativo, enquanto pressupostos processuais da impugnação contenciosa deste, foram substituídos, na Revisão Constitucional de 1989, pelo *carácter lesivo do acto*. Uma parte da doutrina apressou-se logo a extrair daí a extinção pura e simples da figura do "recurso hierárquico necessário"; outros autores (entre os quais nos contamos) não foram tão radicais e defenderam, como regime-regra sujeito a algumas excepções, a manutenção dessa figura, pela sua grande conveniência e utilidade prática. Foi esta segunda corrente de opinião doutrinária que o Supremo Tribunal Administrativo, sabiamente, perfilhou em jurisprudência constante;
– Foi publicado em 2002, tendo entrado em vigor no início de 2004, o Código de Processo nos Tribunais Administrativos (CPTA), que já toma em conta e acolhe a recorribilidade directa de actos *lesivos*, estabelecida na Constituição;
– A fim de resolver, no plano legislativo, as dúvidas que viessem a surgir na prática quanto à delimitação da fronteira entre actos lesivos e actos não lesivos e, portanto, da necessidade ou não de utilizar o recurso hierárquico necessário para atingir a via contenciosa, o Ministério da Justiça pediu-nos (a nós e ao Prof. Mário Aroso de Almeida) que elaborássemos, com urgência, um projecto de decreto-lei com as convenientes alterações pontuais ao CPA. Fizemos

o nosso trabalho num mês. Pois quase três anos depois, o diploma continua sem ser publicado... Para que o leitor possa conhecer as nossas propostas, feitas *de jure condendo*, publica-se no final deste livro, em Apêndice, o projecto de decreto-lei referido;
– Por último, importa não esquecer que, no plano doutrinário, foram publicadas pelo Prof. Paulo Otero, em 1992, a sua tese de mestrado, "Conceito e fundamento da Hierarquia Administrativa", e, em 1995, a sua dissertação de doutoramento, intitulada "O Poder de Substituição em Direito Administrativo", nas quais se contêm valiosos contributos inovadores quanto ao tema da "hierarquia administrativa" (v.g., nas págs. 389-405 e 785-821, respectivamente). A leitura dessas duas obras é francamente recomendável, sob todos os pontos de vista, mesmo quando aqui ou além discordemos de algumas das concepções defendidas pelo autor.

Queremos aproveitar, enfim, para agradecer muito reconhecidamente a todos os colegas – e, em especial, ao próprio Prof. Paulo Otero – o constante incentivo que nos deram no sentido de que procedêssemos a esta 2.ª edição. Ela não reveste a forma ideal, mas assume a forma possível; já Aristóteles distinguia (na sua teoria das formas de governo) a forma teoricamente melhor e a forma praticamente melhor... Valha-nos, então, a absolvição generosa do Estagirita.

DIOGO FREITAS DO AMARAL

Lisboa, 28 de Fevereiro de 2005

PLANO DA OBRA

Introdução

Parte I – Conceito de recurso hierárquico

    Cap. I – Noção de recurso hierárquico
    Cap. II – Distinção de figuras afins
    Cap. III – Classificação dos recursos hierárquicos

Parte II – Natureza jurídica do recurso hierárquico

    Cap. I – Análise estrutural
    Cap. II – Análise funcional
    Cap. III – Análise processual

Conclusão

(N.B. – Este primeiro volume inclui apenas a Introdução, a parte I, e os capítulos I e II da parte II).

ABREVIATURAS

Ac. Dout.-STA – Acórdãos Doutrinários do Supremo Tribunal Administrativo.
Ap. DG – Apêndice ao Diário do Governo.
Ap. DR – Apêndice ao Diário da República.
BMJ – Boletim do Ministério da Justiça.
Col. (I) – Colecção de Acórdãos do Supremo Tribunal Administrativo (1.ª Secção).
Col. (P) – Colecção de Acórdãos do Supremo Tribunal Administrativo (Tribunal Pleno).
DG – Diário do Governo.
DR – Diário da República.
O Dir. – Revista «O Direito».
Rev. Ord. Adv. – Revista da Ordem dos Advogados.
STA-1 – Supremo Tribunal Administrativo (1.ª Secção).
STA-P – Supremo Tribunal Administrativo (Tribunal Pleno).

INTRODUÇÃO

§1.º
Objecto e método
do presente trabalho

1. O tema que decidimos escolher para objecto deste trabalho é o do recurso hierárquico.

Escolhêmo-lo porque nos pareceu útil e interessante dedicar uma monografia a uma figura jurídica que, sendo muito utilizada, é pouco conhecida.

O recurso hierárquico é, com efeito, um instrumento bastante usado na prática quotidiana da nossa vida administrativa. Basta pensar em todos os casos em que o recurso hierárquico funciona como condição prévia da interposição de um recurso contencioso – e não são de modo nenhum os únicos – para se fazer ideia da frequência com que os particulares se vêem na necessidade de lançar mão do recurso hierárquico como meio de defesa dos seus direitos subjectivos ou interesses legítimos.

Não existem entre nós estatísticas sobre o número de recursos hierárquicos interpostos anualmente na nossa Administração Pública. Mas não nos arriscaríamos muito se adiantássemos a convicção de que esse número deve, sem exagero, rondar a casa dos milhares.

E, no entanto, apesar de tão utilizado, o recurso hierárquico – disso não temos dúvida – continua muito pouco conhecido.

Desde logo, porque não há no nosso direito legislado qualquer regulamentação do instituto. Dois ou três preceitos isolados, praticamente só sobre prazos, é tudo quanto a lei portuguesa nos oferece sobre a matéria.

Depois, porque a jurisprudência não tem sido chamada a preencher as inúmeras lacunas que o legislador tem deixado abertas à capacidade criadora dos nossos tribunais administrativos. E valha a verdade que na maior parte dos casos estes se têm confinado à repetição acrítica das soluções tradicionais. Uma ou outra excepção, cujo mérito deve aqui ser realçado, não tem servido no entanto para tornar mais conhecido o regime aplicável ao recurso hierárquico na nossa ordem jurídica.

Enfim, importa reconhecer que a doutrina portuguesa nunca se interessou muito pelo aprofundamento do estudo científico do recurso hierárquico e pouco tem acrescentado ao longo dos anos, diferentemente do que sucedeu com tantos outros institutos relevantes do nosso direito administrativo, à modesta contribuição da lei e da jurisprudência para a elaboração do tema que nos ocupa.

Não é idêntico o panorama – há que reconhecê-lo – na doutrina estrangeira: em França, na Itália e na Alemanha Federal, para já não citar a própria Espanha, o recurso hierárquico é objecto de pormenorizada atenção da jurisprudência administrativa, quando não da lei, e tem dado origem ao florescimento de uma elaboração doutrinal bastante rica e esclarecedora.

Mas as soluções legais e jurisprudenciais estrangeiras e, bem assim, as concepções doutrinais dos principais países da Europa Ocidental são totalmente desconhecidas entre nós, no que ao recurso hierárquico se refere.

De modo que em nada têm servido para facilitar a tarefa dos tribunais, da Administração e dos particulares em geral, no nosso País.

Tanto basta, crêmo-lo bem, para justificar a escolha que fizemos da figura que nesta monografia nos propomos tratar.

2. Vamos, pois, estudar no presente trabalho o recurso hierárquico. A delimitação do objecto deste estudo carece, todavia, de três esclarecimentos adicionais.

Em primeiro lugar, convém sublinhar que situamos a investigação no quadro do direito administrativo. Não cuidamos, portanto, de averiguar se a figura do recurso hierárquico se recorta também no contexto de outros ramos do direito, nem nos dedicaremos a indagar de eventuais semelhanças ou diferenças com outros institutos porventura análogos, nomeadamente no âmbito do direito do trabalho.

Por outro lado, desejamos esclarecer que esta monografia não pretende abranger o tratamento integral de todos os aspectos da problemática do recurso hierárquico. Não se trata de um manual exaustivo que abarque todo o regime jurídico do recurso hierárquico. Há na doutrina estrangeira exemplos frequentes de tal tipo de trabalho ([1]), mas não é esse o nosso propósito.

([1]) V. na bibliografia as obras monográficas de Auby e Fromont, Fiorini, González Perez, Gordillo, Puchetti, Sandulli e Virga.

O intuito que nos move é de outro género. Como resulta do próprio título que demos à obra, apenas nos propomos tratar aqui do *conceito* e da *natureza* do recurso hierárquico. Pretendemos, pois, produzir um trabalho de carácter teórico, mais preocupado com problemas de construção dogmática do que com a mera descrição ou interpretação do regime jurídico do recurso hierárquico.

Interessar-nos-emos pelo regime, sem dúvida, sempre que tal for necessário para a elaboração dos conceitos. Mas debalde se encontrará neste livro algo que se possa parecer com um guia prático do recurso hierárquico.

Por último, gostaríamos também de esclarecer que esta dissertação toma como dado o regime que actualmente regula o recurso hierárquico no direito português, abstendo-se em regra de entrar na sua crítica ou na proposta de quaisquer soluções *de jure condendo*.

Não ignoramos, é certo, que o momento actual seria particularmente propício para o fazer. Foi, na verdade, divulgado e posto à discussão pública, em Setembro de 1980, o projecto de *Código de Processo Administrativo Gracioso* ([1]), que entre muitas outras matérias se ocupa especialmente – e pela primeira vez no nosso País – de apresentar uma regulamentação relativamente pormenorizada sobre o *recurso hierárquico* (artigos 256.º a 268.º), bem como sobre algumas das suas figuras afins, que também abordamos neste estudo, designadamente a *reclamação* (artigos 250.º a 255.º) e o *recurso tutelar* (artigos 269.º e 270.º).

([1]) *Código de Processo Administrativo Gracioso (Projecto)*, edição da Presidência do Conselho de Ministros – Secretaria de Estado da Reforma Administrativa, Lisboa, 1980. Contém uma *Apresentação* da nossa autoria.

Entendemos, contudo, que não é este o local mais adequado para tratar do recurso hierárquico sob o aspecto *de lege ferenda,* que manifestamente exorbita do âmbito e carácter que desde o início quisemos dar a esta monografia. Isso não impedirá, porém, que citemos nas páginas deste livro o mencionado projecto de Código, onde e quando o considerarmos conveniente.

3. Um dos aspectos mais interessantes e mais estimulantes da investigação empreendida consiste em que ela não se limita a abranger e tratar, em profundidade, o tema principal seleccionado para seu objecto — isto é, o próprio recurso hierárquico em si mesmo —, antes tem de ir necessariamente mais longe e abarcar vários outros temas conexos, não menos importantes.

Assim, e desde logo, o tema escolhido obriga a reconsiderar as noções de hierarquia administrativa, de recurso (enquanto figura da teoria geral do direito) e de garantia dos particulares e da Administração; conduz a reformular parte da teoria da competência em direito administrativo; e acabará por levar a repensar a tipologia das formas ou espécies da actividade administrativa.

De todo este trabalho de revisão dos conceitos tradicionais parecem-nos particularmente de destacar, pela sua importância ou pelo seu significado, os aspectos relativos à teoria da competência, à estruturação dos recursos, e à tipologia da actividade administrativa.

No primeiro caso, a necessidade de compreender e enquadrar melhor do que até aqui as diferentes hipóteses que se verificam no tocante aos poderes de cognição e de decisão do superior na resolução do recurso hierárquico levou-nos a ter de concluir pela reformulação parcial da teoria da competência, descobrindo e sistematizando novas modalidades de competência para além da clássica contraposição entre competência própria e competência exclusiva ([1]).

No segundo, a vontade de penetrar mais afoitamente na análise da diferenciação estrutural das várias espécies de recursos, no plano da teoria geral do direito, conduziu--nos a uma certa incursão nas áreas do processo civil e do processo penal que, embora marcadas pelo carácter integralmente jurisdicionalizado dos respectivos recursos, nos puderam generosamente oferecer conceitos e instrumentos de trabalho utilizáveis no estudo do recurso hierárquico ou, pelo menos, pistas e sugestões de investigação que não nos arrependemos de trilhar, mesmo quando não proporcionaram resultados directamente adaptáveis às características próprias de um recurso administrativo.

No terceiro caso, o direito comparado a que tivemos de lançar mão mostrou-nos como são hoje mais ténues as fronteiras clássicas que separavam com toda a nitidez os campos da função administrativa e da função jurisdicional. O recurso hierárquico, sem dúvida situado no terreno da primeira, é no entanto moldado em termos de garantir que a ideia de *justiça* – no desenrolar do processo, nos direitos atribuídos ao recorrente, nas garantias que rodeiam a decisão a proferir – esteja sempre presente como nota dominante de um regime cada vez mais exi-

---

([1]) V. por todos Marcello Caetano, *Manual de Direito Administrativo*, I, p. 468.

gente no respeito dos valores fundamentais do Direito e, portanto, da garantia dos direitos subjectivos e interesses legítimos dos cidadãos. Desse modo se assiste por toda a parte a uma certa jurisdicionalização progressiva do processo do recurso hierárquico, que esbate apreciavelmente os limites da função administrativa e lhe empresta tonalidades e cambiantes cada vez menos características de uma pura noção de administração activa e cada vez mais próximas de uma actividade de tipo jurisdicionalizado. Um *tertium genus* – que importa definir com rigor – parece estar, assim, a surgir pela via da regulamentação processual do recurso hierárquico, senão em França ou na Espanha, talvez já na Alemanha e sem dúvida na Itália, restando saber que caminho está ou virá a ser trilhado num futuro próximo por Portugal.

Não deixa de ser curioso notar que é esta a segunda vez, no período de um século, que os recursos, administrativos – e, em especial, o recurso hierárquico – sofrem influências jurisdicionalizantes. A primeira, ocorrida no século XIX, foi tão intensa que acabou por operar a conversão do gracioso em contencioso: o recurso contencioso nasceu – é bem sabido – como evolução do recurso hierárquico jurisdicionalizado. A segunda é aquela a que se assiste nos nossos dias, conforme veremos, e não aspirando à transformação da natureza do recurso visa, em todo o caso, adaptar o seu regime jurídico aos fins de justiça e de garantia que se destina a prosseguir.

Não é este o momento de antecipar conclusões.

Digamos, sim, que todos os aspectos que vimos de focar – e, em especial, os da competência, da classificação estrutural dos recursos e da tipologia das formas da actividade administrativa – são outras tantas facetas que indubitavelmente enriquecem, para além do colorido das soluções próprias do recurso hierárquico, uma investigação multifacetada como a que empreendemos. O interesse teórico e prático da obra só tem a ganhar com isso.

§ 2.º

Razão de ordem

4. Em correspondência com o título do livro e conforme se pode ver, aliás, no *plano da obra* que colocámos antes desta introdução, a presente monografia encontra-se dividida em duas partes principais: a primeira ocupa-se do *conceito* de recurso hierárquico, a segunda da respectiva *natureza jurídica*.

Na parte I, dedicada ao conceito, cuidaremos primeiro de definir a *noção* de recurso hierárquico e de explicar os elementos essenciais que a integram (cap. I).

Depois, distinguiremos o recurso hierárquico das suas principais *figuras afins*, em que avultam por um lado garantias de tipo não impugnatório, como a petição, a representação, a queixa, a denúncia e a oposição administrativa e, por outro lado, garantias de tipo impugnatório, como a reclamação, os recursos hierárquicos impróprios e o recurso tutelar (cap. II).

Em terceiro lugar, procederemos às principais *classificações* de que é susceptível o recurso hierárquico tomando como base o critério das suas relações com o recurso contencioso e o critério dos fundamentos do próprio recurso hierárquico (cap. III).

Na parte II, dedicada ao apuramento da natureza jurídica do recurso hierárquico, haverá que focar basicamente três questões.

Com efeito, o recurso hierárquico é desde logo uma garantia que se estrutura como recurso e, simultaneamente, um recurso que funciona como garantia: teremos de começar por examiná-lo numa e noutra das suas qualidades.

Assim, e por um lado, olhando o recurso hierárquico como recurso, procederemos à sua *análise estrutural* e nele recortaremos sobretudo dois tipos essenciais – o reexame e a revisão (cap. I).

Por outro lado, encararemos o recurso hierárquico como garantia e faremos a sua *análise funcional*, a fim de determinar se a função do recurso é predominantemente subjectiva ou objectiva (cap. II).

Enfim, vistas essas duas questões, poderemos então efectuar a *análise do regime processual* do recurso hierárquico, e aí procuraremos apurar se a actividade da Administração a que o recurso dá lugar corresponde ao exercício da função administrativa ou da função jurisdicional, ou se acaso motivará o aparecimento de uma nova categoria-tipo com características híbridas (cap. III).

Encerraremos com algumas *conclusões*.

5. Razões de vária índole aconselham a repartir a matéria desta dissertação por dois volumes: o primeiro – que agora se publica – contém a introdução, a primeira parte e os dois primeiros capítulos da segunda parte; o segundo volume abrangerá o capítulo III da Parte II, necessariamente mais longo, e as conclusões finais.

PARTE I

CONCEITO DE RECURSO HIERÁRQUICO

CAPÍTULO I
NOÇÃO DE RECURSO HIERÁRQUICO

§ 1.º
Definiçao adoptada

6. Começaremos por apresentar a nossa definição de recurso hierárquico.

Com efeito, se por vezes a realidade que se trata de estudar é uma figura ignorada ou de contornos pouco precisos, outras vezes o que se toma para objecto de investigação é um instituto conhecido, já com direito de cidade na dogmática jurídica.

Por isso, enquanto no primeiro caso se torna necessário proceder gradualmente, desbravando o terreno até atingir uma noção construída por fases, na segunda hipótese é possível e aconselhável principiar logo por assentar na definição adoptada, para daí partir, sem prejuízo de uma eventual rectificação de fronteiras, em direcção à análise dos problemas próprios da figura em causa.

Ora o recurso hierárquico é, sem lugar para dúvidas, um instituto de há muito recortado com nitidez nos quadros do direito administrativo: vamos pois começar pela respectiva definição, cuidando em seguida de explicar em separado o sentido de cada um dos seus elementos.

7. Curiosamente, não há na doutrina portuguesa uma definição expressa e cientificamente construída de recurso hierárquico.

Nomeadamente, Marcello Caetano limita-se a escrever que «quando a autoridade que praticou o acto está sujeita ao poder de superintendência de uma outra, pode interpor-se um *recurso hierárquico,* que consiste em solicitar do superior hierárquico ou de autoridade que exerça o poder de superintendência sobre o autor do acto impugnado a revogação ou substituição deste» ([1]). Mas não apresenta propriamente uma definição: falta-lhe, desde logo, o género próximo.

E o mesmo se pode afirmar dos demais autores portugueses ([2]).

Quanto a nós, o recurso hierárquico deve ser definido como o *recurso administrativo mediante o qual se impugna o acto de um órgão subalterno perante o seu superior hierárquico, a fim de obter a respectiva revogação ou substituição.*

Como se vê, o recurso hierárquico aparece, segundo esta noção, integrado num género próximo – recurso administrativo – e caracterizado por uma diferença específica – a relação hierárquica existente entre o autor do acto impugnado e a autoridade *ad quem.*

Vejamos em que se traduz cada um destes elementos.

([1]) *Manual,* vol. II, p. 1240.
([2]) V., por exemplo, Cunha Valente, *A hierarquia administrativa,* p. 32; Fezas Vital, *Recurso hierárquico e recurso contencioso,* p. 339 e nota (I); e A. J. da Silva Lopes, *Do recurso hierárquico no direito administrativo português,* p. 45 e 47.

§ 2.º

O recurso hierárquico como recurso administrativo

I – NOÇÃO DE RECURSO

A) Principais opiniões

8. Tanto na doutrina administrativa como entre os processualistas, que citaremos indistintamente, surgem numerosas e variadas noções de *recurso*.

Do ponto de vista estrutural, o recurso é normalmente definido como direito subjectivo, como acto jurídico, como processo ou como meio processual.

Para Royo-Villanova, por exemplo, o recurso é um *direito subjectivo* – o direito de recorrer ([1]). Mas não nos parece que o recurso deva ser definido dessa maneira. Pois o recurso deve ser visto como instituição objectiva criada pela ordem jurídica, independentemente das posições subjectivas que a seu respeito detenham aqueles a quem for atribuída legitimidade para recorrer. Só assim poderá fazer sentido a discussão sobre a natureza de direito subjectivo ou de interesse legítimo conferida à faculdade de recorrer e só assim, também, se pode compreender

---

([1]) Royo-Villanova, *Elementos de Derecho Administrativo*, II, p. 888.

a modalidade dos recursos obrigatórios interpostos pelo Ministério Público.

Para Entrena Cuesta e González Perez, o recurso é um *acto jurídico* – o acto de recorrer ([1]). Quanto a nós, é certo que o acto pelo qual se recorre constitui um momento relevante da dinâmica do recurso. Mas esse acto não passa de um trâmite inicial do recurso, o qual se prolonga numa sucessão ordenada de formalidades que culminam na decisão: e não se pode tomar a parte pelo todo, reduzindo o processo ao acto que o origina, por muito importante que este seja.

Já escaparão a esta crítica os autores como Giannini, que vêem no recurso um *processo* – um processo administrativo ([2]).

Simplesmente, se o recurso se desenvolve em termos processuais, a verdade é que o processo não passa, em certo sentido, de uma forma: a circunstância de os recursos seguirem uma dada tramitação não permite apreender a sua essência, nem distingui-los de muitas outras figuras que igualmente se realizam através de um processo.

Daqui decorre a qualificação do recurso como *meio processual,* ou seja, como um instrumento criado pela ordem jurídica para a prossecução de certos fins mediante um processo. É esta a noção que, sob o aspecto estrutural, se nos afigura mais exacta.

([1]) Entrena Cuesta, *Curso de Derecho Administrativo*, p. 608; González Perez, *Los recursos administrativos*, p. 35.

([2]) Giannini, *La giustizia amministrativa*, p. 42. V. também Pessoa Jorge, *Direito Processual Civil (Recursos)*, p. 3.

9. Do ponto de vista funcional, o recurso é geralmente definido como um pedido ou como uma impugnação.

Para Castro Mendes, o recurso é um *pedido* – o pedido de reponderação sobre certa decisão ([1]).

Para Marcello Caetano, por seu turno, o recurso é uma *impugnação* – a impugnação de um dado acto ([2]).

Quanto à primeira noção, não negamos que possa haver no recurso, e normalmente há, um pedido de reponderação sobre certa decisão. Mas quer-nos parecer que não é essa a melhor maneira de o definir.

Por um lado, o próprio Castro Mendes reconhece que o objecto do recurso, conforme as ordens jurídicas ou os tipos de recurso, pode consistir quer no acto recorrido, quer na *questão* sobre que incidiu o acto recorrido: no primeiro caso, o recurso tende a averiguar se a decisão impugnada foi ou não a que devia ter sido proferida; no segundo, destina-se a apurar qual a melhor solução do caso que a decisão impugnada havia resolvido ([3]).

Adiante desenvolveremos esta distinção ([4]). Mas, se ela é verdadeira, não se afigura curial dar do recurso uma definição moldada na primeira das concepções possíveis, num momento em que se não conhece ainda o regime traçado pelo direito positivo: o <u>conceito</u> não deve estar comprometido com soluções de <u>regime</u> jurídico.

---

[1] Castro Mendes, *Direito Processual Civil (Recursos)*, p. 5.
[2] Marcello Caetano, *Manual*, II, p. 1249-1250.
[3] Castro Mendes, *Aplicação das leis no tempo em decisão de recursos*, p. 6.
[4] *Infra*, n.os 122 e segs.

Por outro lado, se não pode haver recurso sem pedido, o pedido não é o único elemento essencial do recurso, como o não é, aliás, da acção – há ainda a considerar os sujeitos e a causa de pedir. Não é correcto, portanto, identificar recurso e pedido: o recurso em si não é o pedido, embora contenha ou deva conter um pedido.

De resto, se o pedido é o efeito jurídico que se pretende obter ou, noutra versão, a providência concreta que se solicita, então nunca o pedido poderá consistir, nos recursos, na pretensão de que o órgão competente repondere ou repense certa decisão anterior, porque a reponderação é apenas um ponto de passagem para a concessão do efeito jurídico ou da providência concreta que se requereram: ao recorrente não interessa a reponderação em si mesma, mas o respectivo resultado – a revogação ou a substituição da decisão recorrida.

Pelo que respeita à noção de Marcello Caetano, parece-nos bastante mais próxima da realidade. Porque, para nós, o que há de característico no recurso é efectivamente a *impugnação*, quer dizer, o ataque ou contestação dirigidos contra um acto reputado ilegal, injusto ou inconveniente.

Com efeito, é isso que ressalta do tradicional confronto – estabelecido na base da construção do contencioso administrativo, mas invocável também aqui – entre os conceitos de *acção* e *recurso* ([1]).

([1]) V. Marcello Caetano, *Manual*, II, p. 1247-1250. Cfr., também, Paulo Cunha, *Não-conhecimento e não-provimento em matéria de recursos*, p. 130-131, e Mario Nigro, *L'appello nel processo amministrativo*, I, p. 35-37.

Se olharmos essas duas figuras pelo prisma do pedido, dando realce à pretensão formulada pelos particulares, poderemos distingui-las dizendo que na acção se requer uma primeira definição do direito aplicável ao caso concreto, enquanto no recurso se pretende a revogação ou substituição de uma definição anterior.

Mas se atendermos sobretudo ao significado global desses dois importantes meios processuais, verificaremos que a acção é o meio de obter uma primeira decisão, ao passo que o recurso é o meio de atacar decisões já tomadas; a acção formaliza o litígio entre o autor e a outra parte, o recurso traduz sobretudo a discordância do recorrente relativamente à decisão; a acção propõe-se contra um réu, o recurso interpõe-se contra um acto. Em suma, na acção há sobretudo uma *demanda* contra o réu, no recurso há sobretudo uma *impugnação* contra o acto recorrido [1].

Só nos parece, diferentemente do que afirma o Prof. Marcello Caetano, que em rigor o recurso não deve ser definido como impugnação, mas como *meio de impugnação*: o recurso não é a impugnação em si mesma, caso em que se confundiria com o acto ou com a vontade de recorrer, mas o meio processual através do qual se efectiva a impugnação [2].

---

[1] V. Salvatore Satta, *Dirítto Processuale Civile*, p. 111-119 e 327 e segs. Nos recursos judiciais, em que o acto impugnado é a sentença de um juiz, dir-se-á que a acção é uma *vocatio in jus*, ao passo que o recurso é uma *vocatio judicis*: Mario Nigro, *L'appello*, p. 35. Sobre o conceito de impugnação, mais desenvolvidamente, Giovanni Tranchina, *Impugnazione (diritto processuale penale)*, p. 669 e segs.

[2] Deve notar-se que noutras passagens Marcello Caetano também emprega a expressão «meios de impugnação» para englobar a reclamação e o recurso hierárquico: *Manual*, II, p. 1240.

É esta, aliás, a concepção da generalidade das leis processuais: o Código de Processo Civil italiano, por exemplo, embora se ocupe dos recursos num título que tem por epígrafe «Das impugnações», logo no artigo 323.º discrimina as várias espécies de recursos chamando-lhes «meios de impugnação» ([1]); e o nosso Código de Processo Civil, partindo da mesma ideia mas exprimindo-a por forma diferente, declara no artigo 676.º, n.º 1, que «as decisões judiciais podem ser impugnadas por meio de recursos», donde deriva que estes são *meios de impugnação* daquelas.

10. Alguns autores há que, sem negarem a correspondência que estabelecemos entre recurso e impugnação, afirmam no entanto que os recursos não são apenas meios de impugnação, podendo ser também *meios de petição*. É o caso de Sandulli ([2]).

Distingue este autor dois tipos de recursos – aqueles que se destinam a resolver uma controvérsia entre o recorrente e uma autoridade, em consequência da prática de um acto reputado lesivo dos interesses do recorrente; e aqueles que se destinam a resolver controvérsias entre dois ou mais sujeitos, públicos ou privados, confiadas à decisão de uma terceira entidade.

No primeiro caso, os recursos dão lugar a processos de segundo grau que têm por objecto actos anteriores: são recursos de tipo impugnatório. No segundo caso,

---

([1]) É o Código de 28 de Outubro de 1940.
([2]) Sandulli, *Ricorso amministrativo*, p. 976.

pelo contrário, os recursos não consistiriam na impugnação de um acto, mas no requerimento de uma providência, originando processos de primeiro grau: seriam recursos de tipo petitório.

Em nossa opinião, não é aceitável esta concepção. Toda a nossa tradição jurídica é no sentido de distinguir claramente os processos de primeiro grau e de segundo grau, isto é, as acções e os recursos. E o direito positivo actual recebe e consagra os tópicos essenciais dessa tradição, como vimos atrás.

O próprio Sandulli se vê na necessidade de estar constantemente a distinguir entre os seus dois tipos de recurso, a propósito dos vários aspectos de regime que vai abordando. De tal modo que, feitas todas as contas, o único denominador comum que consegue estabelecer é o de em ambos os casos se tratar de «reclamações que as pessoas interessadas podem apresentar a uma entidade administrativa para que esta resolva *ex auctoritate sua* uma controvérsia suscitada no âmbito do ordenamento administrativo» ([1]).

Pondo de parte a impropriedade do termo *reclamações* para abranger as duas espécies consideradas, vê-se que o que há de comum entre elas é o pedido de resolução de uma controvérsia dirigido a certa autoridade: ora este pretenso traço unificador também se verifica, sem dúvida, no processo civil, entre as acções e os recursos, e nunca ninguém sustentou que as primeiras devessem ser reconduzidas aos segundos e absorvidas neles.

([1]) *Idem*, p. 976.

A concepção de Sandulli não oferece, assim, nenhuma vantagem especial e tem o inconveniente de misturar realidades distintas, podendo gerar confusão entre elas. É, vistas bem as coisas, uma concepção muito vaga, inspirada nas expressões vulgares «recorrer aos tribunais» ou «recorrer à Administração», tantas vezes empregadas para significar acção, e não recurso, mas que não têm base científica relevante.

B) A nossa opinião

II. Ante o que fica dito, podemos concluir que o recurso é efectivamente um meio de impugnação.

Cumpre agora completar esta noção. Fá-lo-emos dizendo que um recurso é, para nós, *um meio de impugnação de um acto de autoridade perante outra autoridade para o efeito competente, a fim de obter desta a respectiva revogação ou substituição.*

Dizemos *acto de autoridade* porque, se não se pode impugnar senão actos jurídicos, o certo é que de entre estes só os actos de autoridade são impugnáveis mediante recurso.

Não se impugnam senão actos jurídicos, pois a impugnação visa eliminar da ordem jurídica o *quid* impugnado: daí não caber recurso contra um evento natural, contra uma operação material, contra uma via de facto.

De entre os actos jurídicos, contudo, só são impugnáveis mediante recurso os actos de autoridade, pois a noção de recurso pressupõe numa certa subordinação do recorrente ao órgão que primeiro decidiu, bem como ao órgão para que se apela: daí não caber recurso contra um contrato ou contra um testamento.

Note-se, no entanto, que falamos em acto de autoridade e não em acto de autoridade pública, porque admitimos que no seio de instituições particulares, dotadas de um mínimo de organização interna, possam existir e funcionem mecanismos de recurso: é o caso do recurso do trabalhador para a entidade patronal, contra decisões que o prejudiquem, tomadas no âmbito da empresa e, por isso, revestidas de certa supremacia reveladora de autoridade, embora não de autoridade pública ([1]).

12. Ao afirmar, como fazemos, que a noção de recurso pressupõe como objecto da impugnação um *acto de autoridade,* estamos do mesmo passo a excluir logicamente do conceito de recurso – e portanto do conceito de recurso hierárquico – certos casos em que a nossa lei prevê figuras a que chama *recurso* e nas quais a impugnação versa sobre *pareceres.*

É o que se passa no artigo 16.º do Decreto-Lei n.º 289/73, de 6 de junho, sobre os pareceres exigíveis nos processos de concessão de licença de loteamento urbano: «Dos pareceres (...) de entidades dependentes do Governo, quando não tenham sido homologados pelo Ministro respectivo, podem as câmaras municipais e os interessados interpor recurso hierárquico no prazo de trinta dias a contar da sua notificação».

([1]) Na definição que apresentámos de recurso hierárquico *(supra,* n.º 7), referimos o objecto (imediato) do recurso como *acto de um órgão subalterno,* sem dizer *acto administrativo:* é que há outros actos da Administração, que não apenas actos administrativos, susceptíveis de recurso hierárquico. Voltaremos ao assunto no capítulo III da segunda parte.

E era também o que se passava com o § único do artigo 112.º do Código Administrativo (hoje revogado), que previa um «recurso» a interpor para certos órgãos centrais do Estado ou de institutos públicos nacionais, tendo por objecto os pareceres desfavoráveis dados pelas comissões municipais de higiene sobre projectos camarários de posturas e regulamentos sanitários.

No entanto, e apesar destes exemplos legais, insistimos em que só os actos de autoridade são susceptíveis de impugnação mediante recurso.

Na verdade, nos casos excepcionais que citámos, não estamos perante recursos em sentido verdadeiro e próprio. Não se trata aí, em rigor, de impugnar os pareceres e de procurar obter a respectiva revogação ou substituição: trata-se, sim, de tentar ultrapassar o carácter obrigatório do parecer, em casos em que a lei expressamente admite tal possibilidade.

No fundo, portanto, o que o interessado solicita através deste «recurso» não é a revogação ou a substituição do parecer, mas sim a *dispensa* do seu carácter *necessário* ou da sua eficácia *vinculativa* ([1-2]).

13. Acentuámos na nossa definição que no recurso a impugnação é levada perante outra autoridade para o efeito competente.

Pretendemos com isto frisar bem que, ao contrário de algumas correntes doutrinais, consideramos essencial à

([1]) Sobre a figura da dispensa em geral, v. Marcello Caetano, *Manual*; I, p. 461.

([2]) No sentido de que um recurso (contencioso) não pode ter por objecto uma *opinião*, v. STA-1, 19-X-34, *Sociedade Nacional de Petróleos*, «O Dir.», 67, p. 20.

noção de recurso que a impugnação deva ser formulada perante *outra* autoridade. No direito administrativo há casos de impugnação perante a *mesma* autoridade, isto é, perante o autor do acto recorrido: é o que sucede, por exemplo, com a reclamação.

Mas, para nós, nesses casos está-se fora, por completo, do conceito de recurso. Há uma diferença de natureza — e não apenas de espécie ou de grau — entre a reclamação e o recurso: é que, neste, o órgão incumbido da decisão não é o mesmo que praticou o acto impugnado e oferece, por isso, garantias de isenção e imparcialidade que na reclamação não existem de todo, nem podem existir.

14. Finalmente, importa sublinhar que nos recursos em geral — tal como no recurso hierárquico em especial — a *finalidade do recurso* é um elemento essencial do respectivo conceito [1].

E a finalidade consiste sempre, no recurso, em procurar obter da autoridade *ad quem* a revogação ou a substituição do acto recorrido. Quando se impugna, impugna-se com um certo objectivo — e este é o de destruir o objecto da impugnação.

A finalidade mínima, por assim dizer, de qualquer recurso é a revogação do acto impugnado: ela está, assim, presente em todas as modalidades de recursos.

No entanto, em certos casos, e para além da revogação, é possível obter também a substituição, total ou parcial, do acto recorrido. Por isso dizemos que a impugnação

---

[1] V. Castro Mendes, *Direito Processual Civil (Recursos)*, p. 56.

do acto se faz *a fim de obter a respectiva revogação ou substituição*.

A distinção destas duas hipóteses tem sobretudo a ver com os dois tipos de recursos — a revisão e o reexame — a que já aludimos ([1]) e que estudaremos desenvolvidamente na segunda parte do nosso trabalho ([2]). Para já, julgamos suficiente a referência que fica feita.

II – O RECURSO HIERÁRQUICO COMO RECURSO ADMINISTRATIVO

15. Consta da definição apresentada que o recurso hierárquico é um recurso *administrativo*. Vejamos o que significa tal qualificação.

Em primeiro lugar, o facto de o recurso hierárquico ser um recurso administrativo permite enquadrá-lo no âmbito da Administração Pública e, do mesmo passo, excluir da noção todos os recursos instituídos pela ordem jurídica fora desse âmbito, como é o caso, designadamente, dos recursos de natureza *jurisdicional* — civil, penal, etc. Cremos que não vale a pena perder tempo a caracterizá-los, tão conhecidos são, nem a distingui-los dos recursos administrativos, tão distanciados se encontram deles.

Em segundo lugar, o carácter administrativo do recurso significa que se trata de uma garantia que não se

---

([1]) *Supra*, n.os 4 e 9.
([2]) *Infra*, n.os 122 e segs.

estrutura nem funciona no âmbito dos tribunais do contencioso administrativo: o recurso hierárquico situa-se plenamente no quadro orgânico da Administração activa e é, portanto, *hoc sensu*, uma garantia *graciosa* e não uma garantia contenciosa.

Os recursos graciosos e contenciosos têm, é claro, no âmbito do direito administrativo, alguns pontos comuns: ambos são regulados pelo mesmo direito, ambos são meios de impugnação de actos de autoridade, ambos têm por objecto decisões da Administração.

Mas estas semelhanças não conseguem esconder a nítida diferença de natureza que os separa. Com efeito, enquanto os recursos graciosos se integram na função administrativa, os recursos contenciosos pertencem à função jurisdicional.

E esta diferença basilar projecta-se em diversos pontos de grande relevo, a saber: *quanto ao órgão competente*, os recursos graciosos são interpostos perante uma autoridade administrativa, os recursos contenciosos perante um tribunal; *quanto aos fundamentos*, os recursos graciosos podem ter por fundamento a ilegalidade, a injustiça ou a inconveniência do acto recorrido, os recursos contenciosos apenas a ilegalidade; e *quanto à natureza da decisão*, os recursos graciosos são decididos por acto administrativo, os recursos contenciosos por sentença ([1]).

Ora, perante esta distinção, o recurso hierárquico deve ser qualificado, à face da ordem jurídica portuguesa, como

---

([1]) V., por todos, Marcello Caetano, *Manual*, I, p. 12-13, e II, p. 1263-1268; e Alberto P. Xavier, *O processo administrativo gracioso*, p. 25-56.

recurso administrativo também neste outro sentido de que é, sem margem para dúvidas, um recurso de tipo gracioso. Ou, por outras palavras, no sentido de que não é, nem de longe nem de perto, um recurso contencioso ([1]).

Sendo, pois, um recurso administrativo na dupla acepção de não ser judicial nem contencioso, importará ainda determinar se o recurso hierárquico será igualmente *administrativo* sob o aspecto da natureza do processo a que dá lugar.

É aqui, como já dissemos, que surgem os problemas e as dificuldades maiores de qualificação, dada a tendência moderna para uma certa forma de jurisdicionalização que abarca todo o processo gracioso em geral, mas atinge de forma particularmente intensa e significativa o processo do recurso hierárquico.

É, porém, matéria de que apenas nos ocuparemos no capítulo III da segunda parte desta monografia.

Por agora, e para efeitos de definição do conceito de recurso hierárquico – enquanto tarefa distinta da determinação da respectiva natureza jurídica –, basta-nos saber que ele é pacificamente caracterizável como recurso administrativo, no duplo sentido que acima deixamos precisado ([2]).

---

[1] Há no entanto quem defenda, em Itália, o carácter *contencioso* (num outro sentido) do recurso hierárquico: v., por todos, Sandulli, *Ricorso amministrativo*, p. 977 e 984.

[2] No mesmo sentido, Carlo Girola, *Ricorso amministrativo*, p. 653.

§ 3.º
Recurso hierárquico e hierarquia

I – PRELIMINARES

16. O recurso hierárquico, dissemo-lo de início, individualiza-se entre os recursos administrativos pela circunstância de através dele se impugnar um determinado acto perante o superior hierárquico do órgão que o praticou.

Isto mostra claramente que o recurso hierárquico se situa no âmago da hierarquia: se o definimos como meio de impugnação de um acto perante o superior hierárquico do seu autor, isso significa que há, por um lado, um órgão subalterno e, por outro, um órgão superior. Quer dizer, há hierarquia.

É, assim, a hierarquia que caracteriza especificamente o recurso hierárquico, permitindo defini-lo de forma positiva e, ao mesmo tempo, delimitar o seu âmbito de aplicação e distingui-lo dos demais recursos administrativos.

Com efeito, pode afirmar-se que não existe recurso hierárquico *sem* hierarquia; que o recurso hierárquico tem uma amplitude maior ou menor *conforme* a intensidade do vínculo hierárquico; que o recurso hierárquico existe *porque* existe hierarquia; e que não há recurso hierárquico *fora* do âmbito da hierarquia.

A hierarquia funciona, portanto, como *condição,* como *critério,* como *fundamento* e como *limite* do recurso hierárquico. É o que veremos nos números seguintes, depois de assentarmos ideias sobre a própria noção de hierarquia.

II – NOÇÃO DE HIERARQUIA

A) Principais opiniões

17. A hierarquia tem sido definida da seguinte forma por Marcello Caetano: «a hierarquia dos serviços consiste no seu ordenamento em unidades que compreendem subunidades de um ou mais graus e podem agrupar-se em grandes unidades, escalonando-se os poderes dos respectivos chefes de modo a assegurar a harmonia de cada conjunto. (...) A esta hierarquia de serviços corresponde a hierarquia das respectivas chefias. (...) O poder típico da superioridade na ordem hierárquica é *o poder de direcção*» [1].

Ou, por outras palavras, estas de Cunha Valente: a hierarquia é «o conjunto de órgãos administrativos de competências diferenciadas mas com atribuições comuns, ligados por um vínculo de subordinação que se revela no agente superior pelo poder de direcção e no subalterno pelo dever de obediência» [2].

---

[1] Marcelo Caetano, *Manual*, I, p. 245-246.
[2] Cunha Valente, *A hierarquia administrativa*, p. 45.

Em ambas estas noções se encontram, como facilmente se verifica, elementos comuns. Mais: pode dizer-se que elas se inspiram no mesmo conceito de hierarquia, apesar de o traduzirem por palavras diferentes.

Por nossa parte, também não nos afastamos no essencial do mesmo conceito. Aproveitaremos contudo para dar alguns esclarecimentos e precisões, que o objecto da investigação torna aconselháveis, e para apresentar a nossa própria noção.

B) A nossa opinião

18. Antes de mais, cumpre afastar umas quantas acepções de hierarquia, em que esta palavra aparece utilizada num sentido impróprio ou, então, num sentido que não é relevante para os fins de uma teoria jurídica da organização administrativa.

Fala-se, por exemplo, em *hierarquia dos tribunais* para significar que a organização judiciária se encontra estruturada por graus, de forma que aos tribunais de primeira instância acrescem outros, em número menor e de competência territorialmente mais ampla, destinados a controlar as decisões tomadas pelos primeiros, se os interessados se não conformarem com elas. Aqui, a hierarquia não se traduz em nenhum vínculo de subordinação. E, de qualquer modo, não é a existência dessa hierarquia que abre a possibilidade de recorrer, mas a vontade legal de assegurar um direito de recorrer que obriga a criar uma certa hierarquia.

Fala-se também em *hierarquia de postos* para designar determinada forma de organização das carreiras do funcionalismo, caracterizada pela existência de um certo número de postos sucessivamente mais elevados – em categoria, responsabilidade e vencimentos –, a que os agentes administrativos vão sendo promovidos consoante os méritos revelados e o tempo de serviço prestado. O escalonamento dos postos, a conexão frequente das promoções com o desempenho de cargos diferentes e a existência inegável de uma graduação social subjacente fazem com que se fale, a propósito, em hierarquia. Em rigor, porém, não há aí juridicamente qualquer fenómeno hierárquico: entre o 1.º oficial, o 2.º oficial e o 3.º oficial, por exemplo, não há superiores nem inferiores, todos são subalternos do chefe de secção[1].

Também há quem se refira a *hierarquia política* para enquadrar certas relações onde não é fácil negar certas formas de supremacia e subordinação, como por exemplo as que se estabelecem entre o Primeiro-Ministro e os Ministros, ou entre os Ministros e os Secretários e Subsecretários de Estado. Mas do ponto de vista jurídico estrito, não se pode falar nestes casos de hierarquia. Não há entre esses órgãos poder de direcção nem dever de obediência, como não há poder de superintendência nem poder disciplinar: há, sim, relações de confiança pessoal sancionadas pelos mecanismos próprios da responsabilidade política [2].

---

[1] *Cfr.* Marcello Caetano, *Manual*, I, p. 247.
[2] V. infra, n.º 69.

19. Afastados por agora do nosso caminho estes casos em que não existe hierarquia, ou em que existe quando muito o que se poderá chamar uma hierarquia em sentido impróprio, convém assentar ideias sobre a hierarquia propriamente dita.

A maior parte da doutrina estrangeira que se debruça sobre a noção de hierarquia continua a dividir-se, como no tempo em que escreveu Cunha Valente, quanto a dois aspectos principais: primeiro, deve a hierarquia ser definida basicamente pelo ângulo da identidade de atribuições ou competências existente entre superior e subalterno ou, pelo contrário, segundo a perspectiva dos poderes e deveres característicos daquele e deste? Segundo, quais os poderes típicos da superioridade hierárquica e, em correspondência, quais os deveres típicos da subordinação hierárquica?

Em relação ao primeiro aspecto, somos de parecer que ainda hoje é válido o contributo particularmente positivo de Cunha Valente, na parte em que sustentou ser indispensável, para encontrar o verdadeiro conceito de hierarquia, incluir os dois aspectos considerados, isto é, tanto o relativo às atribuições comuns ao superior e ao subalterno, como o referente aos poderes e deveres de cada um deles.

Escreveu ele – a nosso ver, com inteira razão – que «a doutrina dominante tem atribuído a este conceito (de hierarquia) uma única essência, reduzindo-o quer a um sistema peculiar de distribuição de competências, quer a uma mera relação de supremacia e subordinação de agentes. Desta unilateralidade de vistas resulta, parece-nos, a insuficiência de todas as noções (...), pois tanto de uma forma como da outra deparamos sempre com uma noção incompleta. Há, com efeito, uma estreita interdependência entre aqueles dois elementos – distribuição ou ordenamento das competências e relações entre os agentes – e só combinando-os, em vez de separá-los, é possível dar uma noção exacta de hierarquia» ([1]).

Daqui partiu Cunha Valente para a sua definição em que a hierarquia aparece não apenas como um «conjunto de órgãos administrativos de competências diferenciadas mas com atribuições comuns», mas também, e simultaneamente, como um «conjunto de órgãos administrativos ligados por um vínculo de subordinação que se revela no agente superior pelo poder de direcção e no subalterno pelo dever de obediência» ([2]).

Quanto a nós, está certa esta orientação e propomo-nos mantê-la. Como está certa a referência dicotómica a atribuições comuns e competências diferenciadas, única forma de explicar juridicamente a responsabilidade do superior pela totalidade do serviço e da função (comunidade de atribuições) e, ao mesmo tempo, de a conciliar com a possibilidade de existência de competências próprias do subalterno (diferenciação de competências) ([3]).

([1]) Cunha Valente, *A hierarquia administrativa*, p. 38-39.

([2]) *Idem*, p. 45.

([3]) Votamos, assim, decididamente, a favor dos substanciais aperfeiçoamentos introduzidos por Cunha Valente na concepção de Caruso Inghilleri, *(La funzione amministrativa indiretta)* que, tendo tido o mérito de sublinhar a existência do que chamou uma «identidade de competência material» entre superior e subalterno, errou no entanto em não se ter apercebido de que a identidade é de atribuições e não de competências: v. Cunha Valente, *ob. cit.*, p. 30-45.

Parece-nos, em todo o caso, que a definição proposta por Cunha Valente se mostra carecida de dois aperfeiçoamentos significativos: um respeitante ao género próximo da noção de hierarquia, outro ao conteúdo do vínculo de subordinação que intercede entre superiores e subalternos.

20. Do ponto de vista do seu género próximo, a hierarquia aparece tomada por uns como um «sistema de distribuição de competências» ou como um «princípio de organização administrativa», por outros como um conjunto de órgãos administrativos» relacionados de certa forma, por outros ainda como um «tipo de relação ou vínculo de superioridade-subordinação entre agentes» ([1]), por outros enfim como uma «forma de ordenamento dos serviços administrativos» ([2]).

Por nossa parte, entendemos que importa distinguir três aspectos diferentes – a hierarquia em sentido objectivo, ou sistema hierárquico; a hierarquia em sentido subjectivo, ou hierarquia *stricto sensu*; e a hierarquia em sentido relacional, ou relação hierárquica.

A hierarquia em sentido objectivo corresponde ao sistema hierárquico, isto é, constitui um modelo de organização administrativa.

A hierarquia em sentido subjectivo corresponde à hierarquia *stricto sensu,* isto é, a um conjunto de órgãos e agentes administrativos ([3]), ordenados de uma certa forma e relacionados por um dado tipo de vínculo jurídico.

---

[1] V. sobre estas quatro formulações Cunha Valente, *A hierarquia administrativa*, p. 3-6 e p. 45,

[2] Marcello Caetano, *Manual*, I, p. 245.

[3] Referimos aqui a hierarquia aos *órgãos e agentes*, e não aos *serviços,* porque estamos naturalmente a procurar construir uma noção *jurídica* de hierarquia.

A hierarquia em sentido relacional corresponde à relação hierárquica, isto é, ao vínculo peculiar de subordinação que liga os órgãos integrados numa hierarquia.

Se bem repararmos, no entanto, só as duas primeiras acepções interessam ao género próximo de hierarquia, porque a terceira já tem a ver com a respectiva diferença específica.

Afigura-se-nos, pois, que do ponto de vista do seu género próximo a hierarquia deve ser definida como modelo de organização administrativa, constituído por um conjunto de órgãos e agentes ordenados de certa maneira – já veremos qual.

21. Quanto à diferença específica, fizemos saber acima que perfilhamos a concepção dualista segundo a qual a hierarquia só pode ser definida mediante uma referência à existência de atribuições comuns e de competências diferenciadas, por um lado, e ao conteúdo do vínculo jurídico de subordinação que se estabelece entre superiores e subalternos, por outro.

Só que, sob este último aspecto, não nos parece curial restringir o conteúdo típico desse vínculo ao poder de direcção e ao correspondente dever de obediência, como fazem Marcello Caetano e Cunha Vallente [1].

Na verdade, para nós, a relação hierárquica tem um conteúdo complexo e só pode considerar-se verdadeiramente perfeita e completa quando for integrada, simultaneamente, por três poderes hierárquicos típicos – acom-

---

[1] V. *obs. e locs. cits.*

panhados pelos correlativos deveres, do lado do subalterno.

Queremos referir-nos ao *poder de direcção* (faculdade de dar ordens e instruções ao subalterno), ao *poder de superintendência* (faculdade de revogar e, eventualmente, modificar os actos do subalterno) e ao *poder disciplinar* (faculdade de punir e, eventualmente, expulsar o subalterno).

Com efeito, o poder de direcção, só por si, pouco ou nada vale. Aceitamos que seja esse, dos três, o principal e mais característico poder hierárquico. Mas entendemos que ele não se basta a si próprio, nem pode ser considerado auto suficiente. Na verdade, de que valeria a um superior hierárquico poder dar ordens se, uma vez desobedecidas estas pelo subalterno, aquele não tivesse a possibilidade de eliminar ou substituir os actos que as contrariassem e de punir ou expulsar do serviço os agentes que as ignorassem

Para empregar uma expressão feliz que tem feito carreira entre nós, o superior hierarquico é, e tem de ser, o «responsável pela totalidade da função» ([1]). Por isso tem de poder assegurar, no âmbito do serviço que lhe está confiado, a unidade da acção administrativa.

Ora esta não se consegue apenas pelo poder de direcção, que define os rumos a seguir e escolhe o tempo e o modo da execução a realizar. Só se obtém se, além do poder de direcção, existirem e puderem ser exercidos o poder de superintendência e o poder disciplinar, que para

---

([1]) Robin de Andrade, *A revogação dos actos administrativos*, p. 287.

além da sua natural eficácia preventiva sancionam a inobservância das ordens e instruções dadas, eliminando os actos inaceitáveis ou punindo os agentes faltosos.

No poder de superintendência, como controlo sobre os actos, o essencial está na revogação; no poder disciplinar, como controlo sobre as pessoas, o essencial está na punição. Em ambos reside a eficácia do poder de direcção, que sem eles não passa de mera fachada.

Concluímos, assim, que o vínculo hierárquico só é completo e perfeito quando assenta na existência simultânea dos três poderes – e dos deveres ou sujeições correlativos.

22. De tudo o que antecede podemos agora extrair a definição de hierarquia que nos parece correcta: ela será, quanto a nós, o *modelo de organização administrativa constituído por um conjunto de órgãos e agentes com atribuições comuns e competências diferenciadas, ligados por um vínculo de subordinação que confere ao superior os poderes de direcção, superintendência e disciplinar, impondo ao subalterno os deveres e sujeições correspondentes.*

III – HIERARQUIA E RECURSO HIERÁRQUICO

A) A hierarquia como condição do recurso hieráquico

1) *Hierarquia interna e externa*

23. Vejamos agora como se relacionam as noções de hierarquia e recurso hierárquico.

Para isso, temos de começar por fazer uma distinção entre duas modalidades de hierarquia, que aliás se movimentam em planos diferentes: hierarquia *interna* e hierarquia *externa* ([1]).

Comecemos pela hierarquia interna.

A *hierarquia interna* é um modelo de organização da Administração Pública que tem por âmbito natural o serviço administrativo – essa célula fundamental de que se compõem as pessoas colectivas públicas.

Consiste a hierarquia interna num modelo de organização em que se toma a estrutura vertical como directriz, para estabelecer o ordenamento das actividades em que o serviço administrativo se traduz: é uma *hierarquia de agentes*.

Na hierarquia interna, por conseguinte, deparamos fundamentalmente com vínculos de subordinação entre agentes administrativos: do que acima de tudo se trata

---

([1]) Sobre a distinção, que é fundamental, v. Giovanni Marongiu, *Gerarchia amministrativa*, p. 618 e 675. Em sentido diferente, sustentando, como ao tempo se pensava, o carácter puramente interno da hierarquia, cfr. Cunha Valente, *A hierarquia administrativa*, p. IX e X.

não é da distribuição de competência entre órgãos, mas da divisão de trabalho entre agentes.

Não está em causa, directamente, o exercício da competência de uma pessoa colectiva pública, mas o desempenho regular das funções de um serviço administrativo: prossecução de actividades, portanto, e não prática de actos jurídicos.

Por isso se diz interna esta forma de hierarquia – por ser um fenómeno acantonado no interior de um organismo, sem projecção no exterior, isto é, sem assumir nenhum significado ou relevância quer para os particulares, quer para os demais sujeitos de direito público. Não é relacional, é orgânica.

A hierarquia interna vem a ser, pois, aquele modelo de organização interna dos serviços administrativos que assenta na diferenciação entre superiores e subalternos.

O exemplo acabado deste modelo é a estrutura de uma direcção geral de tipo clássico (delineada segundo o velho esquema do Decreto-Lei n.º 26 115, de 23 de Novembro de 1935). Com efeito, a direcção-geral desdobra-se aí em repartições e estas em secções; à sua frente, e na dependência do Ministro, encontra-se o director-geral, superior hierárquico de todo o funcionalismo desse serviço, o qual por sua vez tem como subalternos imediatos os chefes de repartição, superiores dos chefes de secção e, através destes, do restante pessoal existente na unidade.

Raro será o serviço administrativo – e até, pode dizer-se, rara será a organização, ainda que privada – que possa prescindir de um mínimo de hierarquização, neste sentido. Num gabinete de estudos, por exemplo, ou numa moderna direcção-geral de tipo técnico, apenas desdobrada em divisões, a tendência é para não alongar a cadeia hierárquica ou mesmo para a suprimir: mas, não podendo dispensar-se a designação de um responsável, haverá sempre pelo menos um grau de hierarquia ([1]).

Por razões de eficiência, o exercício do comando não é atribuído unicamente ao chefe supremo do serviço, mas repartido pelos principais subalternos, que ficam assim investidos na posição de subalternos-superiores: a parte cimeira do serviço cifra-se, portanto, numa hierarquia de chefias.

Simplesmente, o comando ou a chefia não se exprimem em regra, nesta hipótese, mediante actos administrativos externos: exercem-se por meio de actos puramente internos, tais como ordens, escritas ou verbais, instruções, circulares, etc., quando não se reduzem mesmo à eficácia preventiva que a simples presença de um chefe exerce no serviço.

Deste modo, a hierarquia interna - conquanto modelo basilar da organização dos serviços administrativos - não tem interesse para o recurso hierárquico.

24. Vejamos agora o que se passa com a *hierarquia externa*.

Este outro modelo de organização da Administração Pública, diferentemente do anterior, não surge no âmbito

---

[1] V. Diogo F. do Amaral, *Normas sobre reorganização de ministérios,* p. 252 e segs.

do serviço administrativo, mas no da pessoa colectiva pública.

Também aqui, é certo, se toma a estrutura vertical como directriz, mas desta feita para estabelecer o ordenamento dos poderes jurídicos em que a competência consiste: é uma *hierarquia de órgãos*.

Os vínculos de subordinação intercedem entre órgãos da Administração. Já não está em causa a divisão do trabalho entre agentes, mas a repartição das competências entre aqueles a quem está confiada a manifestação da vontade imputável à pessoa colectiva.

Por isso, nesta hipótese, os subalternos não se limitam a desempenhar actividades, praticam actos administrativos. E estes não esgotam a sua eficácia adentro da esfera jurídica da pessoa colectiva em cujo nome foram praticados: são actos externos, projectam-se na esfera jurídica de outros sujeitos de direito, atingem particulares. Há hierarquia externa — esta, sim, relacional.

Da hierarquia externa — modelo de organização externamente relevante das pessoas colectivas públicas — encontramos numerosos exemplos no nosso país. Não tantos, por certo, quanto seria para desejar, se a nossa tradição centralizadora já tivesse sido eficazmente combatida por uma política salutar de desconcentração e descentralização administrativa.

Mas, apesar de tudo, há entre nós muitos casos em que aos subalternos, como tais, é conferido o poder de praticar actos administrativos externos.

É o que acontece, na administração central do Estado, quando os directores-gerais e outros funcionários são chamados, por lei ou delegação de poderes, a praticar actos da competência dos Ministros; quando, na administração local do Estado, possuem ou recebem competência para praticar actos administrativos os magistrados administrativos, os directores escolares distritais, os chefes das repartições de Finanças, os delegados de saúde e tantos outros agentes de categoria semelhante; ou quando, na administração institucional, podem tomar decisões definitivas e executórias os funcionários de um instituto público ou os respectivos órgãos regionais, como sucede por exemplo com os engenheiros directores de estradas da Junta Autónoma de Estradas.

Também aqui, como na hierarquia interna, se distribui o comando pelos subalternos: mas o que assume relevância jurídica não é a multiplicação das chefias, é a divisão das competências. O que sobretudo importa não é serem alguns dos subalternos simultaneamente superiores, mas sim serem, eles também, órgãos com competência externa.

Nesta hipótese, a hierarquia estabelece-se entre vários órgãos da Administração. E, conferindo a lei competência externa a órgãos subalternos, está criada a possibilidade do recurso hierárquico. O recurso hierárquico pressupõe a hierarquia externa: a hierarquia externa é, pois, *condição* do recurso hierárquico.

2) *Concentração e desconcentração*

25. Se bem repararmos, a classificação da hierarquia em interna e externa tem muito que ver com outra classi-

ficação bastante conhecida dos estudiosos da teoria geral da organização administrativa – referimo-nos à distinção entre concentração e desconcentração.

Trata-se, como é sabido, de noções que se reportam à distribuição da competência em razão da hierarquia, ou organização vertical.

Diz-se que há *concentração* quando a competência para a prática de actos administrativos executórios se encontra entregue na totalidade aos órgãos dirigentes de uma determinada pessoa colectiva pública. Há, pelo contrário, *desconcentração* quando essa competência se acha repartida pelos órgãos dirigentes e pelos órgãos subalternos da mesma pessoa colectiva ([1]).

Não importa para o caso que a desconcentração seja originária (legal) ou seja derivada (voluntária), isto é, resultante de delegação de poderes: basta que um ou mais órgãos subalternos possam praticar actos executórios para que seja correcto falar em desconcentração.

Note-se agora como se avizinham os dois pares de conceitos que estamos a referir.

Havendo concentração, a competência externa está reunida nas mãos do chefe supremo: a organização vertical não comporta órgãos subalternos, a nenhum subordinado é atribuído o poder de praticar actos executórios. Só pode haver hierarquia interna.

Existindo desconcentração, já a competência externa estará repartida, ao longo da cadeia hierárquica, entre o chefe supremo e alguns dos seus subordinados: as relações

---

([1]) Perfilhamos, no essencial, o critério de Marcello Caetano, *Manual*, I, p. 254.

hierárquicas estabelecem-se entre órgãos da pessoa colectiva, todos eles com competência para a prática de actos executórios. Pode então haver hierarquia externa.

Dizemos que *pode haver*, e não que *há*, hierarquia externa, porque nem sempre a hierarquia externa anda ligada à desconcentração. Com efeito, a desconcentração pode ser tão intensa e levada tão longe que os órgãos por ela atingidos se transformem de subalternos em independentes: neste caso, a desconcentração faz cessar a hierarquia.

Como se verá melhor no número seguinte, denominamos esta última desconcentração *absoluta,* reservando para a desconcentração respeitadora da hierarquia a designação de desconcentração *relativa.*

Seja porém como for, o que por agora cumpre reter é que só existindo desconcentração (relativa) pode haver hierarquia externa – e sem esta não há recurso hierárquico.

B) A hierarquia como critério do recurso hierárquico

26. Dissemos atrás que a hierarquia, além de condição, é também *critério* do recurso hierárquico, querendo significar com isso que este tem uma amplitude maior ou menor conforme a maior ou menor intensidade do vínculo hierárquico.

Este é um ponto que só ficará plenamente demonstrado na segunda parte do nosso trabalho. Para já, no entanto, importa avançar um certo número de noções básicas, sem as quais será mais difícil compreender a sequência dos desenvolvimentos ulteriores.

Impõe-se, neste momento, examinar a questão sob o ângulo dos poderes do subalterno e do superior.

Quando se fala de hierarquia não é habitual referir, além dos poderes do superior hierárquico, senão os deveres do subalterno. É esta uma visão que se pode considerar em boa parte correcta quanto à hierarquia interna, onde por definição os subalternos não possuem competência própria.

O mesmo não acontece, contudo, no tocante à hierarquia externa, onde os órgãos subalternos, se têm deveres para com os órgãos superiores, possuem simultaneamente um certo número de poderes, correspondentes à parcela de competência que lhes foi distribuída por efeito da desconcentração operada.

Ora, do ponto de vista do recurso hierárquico, oferece muito maior interesse a análise dos poderes do subalterno que o estudo dos seus deveres. Vejamos, pois, como se nos apresentam os poderes do subalterno.

1) *A competência do subalterno*

27. A primeira grande distinção a abrir é entre os casos de desconcentração absoluta e relativa – nos primeiros, como vimos, cessa de todo a hierarquia, enquanto nos segundos ela se mantém.

Havendo desconcentração absoluta, os órgãos deixam de ser subalternos e passam a constituir órgãos independentes, como sucede por exemplo com os professores no desempenho da função de examinadores, com os chefes de secretaria das câmaras municipais enquanto juízes do contencioso tributário local, com os agentes consulares na qualidade de órgãos judicantes, etc.

Esta hipótese – *de competência independente* – não nos interessa aqui por não haver recurso hierárquico das decisões tomadas por órgãos administrativos independentes, dada a inexistência de hierarquia.

28. Situemo-nos agora no campo da desconcentração relativa – com hierarquia externa, portanto.

A primeira hipótese a considerar é a da *competência comum,* que é aquela em que dois ou mais órgãos são igualmente competentes para a prática de um certo acto administrativo: a competência para praticar esse acto é, pois, comum aos vários órgãos habilitados a dispor acerca da matéria em causa.

Dentro da competência comum, há duas modalidades a distinguir. Uma é a da *competência conjunta,* que se caracteriza pela necessidade de o acto ser praticado por acordo entre os vários órgãos competentes, que têm todos de manifestar a sua vontade e de assinar o acto, ou a sua redução a escrito, sob pena de o acto não ter por autores todos os órgãos que devia ter e de, portanto, ficar incompleto e inválido ([1]).

A outra modalidade, que é a mais importante para nós, é a da *competência simultânea,* que se caracteriza pelo facto de qualquer dos órgãos competentes poder praticar

---

(1) V. Marcello Caetano, *Manual*, I, p. 469.

o acto sozinho, prevenindo assim a jurisdição – isto é, ficando excluída, pela prática do acto por um dos órgãos, a possibilidade de o mesmo caso concreto ser resolvido, em primeira mão, por qualquer dos outros órgãos competentes ([1]).

Esta modalidade da competência simultânea interessa sobremaneira ao estudo do recurso hierárquico, pois como veremos é a que se verifica sempre que a competência do superior abranja a do subalterno.

29. Seguem-se os casos de *competência própria,* em que o poder de praticar um certo acto administrativo é atribuído directamente por lei a um só órgão da Administração.

Estes casos distinguem-se, por um lado, dos de competência simultânea e, por outro, dos de competência delegada.

Distinguem-se dos de competência simultânea, porque essa figura pressupõe dois ou mais órgãos competentes, enquanto na competência própria só um único órgão é competente.

E não há confusão possível com os casos de delegação de poderes, porque na hipótese de competência própria os poderes são conferidos ao órgão competente por atribuição directa e imediata da lei, ao passo que a *competência delegada* é atribuída nos termos da lei ao delegado pelo delegante, através de um acto administrativo – a delegação de poderes.

([1]) *Ibidem,* p. 468-469.

Mediante a delegação de poderes, o delegante transfere o exercício de uma parte da sua competência própria para o delegado, ficando este incumbido, assim, do exercício em nome próprio de uma competência alheia ([1]). O delegado pratica actos administrativos executórios — nalguns casos definitivos, noutros não definitivos: não está, por consequência, excluída em princípio a possibilidade de um recurso (hierárquico ou afim).

30. Olhemos agora às hipóteses de competência própria, em si mesmas. Há aí três sub-hipóteses a considerar.

Chamamos à primeira *competência separada*: o subalterno é por lei competente para praticar actos executórios, mas não definitivos; deles cabe recurso hierárquico necessário. É o caso normal, no direito português, quanto aos actos praticados por órgãos subalternos.

Denominamos a segunda de *competência reservada*: o subalterno é por lei competente para praticar actos definitivos e executórios; deles cabe, além de recurso contencioso, recurso hierárquico facultativo. É o que sucede, por exemplo, com os actos praticados pelos Governadores Civis (Cód. Adm, art. 411.º, §§ 1.º e 2.º).

À terceira damos a designação de *competência exclusiva*: o subalterno é por lei competente para praticar actos definitivos e executórios; todavia, embora esteja de algum modo inserido numa estrutura de tipo hierárquico — e

---

([1]) A concepção que expomos no texto — que vê a delegação de poderes como uma *transferência de exercício* — não é a mais generalizada entre nós: v., em sentido diferente, Marcello Caetano, *Manual*, I, p. 226-227 e A. Gonçalves Pereira, *Da delegação de poderes*, p. 23-29.

portanto sujeito ao poder de direcção ou ao poder disciplinar — dos seus actos não cabe recurso hierárquico, mesmo facultativo, mas apenas recurso contencioso. Era o caso, nomeadamente, dos actos praticados pelo Presidente da Câmara na qualidade de magistrado administrativo (Cód. Admin., art. 83.º, § 2.º); e é o que se passa actualmente com os actos insusceptíveis de recurso administrativo praticados por presidentes de pessoas colectivas públicas como órgãos do Estado ([1]).

Nesta hipótese de competência exclusiva, não existe recurso hierárquico. Mas, ao contrário do que sucede nos casos de desconcentração absoluta, a falta de recurso não decorre da independência do órgão: por hipótese, o poder de direcção ou o poder disciplinar mantêm-se, o que desaparece é o poder de superintendência.

A falta deste afecta no entanto a hierarquia, que deixa de poder considerar-se completa, ficando limitada ou reduzida. Não há, pois, hierarquia plena. O recurso hierárquico é suprimido.

31. Como casos com interesse para a figura do recurso hierárquico temos, assim, os de competência simultânea, separada, reservada e delegada. Ficam excluídos os de competência exclusiva e independente ([2]).

([1]) V. *infra*, n.º 85. Deveria ser esse o caso, também, dos actos praticados pelo Director-Geral dos Desportos em matéria de disciplina desportiva, para subtrair o Governo ao melindre de uma intervenção em questões tão controversas como essas: o Acórdão STA-1, de 17-7-53, *caso do Grupo Desportivo de Benavente,* decidiu porém de outra maneira.

([2]) V. em Sandulli, *Ricorso gerarchico,* p. 995-996, um elenco bastante completo das razões que levam a lei, por vezes, a atribuir aos subalternos competência exclusiva ou independente.

É agora o momento de perguntar: o que há então de comum entre esses quatro casos de competência – simultânea, separada, reservada e delegada?

Pois o que há de comum é o facto de, em relação a certa matéria, o subalterno possuir competência dispositiva, sujeita à superintendência do seu superior hierárquico.

O subalterno possui a competência dispositiva sobre certa matéria ([1]). Que significa isto?

Significa que é ele, subalterno, o órgão legalmente habilitado a dispor, ou resolver, sobre aquela matéria. Pertence-lhe o poder de praticar actos administrativos executórios sobre os casos concretos compreendidos na referida matéria, dando ordens ou emitindo instruções aos seus subordinados quanto à preparação e execução dessas suas decisões.

Compete-lhe receber e despachar os requerimentos dirigidos por particulares sobre tais assuntos, bem como tomar toda as iniciativas apropriadas para cumprir, quanto a eles, o seu dever de boa administração ([2]).

Cabe-lhe ainda regular e impulsionar os processos graciosos iniciados sobre as mesmas matérias e, bem assim, autorizar dentro dos limites legais as despesas e praticar os actos de gestão que forem necessários.

Incumbe-lhe, sobretudo, chegado o momento decisivo, resolver se pratica ou não o acto administrativo adequado e dar-lhe, no âmbito da discricionaridade que

---

[1] Sobre a noção de *competência dispositiva* em direito administrativo, v. Robin de Andrade, *A revogação*, p. 70-71, e p. 273-275, e Marcello Caetano, *Manual*, I, p. 546.

[2] Acerca do dever de boa administração, cfr. *infra*, n.º 194.

a lei lhe consentir, a forma e o conteúdo que melhores lhe parecerem.

Pertence-lhe, enfim, dada a conexão fixada pela lei entre a autoria de actos primários e a competência para os actos secundários a eles respeitantes, praticar todos os *actos secundários* que julgar oportunos na matéria e, nomeadamente, a revogação, suspensão, confirmação, ratificação, reforma ou conversão das suas decisões anteriores.

2) *A competência do superior*

32. Dissemos que nas quatro hipóteses seleccionadas o que havia de comum entre todas elas era a competência dispositiva do subalterno, sujeita à superintendência do seu superior hierárquico.

Centremos agora as nossas atenções sobre o poder de superintendência, que já vimos ser essencial à noção de hierarquia. Em que consiste ele? Que faculdades jurídicas o integram?

Marcello Caetano define-o como «a faculdade que o superior tem de rever e confirmar, modificar ou revogar, os actos administrativos praticados pelos subalternos» ([1]).

Para nós, o essencial do poder de superintendência está na faculdade de revogação.

Com efeito, as faculdades de rever e confirmar os actos do subalterno não têm, a bem dizer, verdadeira autonomia: porque só adquirem relevância e significado na medida em que possam levar pelo menos à revogação,

---

([1]) *Manual*, I, p. 247.

a primeira, ou à não confirmação, a segunda. E a não-confirmação exprimir-se-á normalmente por uma revogação, total ou parcial.

Quanto à faculdade de modificação, envolvendo necessariamente o exercício, ao menos em parte, de um poder de substituição, nem sempre existe nas mãos do superior hierárquico, como veremos nos números seguintes.

Julgamos assim que o essencial do poder de superintendência é, na realidade, a faculdade de revogação.

É aliás o que resulta do artigo 18.º da Lei Orgânica do Supremo Tribunal Administrativo, que atribui aos superiores hierárquicos em geral, em paralelo com os próprios autores, o poder de revogar – e nenhum outro, salva a faculdade de suspender, que não passa de uma parcela do poder de revogar (um *minus* e não um *aliud*).

O superior hierárquico goza, portanto, no âmbito do poder de superintendência, da faculdade de revogar os actos praticados pelos seus subalternos.

E cumpre registar que este controlo oficioso pode ser efectuado pelo superior com fundamento quer na ilegalidade do acto praticado, quer na sua injustiça ou inconveniência, e tanto pode ser exercido por sua iniciativa, ou seja, *ex officio*, como a requerimento de qualquer interessado, isto é, mediante recurso hierárquico.

33. E o *poder de substituição?* Também se incluirá no conceito de superintendência?

São numerosos os autores que respondem afirmativamente. E, entre nós, alinha nessa orientação Marcello Caetano ([1]).

Costuma exprimir-se o pensamento dessa corrente pela seguinte fórmula tradicional: *a competência do superior abrange sempre a dos subalternos*. Dela fazem aplicação positiva, entre nós, o artigo 576.º do Código Administrativo e o artigo 16.º, n.º 1, do Estatuto Disciplinar dos Funcionários e Agentes da Administração Central, Regional e Local ([2-3]).

Partindo desta ideia, há vários modos diferentes de a concretizar.

Numa primeira fórmula, o superior hierárquico pode intervir, sempre que o considerar conveniente, nas matérias da competência do subalterno. É a concepção correspondente ao entendimento literal da regra de que a competência do superior abrange a do subalterno: aqui não há propriamente substituição, mas *competência simultânea* do superior e do subalterno.

De acordo com um segundo sistema, o superior apenas pode substituir-se ao subalterno, praticando actos da competência deste, em casos isolados: é a substituição limitada às hipótese de *avocação*.

Conforme um terceiro modelo, o superior só pode intervir na esfera própria do subalterno quando este,

---

[1] V. *Manual*, I, p. 224-225 e 246.

[2] Aprovado pelo Decreto-Lei n.º 191-D/79, de 25 de Junho. Daqui em diante citá-lo-emos sempre como *Estatuto Disciplinar dos Funcionários*.

[3] A mesma regra estava formulada no artigo 17.º do Estatuto Disciplinar dos Funcionários Civis do Estado, de 1943, e no artigo 368.º do Estatuto do Funcionalismo Ultramarino, de 1966.

eventualmente após notificação, se abstenha de praticar os factos a que esteja obrigado ou, noutra concepção, que o superior ache necessários e urgentes: casos de substituição «*stricto sensu*».

Enfim, segundo outra formulação, o superior só poderá intervir nos assuntos da competência do subalterno quando estiver a exercer o seu poder de revogar, sendo-lhe então lícito proceder à revogação pura e simples do acto do subalterno ou a uma revogação acompanhada de alterações ou da prática de um novo acto sobre a matéria: são estes últimos os casos de *substituição revogatória* (total ou parcial).

Por nossa parte, porém, quer-nos parecer que, em regra, a superintendência dos superiores hierárquicos não engloba o poder de substituição, mesmo que no caso disponham de um poder de revogação. Por outras palavras: não é válida, como princípio geral, a máxima de que a competência do superior abrange a dos subalternos [1].

34. Em abono da nossa opinião, poderemos invocar, desde logo, as finalidades que levam a lei a desconcentrar a competência dos superiores nos seus subalternos – melhor prossecução do interesse público, pelos órgãos situados na maior proximidade dos problemas a resolver, e mais ampla protecção dos direitos e interesses dos particulares, pela possibilidade de controlo da primeira decisão pelos superiores hierárquicos.

---

[1] V. Afonso R. Queiró, *Competência*, p. 527.

Qualquer destas finalidades é de per si bastante para impor a conclusão de que a desconcentração da competência não pode ser destruída pelo superior hierárquico através do exercício, a seu bel talante, do poder de substituição.

A lei pode muito bem não desconcentrar a competência, deixando tudo nas mãos do órgão máximo da hierarquia administrativa. Mas, se o faz, é porque considera preferível para o interesse público, bem como para a garantia dos interesses privados, que certas decisões sejam tomadas por determinados órgãos subalternos. Essa opção não pode ser destruída pela mera vontade do superior hierárquico: a competência é de ordem pública e não pode ser modificada por simples decisão dos órgãos administrativos.

As normas sobre distribuição vertical de competências não são, pois, puramente internas ou orgânicas, mas antes normas de relação, de eficácia externa, que protegem simultaneamente o interesse público e os interesses particulares – e cuja inobservância, designadamente pela invasão dos poderes do subalterno pelo superior, gera um vício de incompetência em razão da hierarquia.

Marcello Caetano, é certo, introduziu em dada altura uma ressalva na sua opinião, afirmando não ser exacto que a competência do superior compreendesse *sempre* a dos subalternos: não seria assim, designadamente, quando a lei distribuísse os poderes para ordenar um processo de maneira a acautelar ou garantir direitos dos particulares, como no caso de se conceder o direito de recorrer ([1]).

([1]) Cfr. *Manual*, I, p. 224-225, e *Anotação-Sopac*, p. 322-324.

Repare-se no entanto, que esta ressalva esvazia de conteúdo o próprio princípio geral que o ilustre autor pretende salvar. Pois a verdade é que ou o subalterno goza de competência exclusiva – e então será contraditório conceber-se a substituição – ou goza apenas de competência própria (separada ou reservada) – e, nesse caso, dos seus actos cabe sempre recurso hierárquico, de tal modo que admitir a substituição seria sempre frustrar a garantia do duplo exame, inerente à desconcentração de poderes ([1]).

35. Dir-se-á, contra este entendimento, que a nossa lei não só expressamente autoriza a avocação em matéria de delegação de poderes, como estabelece a competência simultânea de superiores e subalternos em processo disciplinar.

Mas estas soluções, aliás isoladas, só reforçam, pelo seu carácter excepcional, o valor da regra geral contrária.

Se na delegação de poderes é consentida a avocação, é porque a competência pertence de raiz ao delegante, não cabendo ao delegado mais que o exercício em nome próprio de uma competência alheia: podendo o superior fazer cessar a todo o momento a delegação, que é livremente revogável, por maioria de razão deve poder avocar os casos que entender. Não há, portanto, analogia com os casos de competência própria directamente atribuída pela lei mediante desconcentração originária.

([1]) Cfr., no mesmo sentido, Cunha Valente, *A hierarquia administrativa* p. 12, nota (1), e p. 33-37.

Quanto ao processo disciplinar, é verdade que a lei consagra em alguma medida a competência simultânea, porque no nosso direito disciplinar é significativa uma certa desconfiança em relação aos subalternos e escassa a desconcentração permitida. Nos termos do artigo 16.º do Estatuto Disciplinar dos Funcionários, só a pena de repreensão pertence à competência dos subalternos, cabendo todas as outras aos Ministros, salvo delegação: o reduzido âmbito do sistema da competência simultânea, confinado às penas morais, retira como é óbvio qualquer significado genérico à argumentação nele apoiada.

A regra de que a competência do superior abrange a do subalterno é, sim, verdadeira no âmbito da hierarquia interna: o chefe de repartição pode sobrepor-se ao chefe de secção, declarando terminado o trabalho do dia ou concedendo licença para férias aos subalternos do seu imediato subordinado.

Mas o que é verdadeiro para as hipóteses de hierarquia interna não o é, em regra, para as de hierarquia externa, onde os princípios aplicáveis e os interesses em causa são, e não podem deixar de ser, muito diferentes.

36. Reformulada, nos termos expostos, parte significativa da concepção tradicional relativa às competências do subalterno e do superior no direito administrativo português, ficamos do mesmo passo munidos dos dados necessários para compreender como funciona, em cada caso ou grupo de casos, a hierarquia como critério do recurso hierárquico. Todo o capítulo I da segunda parte

deste trabalho será uma ilustração patente de semelhante princípio.

C) A hierarquia como fundamento do recurso hierárquico

1) *Opinião tradicional*

37. Depois de tudo o que dissemos, compreende-se agora melhor a afirmação feita de que o recurso hierárquico existe porque existe hierarquia, sendo esta última, afinal, o fundamento daquele.

Realmente, é por haver um vínculo de subordinação, no qual o órgão subalterno possui competência dispositiva sobre certa matéria, e o superior hierárquico detém poder de superintendência sobre os actos praticados pelo primeiro, que o recurso hierárquico aparece e funciona.

O recurso hierárquico traduz, assim, um apelo dirigido pelo particular a um superior hierárquico para que, em relação a um certo acto praticado por um subalterno seu, exerça os poderes que lhe pertencem, nomeadamente o poder de revogação.

Não interessa por enquanto saber se o particular o faz como quem pede a concessão de uma graça ou como quem exerce um direito: adiante nos debruçaremos sobre esse ponto ([1]).

O que interessa por agora é que o recurso põe em movimento os poderes próprios do superior hierárquico

---

([1]) *Infra*, n.º 179-180.

– poderes que este possui para exercer oficiosamente, a título de superintendência, e que portanto pode também exercer a pedido de um particular.

Decorre daqui que uma regra jurisprudencial muito antiga declara que o recurso hierárquico existe *mesmo sem texto:* basta haver uma organização hierárquica, com o consequente poder de superintendência, para que o particular lesado por acto de um subalterno possa apelar para que o superior exerça os seus poderes.

Esta, a doutrina tradicional ([1]).

Contra ela, porém, têm-se erguido as vozes de alguns administrativistas, procurando demonstrar, por um lado, que o recurso hierárquico não tem por fundamento a hierarquia e, por outro, que o poder de superintendência cujo exercício é solicitado pelo recorrente não é o poder de controlo oficioso, próprio dos superiores, mas outro poder – um poder específico de decisão de recursos.

Diremos por que nos parece que não têm razão.

2) *Discussão*

38. A tese segundo a qual não é a hierarquia o fundamento do recurso hierárquico deve-se a António Amorth ([2]).

Parte este autor da observação de que nem sempre há coincidência entre o recurso hierárquico e a hierarquia.

([1]) V., por todos, Marcello Caetano, *Um curso sobre processo administrativo*, p. 157; Auby e Fromont, *Les recours contre les actes administratifs*, p. 215-218 Sandulli, *Ricorso gerarchico*, p. 993 ; e Benvenuti, *Note sul racorfo gerarchico improprio*, p. 45-48.

([2]) António Amorth, *Ricorso gerarchico*, p. 670-672.

Pois, por um lado, pode haver hierarquia sem que seja admissível o recurso hierárquico — caso de um subalterno possuir competência exclusiva —; e, por outro, pode haver um recurso hierárquico que não assente sobre a base de uma relação hierárquica — caso dos chamados recursos hierárquicos impróprios.

Verificando assim a falta de correlação necessária entre o recurso hierárquico e a hierarquia, Amorth conclui que o fundamento do recurso não pode ser a relação de direcção-obediência, típica da hierarquia: na verdade, não é o poder de direcção que permite à autoridade *ad quem* decidir o recurso, nem o dever de obediência que explica a eficácia da decisão ou justifica o seu acatamento pelo órgão *a quo*.

O que interessa, realmente, é o poder de rever e revogar actos alheios, que determinados órgãos da Administração possuem relativamente a outros, poder esse que se integra, não numa relação de direcção-obediência, mas numa relação de superintedência-sujeição.

Daí que o fundamento do recurso hierárquico não seja a hierarquia, mas a superintendência, ou o poder de superintendência, onde e quando exista.

39. A primeira objecção dirigida contra a tese clássica por Amorth consiste, pois, em acentuar que pode haver hierarquia sem que exista recurso hierárquico, como nos casos de competência exclusiva do subalterno.

Mas essa alegação não deve impressionar-nos.

Por um lado, tais casos são muito raros e verdadeiramente excepcionais, pelo que não servem para destruir um princípio geral.

Por outro lado, não se pode em bom rigor pretender que nessas hipóteses exista hierarquia plena: como vimos atrás, sendo o poder de superintendência uma componente essencial do vínculo hierárquico, os casos de competência exclusiva do subalterno são *entorses* manifestos ao sistema da organização hierárquica. A hierarquia fica nesses casos obviamente reduzida, só podendo falar-se então de hierarquia limitada ou de uma hierarquia «em tom menor».

Enfim, o facto de poder existir hierarquia sem recurso hierárquico provaria, quando muito, que a hierarquia não implica necessariamente o recurso hierárquico: não prova, porém, que este último, onde exista, não tenha fundamento naquela.

Já impressiona mais, à primeira vista, a alegação de que pode haver recursos hierárquicos — isto é, recursos administrativos idênticos ou análogos aos recursos hierárquicos — sem que exista hierarquia. Sem querer ainda entrar a fundo no problema da delimitação do que a doutrina italiana tem designado por «recursos hierárquicos impróprios», importa reconhecer que a lei cria por vezes recursos semelhantes aos hierárquicos em casos que rigorosamente não são de hierarquia.

De qualquer modo, supomos que o procedimento metodologicamente correcto consiste em verificar, primeiro, se é ou não a hierarquia o fundamento do recurso hierárquico propriamente dito — ou seja, nas hipóteses em que exista hierarquia – e só depois analisar o que se passa quando esta falta.

40. Ora, no que concerne aos recursos hierárquicos em sentido próprio, ninguém negará por certo que o poder cujo exercício se requer ao apelar para o superior não é o poder de direcção, mas o poder de superintendência: o que se pretende é desencadear a função de controlo do superior e não a sua função orientadora.

Só que, nos casos de verdadeira hierarquia, o poder de superintendência faz parte da própria noção de superioridade hierárquica. O chefe é o dirigente responsável: dirige os serviços e responde por eles. E não se pode responsabilizar um dirigente se este não tiver a possibilidade de controlar o modo como são executadas as suas ordens e instruções.

Sem o poder de superintendência a hierarquia fica afectada: o superior queda desarmado perante os actos ilegais, injustos ou inconvenientes dos seus subalternos. É certo que poderá ainda dispôr sobre estes do poder disciplinar, mas a gravidade e a lentidão das sanções sobre as pessoas impede, as mais das vezes, que possam servir de sucedâneo às sanções sobre os actos. Por isso são excepcionais os casos de competência exclusiva dos subalternos.

Acresce, por fim, que não é inteiramente rigoroso afirmar que a função cujo exercício se solicita é a superintendência: porque não é a qualquer superintendência que se apela, é à *superintendência hierárquica.*

Tanto assim é que, se estivermos diante de um caso em que haja superintendência, mas em que esta não seja uma superintendência hierárquica – pode ser, por exemplo, superintendência tutelar – duas consequências imediatamente decorrem daí, como veremos melhor adiante ([1]): a primeira é que o recurso, se o houver, não será hierárquico; e a segunda é que só haverá recurso se a lei expressamente o instituir. Não há recurso tutelar *sem texto*. Não há outros recursos sem texto, além do recurso hierárquico.

Concluímos, pois, que o fundamento do recurso hierárquico (propriamente dito) é a hierarquia. O poder cujo exercício se requer e obtém não é o poder de direcção, é o poder de superintendência: mas esta é a superintendência hierárquica, que faz parte da hierarquia e que existe por existir hierarquia ([2]).

41. Mas, se assim é, como se explicam os tais recursos hierárquicos impróprios? ([3]) Como se compreende, então, que nestes casos a superintendência surja dissociada da hierarquia?

Observe-se, antes de mais, que a expressão *recurso hierárquico impróprio* encerra em si mesma uma referência directa à semelhança com o recurso hierárquico autêntico.

De facto, do que se trata aí é de relações que, não sendo em rigor hierárquicas, são semelhantes a estas. Há nelas, concretamente, vínculos de superioridade e subor-

---

([1]) *Infra*, n.ºs 74 e segs.
([2]) Ligando, correctamente, o recurso hierárquico à superintendência *hierárquica* e o recurso tutelar à superintendência *tutelar*, v. o projecto de Código de Processo Administrativo Gracioso, artigos 256.º, n.º 1, e 269.º, n.º 1, respectivamente.
([3]) *Infra*, n.ºs 64 e segs.

dinação que, embora atenuados ou imperfeitos, se aproximam em vários pontos do vínculo hierárquico.

Queremos dizer com isto que, nestas hipóteses, o poder de superintendência não nasce por acaso, mas sim em consequência de um certo grau de superioridade atribuído pela lei ao órgão encarregado do controlo, superioridade essa revelada, por exemplo, no poder de emitir instruções ou directivas obrigatórias, ou na faculdade de nomear e exonerar os titulares dos órgãos controlados, ou no poder de autorizar ou aprovar alguns dos actos destes, etc. Ou então é o intuito de criar um recurso que leva a estabelecer uma certa superioridade do órgão *ad quem*.

Também aqui, por conseguinte, a superintendência está associada à superioridade – tomada esta expressão num sentido amplo, de modo a englobar tanto os casos de superioridade hierárquica como os demais.

E, sendo assim, uma de duas: ou nos referimos aos recursos hierárquicos em sentido rigoroso – e então os recursos hierárquicos impróprios não são recursos hierárquicos, podendo concluir-se serenamente que o fundamento do recurso hierárquico é a hierarquia –; ou nos reportamos antes a recursos administrativos num sentido amplo, que abranja os recursos graciosos análogos aos hierárquicos – e então, não havendo hierarquia mas uma realidade semelhante, o fundamento do recurso é precisamente o que nessa realidade semelhante recorda a hierarquia, ou seja, uma parcela de superioridade juridicamente relevante.

42. Como dissemos atrás, a segunda tese erguida contra a doutrina tradicional acerca do fundamento do recurso hierárquico sustenta que o poder de superintendência cujo exercício é provocado pelo recorrente não é o poder de controlo oficioso que todo o superior possui como tal, mas outro poder diferente – um poder específico de decisão de recursos. É a opinião de Zanobini ([1]).

Zanobini começa por expôr o pensamento que considera quase unânime da doutrina – o de que a revogação oficiosa e a revogação em recurso hierárquico são manifestações de um único poder jurídico, o poder que toda a autoridade administrativa tem de rever os seus próprios actos e de os revogar, se viciados.

Mas logo critica semelhante concepção, opinando que se trata aí de dois poderes distintos.

Em abono desta outra tese, alega o ilustre autor, antes de mais, o facto de nem sempre o poder de revogar oficiosamente e o poder de revogar em recurso pertencerem a uma mesma autoridade: em Itália, os Ministros, por exemplo, têm o poder de revogar os seus actos, mas nenhuma lei lhes dá esse poder quanto aos actos dos seus subalternos.

Depois, há a considerar, quanto aos órgãos supremos do Estado, que a revogação oficiosa pode ter por objecto qualquer acto administrativo e é decretada pelo Governo, precedendo parecer de uma secção do Conselho de Estado; ao passo que a revogação em recurso só pode ter por objecto actos definitivos e é decretada pelo Presidente da

---

([1]) Zanobini, *Ricorso amministrativo e annullamento di ufficio*, p. 477-482.

Republica, precedendo parecer do Conselho de Estado em plenário.

Além disso, enquanto a revogação oficiosa é por definição discricionária, a revogação em recurso é vinculada, corresponde ao cumprimento de uma obrigação para com o recorrente.

Isto porque a função de uma e outra são essencialmente diferentes: a revogação oficiosa prossegue em exclusivo o interesse público; a revogação em recurso prossegue um fim de protecção dos interesses individuais do recorrente.

43. Quanto a nós, nada nos custa admitir, com Zanobini, que o poder de revogação dos *próprios actos* não seja o mesmo que o poder de revogar os *actos alheios* impugnados em recurso: o primeiro corresponde ao desempenho de uma função de auto-controlo, ao passo que o segundo traduz o exercício de uma função de hetero-controlo ([1]). Nenhuma dúvida a esse respeito.

Mas o problema não está aí. O problema está em saber se o poder de revogação dos actos dos subalternos *em recurso* é ou não o mesmo que o poder de revogação oficiosa dos actos dos subalternos: e este, se não existe em Itália, ou se não existia ao tempo em que escreveu Zanobini, é expressamente consagrado entre nós no artigo 18.º da Lei Orgânica do Supremo Tribunal Administrativo.

([1]) Cfr. Robin de Andrade, *A competência para a revogação de actos administrativos*, p. 68-69.

Temos de prescindir dos argumentos extraídos do direito italiano, sem correspondência nas leis portuguesas: entre nós os superiores hierárquicos, sejam eles Ministros ou não, têm o poder de revogar os actos dos seus subalternos, quer oficiosamente quer mediante recurso dos interessados; e não existem as demais diferenças de regime ou de processo em que se baseou Zanobini.

Abordemos a questão no plano dos conceitos: na revogação oficiosa e na revogação sob recurso estarão em causa dois poderes jurídicos distintos ou um mesmo e único poder?

Não nos parece que possa argumentar-se em favor da tese dos dois poderes com o contraste entre a discricionaridade da revogação oficiosa e o carácter vinculado da revogação em recurso. Nada tem de estranho ou de chocante, com efeito, o facto de um mesmo poder jurídico ser nuns casos de exercício facultativo e noutros, de exercício obrigatório: sobretudo tratando-se de um poder funcional, é particularmente compreensível que a lei o deixe, em princípio, ao critério livre da Administração, mas obrigue esta a exercê-lo – num sentido ou noutro, mas cumprindo o dever de decidir – quando um particular a ela recorrer para defesa dos seus direitos ou interesses legítimos.

Por outro lado, não aceitamos que a função da revogação oficiosa seja contrária à da revogação em recurso ou, pelo menos, essencialmente diferente desta.

Adiante veremos, com maior desenvolvimento, que não é exacto considerar, com Zanobini, que a revogação em recurso prossegue apenas ou predominantemente fins de protecção dos interesses individuais do recorrente: como a seu tempo demonstraremos, a função do recurso hierárquico é mista e envolve também a protecção dos interesses públicos confiados à Administração ([1]).

Ora, o mesmo se tem de dizer aqui dos fins da revogação *ex officio* ou da função de superintendência hierárquica: esta não existe única e exclusivamente no interesse da Administração, antes pode e deve também atender à necessidade de protecção das posições subjectivas dos particulares.

Determina o artigo 267.º, n.º 1, da Constituição: «A Administração pública visa a prossecução do interesse público, no respeito pelos direitos e interesses legalmente protegidos dos cidadãos».

A garantia dos direitos subjectivos e dos interesses legítimos dos particulares é, pois, uma obrigação permanente e específica da Administração pública, que integra o conteúdo da superintendência hierárquica e deve orientar o próprio exercício oficioso desta: se um superior hierárquico tiver conhecimento, sem ser por via de recurso, de actos de subalternos seus que ofendam ilegal ou injustamente direitos ou interesses legítimos de particulares, ainda que sem prejudicar ou pôr em causa qualquer interesse público, ele tem inequivocamente a obrigação de, *ex ofício*, os revogar ou de sanar as respectivas ilegalidades.

Também por aqui não vemos nenhuma diferença essencial entre o poder de revogação oficiosa e o poder de revogação em recurso.

---

[1] *Infra*, n.os 184 e segs.

44. Por nós, consideramos consequentemente, em contrário do que sustenta Zanobini, que não há aí dois poderes mas um só – e o que varia, de um caso para o outro, são apenas as condições de exercício desse poder.

Não há dois poderes, mas um só. Com efeito, não apenas o seu conteúdo é o mesmo (a faculdade revogatória), como são os mesmos o seu titular (o superior hierárquico), o seu objecto (os actos do subalterno) e o seu fim (protecção do interesse público e da legalidade objectiva, bem como dos direitos e interesses legítimos dos particulares).

Assim, o que difere, de um caso para o outro, são somente as condições de exercício do poder de superintendência: obrigatório ou facultativo, com ou sem prazo para decidir, tendo ou não a obrigação de ouvir os interessados antes da decisão, etc.

Alguns aspectos do regime jurídico a que se subordina o exercício do poder de superintendência são pois diferentes, conforme se trate de exercício oficioso ou mediante recurso. Mas, como é evidente, não é a variação das condições de exercício que faz transformar um poder noutro poder de natureza diferente. Os seus elementos essenciais – titular, conteúdo, objecto e fim – permanecem idênticos nos dois casos: trata-se, portanto, do mesmo poder.

D) A hierarquia como limite do recurso hierárquico

45. Além de condição, critério e fundamento do recurso hierárquico, a hierarquia é ainda, e por último, o seu limite.

Queremos dizer com isto que, fora do âmbito da hierarquia, já não existe recurso hierárquico – haverá, quando muito, figuras afins dele. Delas nos vamos ocupar no capítulo que se segue.

CAPÍTULO II

DISTINÇÃO DE FIGURAS AFINS

§ 1.º

Garantias de tipo não impugnatório

I – A PETIÇÃO E A REPRESENTAÇÃO

A) Generalidades

46. As primeiras figuras que convém confrontar com o recurso hierárquico, para as distinguir dele, são a petição e a representação.

A elas se refere o artigo 49.º, n.º 1, da Constituição de 1976, ao declarar que «todos os cidadãos podem apresentar, individual ou colectivamente, aos órgãos de soberania ou a quaisquer autoridades petições, representações, reclamações ou queixas para defesa dos seus direitos, da Constituição e das leis ou do interesse geral».

A referência a estas quatro figuras – petição, representação, reclamação e queixa – vem directamente da Constituição de 1933, cujo artigo 8.º, n.º 18.º, as incluía entre os «direitos, liberdades e garantias individuais dos cidadãos portugueses». As Constituições anteriores não mencionavam o direito de representação, referindo-se exclusivamente a «reclamações, queixas e petições» ([1]).

([1]) V. a Constituição de 1822, artigo 16.º; Carta Constitucional, artigo 145.º, § 28.º; Constituição de 1838, artigo 15.º; e Constituição de 1911, artigo 3.º, n.º 30.º.

Segundo Marnoco e Sousa, a faculdade de dirigir aos poderes do Estado pedidos, queixas e reclamações traduz o *direito de petição* (¹) – concepção que vinha, aliás, na esteira do que sobre o assunto dispunha a Constituição de 1838, onde o direito de petição aparecia, pela primeira vez, como um género, de que as faculdades de reclamação, de queixa e de petição seriam as espécies (²).

Já para Marcello Caetano, nas quatro figuras discriminadas pelo texto de 1933, estavam consagrados «dois direitos distintos: o de representação ou petição e o de reclamação ou queixa» (³).

Quanto a nós, e apesar de a actual Constituição a todos englobar no conceito amplo de petição (⁴), quer-nos parecer que se trata de quatro direitos diferentes, cada um com a sua individualidade própria.

Deixando para depois a queixa e a reclamação, abordaremos aqui, para já, a petição e a representação.

47. Apesar de os considerar como fazendo parte de um só direito, Marcello Caetano acaba por traçar uma clara distinção entre o direito de petição e o direito de

---

(¹) V. Marnoco e Sousa, *Comentário à Constituição Política da República Portuguesa* (1911), p. 182 e segs.

(²) Com efeito, esta Constituição estabelecia no seu artigo 15.° o seguinte: «É garantido o direito de petição. Todo o cidadão pode (...) apresentar aos poderes do Estado reclamações, queixas e petições sobre objectos de interesse ou público ou particular (...)».

(³) Cfr, o *Manual*, II, p. 758 e segs.

(⁴) Ver a epígrafe do artigo 40.° Cfr. Gomes Canotilho e Vital Moreira, *Constituição da República Portuguesa anotada*, p. 135. O Regimento da Assembleia da República também segue na mesma esteira: diz o seu artigo 211.°, n.° 1, numa secção intitulada «petições», que «*o direito de petição* previsto no artigo 49.° da Constituição *exerce-se* perante a Assembleia da República *por meio de petições, representações, reclamações ou queixas* dirigidas por escrito ao seu Presidente» (o sublinhado é nosso).

representação: «o objecto deste é um requerimento ou pedido, o daquele uma sugestão. Pede-se a satisfação de um interesse legítimo ou o reconhecimento de um direito, representa-se para promover uma alteração ou reforma (...)» ([1]).

Não se nos afigura, porém, que seja esta a melhor distinção. Primeiro, porque nada justifica que se restrinja o âmbito do direito de petição à satisfação ou ao reconhecimento de direitos subjectivos ou interesses legítimos do interessado: a Constituição diz nitidamente que os quatro direitos nela referidos neste contexto – e portanto também o direito de petição – podem visar tanto a defesa de posições pessoais como a defesa da Constituição, das leis ou do interesse geral.

Segundo, porque quando se solicita uma alteração ou uma reforma, mesmo legislativa, está-se a exercer, conforme o entendimento corrente, o direito de petição e não o de representação, supondo que não sejam sinónimos.

E, terceiro, porque em nossa opinião a *representação* a que a Constituição alude, no artigo 49.º, n.º 1, deve ser da mesma natureza daquela que o direito administrativo consagra, no âmbito do dever de obediência dos funcionários, ao prever o chamado *direito de respeitosa representação* ([2]). Ora, neste, do que se trata não é de sugerir ou solicitar reformas, mas sim de «esclarecer o superior e pedir que, no caso de ser mantida a ordem, esta seja transmitida por escrito» ([3]).

---

[1] *Ob. cit.*, II, p. 759
[2] e [3] Marcello Caetano, *Manual*, II, p. 711.

Quer dizer: no direito de respeitosa representação o respectivo titular, tendo recebido uma ordem, chama a atenção de quem a deu para o seu conteúdo ou para as suas consequências e, aceitando porventura que seja mantida, pede a confirmação dela por escrito para salvaguarda da sua própria responsabilidade.

Parece-nos que daqui se extrai a verdadeira essência do direito de representação – quer a lei o mande exercer respeitosamente, quer nada diga sobre o assunto ([1]).

O direito de representação distinguir-se-á, pois, do direito de petição na medida em que este se traduz no pedido de que sejam tomadas decisões sobre determinada questão, ao passo que aquele as pressupõe já tomadas e consiste, não na sua impugnação, mas numa chamada de atenção para o respectivo conteúdo ou consequências, para concentração visível das responsabilidades no autor das decisões em causa.

B) A petição

48. A petição é, pois, um pedido dirigido a uma autoridade para que tome determinadas decisões ou providências que fazem falta, quer para defesa de um direito ou interesse do peticionário, quer para defesa da legalidade ou dos interesses colectivos.

É evidente que a petição, assim definida, nada tem a ver, em muitos casos, com o recurso hierárquico. Nada tem a ver com ele, nomeadamente, quando assuma a

---

([1]) Compare-se o artigo 9.º do Estatuto Disciplinar de 1943 com o artigo 10.º do actual.

modalidade de pedido individual ou colectivo apresentado a um órgão da soberania para defesa da Constituição, das leis ou do interesse geral — modalidade expressamente prevista, como vimos, na Constituição (art.49.º, n.º 1).

Mas são já figuras mais próximas, e com vários pontos de contacto, o recurso hierárquico e a petição, quando esta consista — como a Constituição também permite — num pedido individual de um cidadão a uma autoridade administrativa em defesa dos próprios direitos ou interesses legítimos.

Nesta outra hipótese, como distinguir uma petição de um recurso hierárquico?

A distinção assenta, para nós, no carácter não impugnatório da petição, em contraste com a essência impugnatória do recurso.

A petição não pressupõe um acto de autoridade anterior e, mesmo que ele exista, não o toma por objecto. Pelo contrário, o recurso hierárquico traduz uma impugnação — e impugnar significa atacar, contestar, refutar.

Não se pode portanto confundir o recurso com a petição, porque esta não visa destruir um acto jurídico anterior, cuja legalidade ou cujo mérito se impugne: propõe-se unicamente solicitar uma providência necessária, que aliás pode ser até de natureza legislativa, ou então protestar contra a falta de resolução sobre determinado assunto ou contra a lentidão com que está a ser encaminhado o andamento de um processo.

Quando se formula uma petição, não se está por conseguinte a atacar um acto que se rejeita, mas a requerer uma decisão que se pretende.

49. A distinção assume inegável importância prática, porque os particulares podem dirigir-se aos superiores hierárquicos, a propósito de actos praticados pelos seus subalternos, em termos que obriguem a qualificar o meio escolhido como petição e não como recurso.

Sirva de exemplo o *caso de Domingos Sousa Carvalho*, julgado pelo nosso Supremo Tribunal Administrativo nos primeiros anos da actual fase da sua existência ([1]).

O recorrente, que fora cabo do Corpo Expedicionário Português em França, em 1917, recebeu ordem de licenciamento em 1920, dada pelo comandante do seu regimento. Mas, em vez de impugnar este acto perante o Ministro da Guerra, superior hierárquico do autor, o interessado fez uma exposição ao Ministro pedindo-lhe o ingresso no quadro permanente do Exército.

O Supremo entendeu, e bem, que não podia qualificar como recurso hierárquico o pedido directo feito pelo interessado ao superior da entidade autora do acto em causa, para que o superior resolvesse da melhor maneira a sua situação. E acrescentou que para haver recurso seria necessário que o interessado alegasse a existência de um vício (nulidade) do acto e pedisse a revogação deste: não o fazendo, optou por um meio diferente de defesa dos seus direitos, que não o do recurso hierárquico.

Concordamos basicamente com esta ideia.

Claro que não é correcto restringir a impugnação à arguição de ilegalidades: o recorrente pode também invocar

---

([1]) STA-1, 29-4-38, *Col.* (1), p. 539, e *O Dir.*, 71, p. 19.

a injustiça ou a inconveniência do acto recorrido. Mas no essencial a citada jurisprudência está certa.

De facto, se o particular não pede a revogação do acto lesivo, com base num ou mais defeitos dele, não pode considerar-se manifestada por ele a vontade de recorrer.

O que se desencadeia com tal procedimento não é a reapreciação do acto, a fim de que seja eliminado ou confirmado, mas sim a resolução directa do caso pelo superior hierárquico ou, quando muito, a emanação de uma ordem ao subalterno para que resolva em sentido diferente.

Não há, pois, impugnação de um acto anterior: há petição de uma providência nova, abstracção feita do acto eventualmente já existente.

É natural que esta petição não possa valer como recurso. Assim, se o superior acaso tomar uma resolução sobre o assunto – ao que aliás não é obrigado –, ela não pode ser qualificada como decisão de um recurso hierárquico: se o recurso a interpor era necessário e não foi interposto em tempo, da resolução tomada pelo superior, se for desfavorável ao interessado, não cabe recurso contencioso, pois trata-se de um acto meramente confirmativo.

Em contrapartida, o exercício do direito de petição não está, em regra, sujeito a prazo.

50. Num ponto importante discordamos, porém, do acórdão do Supremo, na parte que temos estado a analisar.

Com efeito, diz-se aí que a apresentação de uma petição ao superior hierárquico para que resolva a situação do particular interessado, sem impugnação do acto do subalterno que o prejudicou, acarreta sempre para este a perda do direito de recorrer: se o interessado opta pelo uso da petição, deve entender-se que renunciou ao recurso hierárquico.

Diz o Supremo Tribunal Administrativo: «não deve admitir-se como oportuna a reclamação hierárquica quando, antes dela e depois da decisão da autoridade inferior sobre o mesmo assunto, o interessado tenha já procurado obter do respectivo superior hierárquico, em pedido directo, a concessão de uma situação idêntica à que se desejava obter no recurso hierárquico. O pedido directo, nestas circunstâncias, deve entender-se como renúncia à reclamação hierárquica, que depois já não pode ser usada».

Pela nossa parte, entendemos que esta conclusão do Supremo não se justifica: o exercício do direito de petição relativamente a um dado acto de um subalterno não impede a interposição posterior de recurso hierárquico desse mesmo acto, desde que esta seja feita dentro do prazo legal e com respeito das demais condições de interposição que se achem estabelecidas.

Este aspecto melhor será compreendido pelo contraste, que vamos agora fazer, entre o direito de petição e o direito de representação.

C) A representação

51. O que fica dito para a petição vale também, *mutatis mutandis*, para a representação. Com a diferença de que a representação, tal como a definimos, está porventura ainda mais distante do recurso hierárquico.

Porque na petição solicita-se uma decisão sobre certa matéria e essa decisão pode eventualmente eliminar uma decisão anterior. Ao passo que na representação não se pretende obter uma decisão, que já existe, ou a sua modificação: apenas se demora a respectiva execução para esclarecer melhor o autor, obter deste uma confirmação e salvaguardar a responsabilidade própria face à decisão alheia.

Ora no recurso há uma impugnação da decisão em causa: o que se pretende é atacá-la com base nos seus vícios ou defeitos para que seja revogada ou substituída.

Quem recorre não se conforma com a existência e manutenção do acto recorrido. Pelo contrário, quem exerce o direito de representação, embora renitente, pode aceitar a decisão tomada.

Resulta do que antecede que o exercício do direito de representação relativamente a um certo acto administrativo, envolvendo aceitação desse acto, exclui em princípio o direito de recorrer: vale aqui, por analogia, a regra de que «não pode recorrer quem tiver aceitado, expressa ou tacitamente, o acto administrativo depois de praticado» ([1-2]).

([1]) Ver o artigo 47.º do Regulamento do STA e o artigo 827.º do Código Administrativo.

([2]) Esta nossa conclusão sofre as limitações decorrentes da aplicação, quando for caso disso, do § 2.º do artigo 47.º do Regulamento do STA e do § 2.º do artigo 827.º do Código Administrativo.

O mesmo não acontece, porém, em nossa opinião, com o exercício do direito de petição, o qual não envolve nem significa, de per si, qualquer aceitação do acto que eventualmente tenha em vista.

Ao contrário do que se preconizava na jurisprudência comentada mais atrás ([1]), entendemos pela nossa parte que nada impede que alguém, prejudicado por certo acto, procure removê-lo primeiro através de uma petição e, depois, mediante um recurso hierárquico – desde que este venha a ser interposto regularmente e em tempo.

Do direito de petição pode, assim, convolar-se para o recurso hierárquico, desde que se respeitem as regras próprias deste. O mesmo não acontece com o direito de representação, cujo exercício constitui, pela sua própria natureza, um «facto incompatível com a vontade de recorrer» ([2]).

II – A QUEIXA E A DENÚNCIA

52. Também são figuras distintas o recurso e a queixa – a despeito de já ter existido no nosso processo civil um «recurso de queixa», que era em rigor um recurso e não uma queixa ([3]) e a que hoje se chama «reclamação» ([4]).

([1]) *Supra*, n.ºs 49-50.
([2]) V. o § 1.º do artigo 47.º do Regulamento do STA.
([3]) V. o Código de Processo Civil de 1939, artigo 689.º Cfr. sobre o assunto J. Alberto dos Reis, *Código de Processo Civil anotado*, vol. V, p. 340 e segs.
([4]) V. o actual Código de Processo Civil, artigos 688.º e 689.º.

A queixa tem por fundamento um acto ou um comportamento reputado ilegal ou injusto, mas não tem por finalidade obter a eliminação ou a substituição dele, antes se destina a provocar a punição do seu autor.

Quando um subalterno se queixa ao chefe supremo do serviço contra o imediato superior hierárquico, não pretende daquele que revogue ou substitua um acto deste, até porque pode muito bem não haver acto jurídico cujos efeitos se possam eliminar, mas apenas palavras ou atitudes ofensivas, uma linha de conduta irregular, uma atitude de perseguição sistemática.

Note-se, aliás, que o direito de queixa não abrange apenas os casos em que um subalterno se queixa do seu imediato superior hierárquico: «o funcionário pode queixar-se de outro funcionário sobre o qual não tenha poder disciplinar, seja seu colega ou subalterno, ou dependente de outro serviço» [1].

Como ensina Marcello Caetano, a queixa é uma espécie de acção destinada a provocar o inquérito aos actos ou factos que o queixoso considere lesivos dos seus direitos ou interesses legítimos e a promover o eventual procedimento disciplinar [2].

A queixa não desencadeia, por conseguinte, o exercício do poder de superintendência, mas sim o do poder disciplinar.

---

[1] Marcello Caetano, *Manual*, II, p. 759.
[2] *Ibidem*.

53. A distinção entre as figuras da queixa e do recurso é particularmente nítida no Regulamento de Disciplina Militar, que as regula de forma separada e diferente ([1]).

Assim, o Regulamento dispõe primeiramente, nos seus artigos 74.º a 76.º, acerca da queixa. E ocupa-se depois, nos artigos 114.º a 119.º, do recurso hierárquico.

Quanto à primeira, diz a lei: «A todo o militar assiste o direito de queixa contra superior quando por este for praticado qualquer acto de que resulte para o inferior lesão de direitos prescritos nas leis e nos regulamentos» (art. 74.º).

Quanto ao segundo, é obrigatoriamente precedido de uma reclamação necessária perante a autoridade que impôs a pena disciplinar (arts. 112.º e 113.º) e tem lugar «quando a reclamação não for, no todo ou em parte, julgada procedente» (art. 114.º, n.º 1). Decorre dos fundamentos admitidos para a reclamação (art. 112.º, n.º 1), e portanto para o recurso hierárquico, que – como se dizia no Regulamento de 1929 – a reclamação e o recurso hierárquico são permitidos ao «militar que considerar injusta a pena disciplinar que lhe tiver sido imposta» ([2]).

Vê-se, assim, que a distinção entre a queixa e o recurso hierárquico é feita aqui em termos idênticos àqueles em que é habitualmente estabelecida no direito administrativo não militar.

([1]) V. o Regulamento de Disciplina Militar, aprovado pelo Decreto-Lei n.º 142/77, de 9 de Abril. Já era assim, também, no anterior RDM, aprovado pelo Decreto n.º 16963, de 15 de Junho de 1929, artigos 141.º a 149.º.

([2]) Redacção do artigo 141.º do RDM de 1929.

Note-se ainda que o Regulamento de Disciplina Militar regula com bastante pormenor o processo das reclamações e dos recursos (arts. 113.º e 115.º e segs.), mas quanto ao das queixas é muito mais lacónico (art. 75.º). Nomeadamente, não se impõe em relação a estas o princípio estabelecido no domínio dos recursos hierárquicos, segundo o qual a decisão do recurso será precedida de novas averiguações, quando julgadas necessárias (art. 117.º, n.º 1), durante as quais «deverá proceder-se sempre à audiência do recorrente e à da autoridade recorrida» (art. 117.º n.º 4).

Nos números seguintes dir-se-á o suficiente, supomos, acerca da distinção entre a queixa e o recurso, para se compreender por completo esta diferença de regimes.

54. A queixa pode e deve ser reconduzida a uma noção mais ampla, que também importa distinguir do recurso, e que é a *denúncia* ([1]).

Consiste esta na declaração que leva ao conhecimento de certa autoridade a ocorrência de um facto ou a existência de uma situação sobre que aquela tenha, por dever de ofício, a obrigação de investigar e prover.

Assim, a queixa é uma denúncia, porque informa o superior da existência de uma situação, ou mesmo da prática de uma infracção disciplinar, que ele só por si tem o dever de averiguar e sancionar, mas que, sem a queixa, podia ter ficado ignorada e impune.

([1]) Sobre a denúncia em direito administrativo v., por todos, Pietro Virga, *Il provvedimento amministrativo*, p. 235-237: A. de Roberto, *Denuncia amministrativa*, na «Enciclopedia del Diritto», XII, p. 149; e Tentolini, *Denuncia amministrativa*, no «Novíssimo Digesto Italiano», V, p. 455.

Porém, nem toda a denúncia é uma queixa: pode ser denunciado um facto ou uma situação que em nada lesaram o denunciante e, o que é mais importante para nós, pode a denúncia em certos casos – estranhos à noção de queixa – incitar ao exercício do poder de superintendência e não ao do poder disciplinar.

Assim, se um particular leva ao conhecimento de um órgão superior da Administração a prática de um acto ilegal por um seu subalterno, mas em termos tais que se lhe não possa dar andamento como recurso – porque apenas se relatou a ocorrência, sem se formular o pedido, ou porque se recorreu fora do prazo legal, etc. –, entende a generalidade da doutrina que o caso pode seguir como denúncia ([1]).

55. Seja porém como for, as diferenças entre a denúncia e o recurso são muitas e essenciais, mesmo que a primeira tenha por objecto a informação acerca de um acto ilegal ou injusto.

Com efeito, num caso comunica-se uma notícia; no outro, manifesta-se a vontade de impugnar um acto. No primeiro, faz-se uma declaração de conhecimento; no segundo, uma declaração de vontade ([2]).

Por outro lado, a denúncia não obriga a Administração a responder ou a tomar uma decisão, ao passo que o recurso impõe esse dever ao órgão competente ([3]).

([1]) Ver, por todos, Zanobini, *Corso*, II, p. 60. É essa aliás a orientação da jurisprudência italiana, segundo informa A. de Roberto, *ob. cit.*, p. 149.

([2]) V. Zanobini, *ob. cit.*, p. 59.

([3]) V. Alessi, *Sistema istituzionale*, p. 702; Zanobini, *ob. cit.*, p. 60; Pietro Virga, *La tutela giurisdizionale*, p. 468. V. *infra*, n.º 179.

Daí que a denúncia não pressuponha, como condição de interposição, o interesse pessoal de quem a apresenta, podendo ser feita por pessoa diferente do interessado, ao contrário do que sucede com o recurso ([1]).

Daí também que, após a denúncia, o particular nada mais tenha a ver, em princípio, com o processo, diferentemente do que se passa com o recurso: o papel do interessado termina com a apresentação da denúncia, mas começa com a interposição do recurso.

Daí ainda que, na denúncia, o órgão competente procede exactamente como procederia se tivesse tomado conhecimento dos factos pelos seus próprios meios: a posição do denunciante não beneficia de nenhuma protecção ou relevância jurídica especial.

O mesmo não acontece, como é óbvio, em caso de recurso: toda a regulamentação do recurso se traduz num complexo de direitos, poderes e faculdades atribuídos ao recorrente *qua tale,* que assume no processo uma posição de especial relevo ([2]).

III – A OPOSIÇÃO ADMINISTRATIVA

56. Chama-se *oposição administrativa* à contestação que, na instrução de certos processos administrativos graciosos, os contra-interessados são autorizados a apresentar para combater os pedidos formulados pelo interessado ou os projectos divulgados pela Administração.

([1]) Zanobini, *ob. cit.*, p. 59. V. *infra,* n.º 114.
([2]) V. *infra,* n.º 183.

Exemplo da primeira modalidade – oposição a pedidos formulados por particulares – era o do regime do condicionamento industrial vigente até 1974: o Decreto-Lei n.º 46 666, de 24 de Fevereiro de 1965, estabelecia que os indivíduos ou sociedades que já exercessem a actividade em relação à qual fosse apresentado um pedido de licença para instalação de uma nova unidade industrial, ou que tivessem pendente um pedido semelhante, tinham o direito de se opor ao pedido novo, a fim de fazer valer as suas razões (art. 21.º, n.ᵒˢ 1 e 2). Este regime do condicionamento industrial foi, entretanto, abolido pelo Decreto-Lei n.º 533/74, de 10 de Outubro.

Mas outros casos há, nas leis administrativas em vigor, de consagração do direito de oposição a pedidos apresentados por particulares à Administração. Citaremos apenas, como exemplo, a regulamentação do *inquérito público* em matéria de concessões de águas públicas, quer se trate de concessões de utilidade pública, quer de aproveitamentos de interesse privado.

Na verdade, a Lei das Águas (Decreto n.º 5787-41, de 10 de Maio de 1919), impõe a realização desse inquérito público, «chamando-se todos os interessados a examinar a pretensão (do requerente da concessão) e a apresentar por escrito as reclamações (leia-se: oposições) que tiverem por convenientes, as quais serão apensas ao processo» (art. 48.º) ([1]).

Exemplo da segunda modalidade – oposição a projectos apresentados pela Administração – é o do regime

---

([1]) V. também o artigo 83.º, quanto aos aproveitamentos de interesse particular.

jurídico aplicável à constituição de servidões administrativas por meio de acto administrativo: o Decreto-Lei n.º 181/70, de 28 de Abril, manda que o acto constitutivo da servidão seja precedido de aviso público, a efectuar através da câmara municipal da área em vista, e de forma a facultar a audiência dos interessados (art. 1.º). A lei refere expressamente o direito de estes formularem observações e reclamações (art. 3.º), fundadas na ilegalidade ou na inutilidade da constituição ou alteração da servidão ou na sua excessiva amplitude ou onerosidade (art. 4.º): mas obviamente não está em causa aí a figura da reclamação; do que se trata é do direito de oposição administrativa.

57. Logo pela noção de oposição administrativa que apresentámos se vê bem a diferença radical que separa a oposição do recurso: neste impugnam-se actos administrativos, naquela não.

O recurso só é interposto quando foi já praticado pela autoridade competente um acto administrativo; a oposição, diferentemente, é formulada antes de praticado o acto, no decurso do processo da sua formação.

Portanto, com a oposição não se atacam actos administrativos – contestam-se pedidos ou projectos.

O contraste é de tal maneira flagrante que custa a crer como autores de nomeada podem ser levados a negá-lo ou a minimizá-lo.

É no entanto o que sucede com Mario Nigro, que assemelha, se é que não identifica, os recursos hierárquicos e as oposições administrativas, agarrado à ideia de que ambos são instrumentos de formação do acto administrativo definitivo (¹).

A verdade é que esta qualificação, apesar de muito ampla, não se revela correcta – pois pode haver recursos hierárquicos destinados a impugnar actos definitivos, já completamente formados e perfeitos: são os recursos hierárquicos facultativos.

Mas, mesmo quando nos circunscrevêssemos aos recursos hierárquicos necessários, nem pelo facto de os considerarmos instrumentos de formação do acto definitivo os poderíamos equiparar às oposições administrativas.

Nigro sustenta que tanto aqueles como estas são meios de ataque concedidos aos particulares contra projectos de actos administrativos – com a única diferença de que no primeiro caso o projecto possui executoriedade própria e no segundo não.

Ora esta visão é falsa, em nosso entender.

Falsa, primeiro, porque na fase da audiência dos interessados, no processo gracioso, nem sempre existem ou são conhecidos os projectos dos actos a praticar a final. E, se a oposição se exerce quanto a um pedido feito por um particular, não há, pura e simplesmente, no momento em que ela é apresentada, qualquer projecto de acto administrativo, nem sequer, em rigor, qualquer acto administrativo já em formação.

Mas, mesmo que se trate de processos da iniciativa da Administração, em que os interessados sejam chamados a

---

(¹) Cfr. Mario Nigro, *Decisione amministrativa,* in «Enciclopedia del Diritto», XI, p. 818; e do mesmo autor, *Le decisioni amministrative,* p. 88-89.

pronunciar-se sobre projectos de actos que aquela tenha em preparação – como hoje acontece, por exemplo, com os citados casos de constituição de servidões administrativas –, a verdade é que é grande a diferença entre o projecto, tal como é tornado público para suscitar críticas, e o acto administrativo já praticado e perfeito, susceptível de recurso.

O acto recorrível não é decerto ainda um acto definitivo, no sentido de que não traduz a última palavra da Administração, nem é impugnável contenciosamente. Mas também não é apenas um projecto de acto, nem sequer um acto preparatório: é sim um acto final, um acto definitivo neste outro sentido de que põe termo a um processo gracioso ou, pelo menos, a uma fase autónoma desse processo ([1]).

De outro modo não se compreenderia que fosse desde logo executório e que, pela mera falta de recurso hierárquico no prazo legal, se convertesse em acto definitivo e executório com força de «caso resolvido» ([2]).

Qual seria então a diferença entre os actos praticados pelos órgãos subalternos com competência própria e as propostas de decisão apresentadas por meros agentes na conclusão das suas informações burocráticas?

De resto, a função da oposição administrativa é totalmente alheia à noção de hierarquia, pois podem admitir-se oposições em processos decorrentes perante

---

([1]) Aflora no texto a distinção entre *definitividade vertical* e *definitividade horizontal*, a que voltaremos adiante (*infra*, n.º 150).

([2]) Marcello Caetano, *Manual*, II, p. 1242.

órgãos não sujeitos a hierarquia – por se acharem no topo da escala hierárquica, ou por serem independentes. Ao passo que o recurso hierárquico está intimamente conexo com a hierarquia, como já vimos.

Não faz sentido, em qualquer caso, admitir que um simples projecto de acto administrativo seja de per si executório – e portanto obrigatório para os particulares seus destinatários – como se de um verdadeiro acto administrativo se tratasse.

Esta concepção é, salvo o devido respeito, um contra--senso.

§ 2.º
A reclamação

I – CONCEITO

58. A *reclamação* é uma figura que tem a particularidade de mudar de nome praticamente de país para país. Assim, a mesma figura chama-se em Portugal *reclamação*, em Espanha *recurso de reposição*, em França *recurso gracioso*, em Itália e na Alemanha *oposição* (*opposizione*; *Widerspruch*).

Apesar da multiplicidade das designações, trata-se no entanto de uma figura bem simples: a reclamação é *o meio de impugnação de um acto administrativo perante o seu próprio autor*.

Uma vez que os actos administrativos podem, em geral, ser revogados pelos seus autores – conforme estabelece, em termos gerais, o artigo 18.º da Lei Orgânica do Supremo Tribunal Administrativo [1] –, admite-se que estes não se fecharão obstinadamente na atitude negativa de confirmar por sistema as suas resoluções. Confia-se em que a sua isenção, um exame mais atento do assunto, a ponderação dos argumentos em que assenta o ponto de

---

[1] V. sobre este aspecto Robin de Andrade, *A revogação*, cit., p. 272 e segs.

vista contrário, a consideração de consequências porventura não previstas e o conhecimento de novos dados, de facto ou de direito, ou a convicção resultante de novas provas, levem o autor do acto impugnado a retractar-se.

Por isso se dizia sugestivamente, no âmbito do direito canónico, que a reclamação consistia em «apelar de Roma mal informada para Roma melhor informada» ([1]).

II – DIREITO COMPARADO

59. Em certos países, a reclamação é em regra facultativa.

Em Itália, a reclamação é uma figura de carácter excepcional, não sendo imposta por lei como meio de utilização necessária senão em casos muito contados ([2]). Designadamente, não existe no direito italiano nenhuma obrigatoriedade genérica de reclamação necessária como condição de interposição do recurso contencioso de anulação; e o uso de uma reclamação facultativa não suspende nem interrompe o prazo do recurso contencioso ([3]).

Também em França a reclamação, sendo possível, tem carácter facultativo, e não condiciona, portanto, a interposição do recurso directo de anulação. Mas, diferentemente da Itália, se o interessado opta primeiro pela reclamação e a apresenta dentro do prazo do recurso

---

([1]) Marcello Caetano, *Manual*, II, p. 1240.
([2]) V. Zanobini, *Corso*, II, p. 75-79; Virga, *La tutela giurisdizionale*, p. 485-487; Giannini, *La giustizia amministrativa*, p. 66-68.
([3]) Zanobini, *ob. cit.*, p. 77.

contencioso, este prazo interrompe-se e só volta a correr, na sua totalidade, a partir da decisão dada à reclamação. Isto assim, no tocante aos recursos directos de anulação: quanto aos recursos de plena jurisdição, a sua interposição depende da obtenção de uma «décision préalable», que segundo a doutrina francesa pode alcançar-se mediante uma reclamação ou um recurso hierárquico [1].

Noutros países, ao contrário, o recurso contencioso depende da prévia apresentação de uma reclamação necessária.

Na Alemanha, vigora um sistema que impõe como regra geral a obrigatoriedade de uma impugnação administrativa pré-contenciosa, que constitui condição de interposição da impugnação contenciosa de um acto administrativo ilegal, bem como do pedido jurisdicional de condenação à emanação de um acto administrativo devido. Todavia, importa sublinhar que a noção alemã de impugnação administrativa pré-contenciosa («Widerspruch») abrange tanto aquilo a que chamamos reclamação como o recurso hierárquico e outras figuras afins deste.

De um modo geral, pode dizer-se que as coisas se passam assim: os actos praticados pelos órgãos supremos das hierarquias federal e estaduais, ou por órgãos independentes, devem ser objecto de reclamação necessária; os actos praticados por órgãos subalternos devem ser objecto de recurso hierárquico necessário, não havendo lugar a reclamação contra a decisão deste recurso.

---

[1] V. Rivero, *Droit Administratif*, p. 214-215.

Enfim, esclareça-se que o recurso hierárquico necessário, de seu lado, como que engloba dentro de si próprio uma reclamação, dado que a interposição do recurso é feita na secretaria da autoridade «a quo» e esta pode, se assim o entender, considerando procedente a impugnação, revogar ou modificar o acto impugnado e, portanto, não transmitir o processo à autoridade «ad quem»: nesta hipótese, a impugnação terá funcionado na prática como reclamação e não como recurso hierárquico ([1]).

Em Espanha, dos actos não definitivos praticados por órgãos subalternos cabe recurso hierárquico necessário («recurso de alzada»); dos actos definitivos cabe obrigatoriamente reclamação necessária («recurso de reposición») como condição de interposição ulterior do recurso contencioso, salvo no caso de se tratar de actos que constituam resolução de um recurso administrativo anterior, de actos de aprovação tutelar, de actos tácitos, de actos não manifestados por escrito ou de actos de carácter genérico. Nestas hipóteses excepcionais, a reclamação é possível, mas reveste natureza facultativa ([2]).

([1]) V. Auby e Fromont, *Les recours contre les actes administratifs*, p. 42 e segs e, em especial, pp. 43-44 e 50.
([2]) V. Garrido Falla, *Tratado*, III, p. 144 e segs. e 155 e segs.

III – DIREITO PORTUGUÊS

A) Até 1977

60. Em Portugal, até à entrada em vigor do Decreto-Lei n.º 256-A/77, de 17 de Junho, o sistema que vigorou no direito administrativo geral, ou comum, foi um sistema semelhante ao italiano.

Assim, a reclamação tinha em regra carácter facultativo e não era, portanto, exigida como condição de interposição do recurso contencioso de anulação.

A opção pela reclamação como tentativa de resolução do caso fora dos tribunais não suspendia nem interrompia o prazo do recurso contencioso ([1]).

Casos havia, porém, em que já nessa época a lei impunha a necessidade de uma reclamação prévia – embora num sentido e com um alcance diferente do que encontrámos no direito alemão e no direito espanhol.

Esses casos, de resto, ainda hoje se mantêm.

É o que se passa, por exemplo, em matéria de processo disciplinar no âmbito do direito militar: do acto punitivo cabe sempre primeiro uma reclamação perante o oficial que aplicou a pena; só da decisão deste pode interpor-se recurso hierárquico para o respectivo superior; e só da resolução do recurso hierárquico cabe recurso contencioso para o Supremo Tribunal Militar ([2]).

([1]) Cfr. Marcello Caetano, *Manual*, II, p. 1240-1241.
([2]) V. o Regulamento de Disciplina Militar, já citado, artigos 112.º, n.º 1, 114.º, n.º 1, e 120.º. O mesmo regime vigorava no RDM anterior: cfr. os artigos 141.º e 143.º.

E é o que se passa, por outro lado, quanto ao tempo de serviço do funcionário, no âmbito do direito administrativo geral, ou comum: da lista de antiguidades organizada anualmente em cada serviço cabe primeiro uma reclamação perante o responsável do serviço; só da decisão deste pode interpor-se recurso hierárquico para o respectivo Ministro; e só da resolução do recurso hierárquico cabe recurso contencioso para o Supremo Tribunal Administrativo ([1]).

Verifica-se, assim, que nestes casos a lei impõe uma reclamação necessária, mas como condição do recurso hierárquico – e não como condição do recurso contencioso, conforme vimos suceder nalguns direitos estrangeiros.

Na verdade, e tal como o recurso hierárquico, pode a reclamação ser necessária ou facultativa. Mas a reclamação necessária, que é aquela que a lei impõe como condição de interposição de um recurso ulterior, pode revestir duas modalidades, consoante o recurso ulterior por ela condicionado seja um recurso hierárquico ou um recurso contencioso.

Na primeira hipótese, a reclamação é o preliminar indispensável da interposição de um recurso hierárquico necessário: funciona então, na sua plenitude, *o princípio da exaustão dos meios graciosos*.

Na segunda hipótese, ela é o preliminar indispensável da interposição de um recurso contencioso: a reclamação é então uma *impugnação pré-contenciosa*.

([1]) V. o Decreto-Lei n.º 348/70, de 27 de Julho, artigos 3.º a 7.º.

É nesta segunda modalidade que a reclamação aparece actualmente em Portugal.

B) Depois de 1977

61. Determina o artigo 2.º, n.º 1, do Decreto-Lei n.º 256-A/77, de 17 de Junho, que «os actos administrativos definitivos e executórios estão sujeitos a recurso contencioso, a interpor mediante petição dirigida ao tribunal competente e apresentada perante a autoridade que os haja praticado». E no n.º 2 acrescenta: «a autoridade recorrida poderá, no prazo de trinta dias, revogar ou sustentar, no todo ou em parte, o acto impugnado».

Destes preceitos resulta, por um lado, que o recurso contencioso deixou de ser interposto por meio da apresentação da respectiva petição na secretaria do tribunal competente ([1]), passando a sê-lo através da apresentação da petição na secretaria do órgão da Administração activa que tiver praticado o acto recorrido – solução, quanto a nós, inaceitável a mais de um título, mas cuja crítica não nos cumpre aqui desenvolver.

E resulta, por outro lado, que o recurso contencioso não segue os seus termos no tribunal competente sem que a autoridade recorrida tenha previamente a oportunidade de reconsiderar o acto impugnado e, consequentemente, a possibilidade de o manter ou revogar.

Isto significa que, na prática, tudo se passa como se a lei fizesse depender a interposição do recurso contencioso

---

([1]) Cfr. o artigo 834.º, § 1.º, do Código Administrativo e o artigo 50.º do Regulamento do STA (revogados).

da apresentação prévia de uma reclamação necessária – com a diferença de que o Decreto-Lei n.º 256-A/77, em vez de seguir o modelo mais lógico dos direitos alemão e espanhol, construiu as coisas de tal forma que é o próprio recurso contencioso que leva dentro de si, como que enxertada nele, uma reclamação dirigida à autoridade recorrida.

Não cabe no âmbito deste trabalho desenvolver o estudo da reclamação. Apenas acrescentaremos que, em função do regime descrito, o direito português actual, embora com características *sui generis*, pode apesar de tudo ser incluído no grupo dos que impõem a regra geral da obrigatoriedade de uma reclamação necessária como pressuposto processual do recurso contencioso.

IV – RECLAMAÇÃO E RECURSO HIERÁRQUICO

62. É costume distinguir a reclamação do recurso hierárquico pela dupla característica de a primeira não ser um recurso e de não assentar na hierarquia.

Efectivamente, assim é.

A reclamação, antes de mais, não é um recurso. O conceito de recurso, como vimos, implica a ideia de impugnação de um determinado acto perante uma autoridade diferente daquela que o praticou – diferente e, em certo sentido, superior.

É certo que por vezes a nossa lei chama recurso a figuras que são, manifestamente, reclamações. É o que se passa, por exemplo, no caso do «recurso» previsto no artigo 392.º, §§ 1.º a 4.º, do Código Administrativo: a impugnação do inventário dos baldios de um concelho feita perante a respectiva câmara municipal é, em rigor, uma reclamação, porque a elaboração do inventário é da competência da própria câmara (art. 391.º).

Mas um caso ou outro, desgarrado, não tem qualquer significado perante os casos numerosíssimos — tantos que nos dispensamos de os citar — em que a lei distingue correctamente entre reclamação e recurso.

De resto, mesmo que por hipótese a nossa lei chamasse recurso à reclamação por sistema, a doutrina não ficaria privada da possibilidade de delimitar livremente os dois conceitos e de contestar a qualificação dogmática perfilhada pelo legislador.

É certo, também, que em alguns países estrangeiros a reclamação é concebida como recurso: passa-se isso, por exemplo, com a França — onde a reclamação é usualmente referida como *recours gracieux* ([1]) — e com a Espanha — onde se lhe chama *recurso de reposición* ([2]).

Mas é óbvio que não é o facto de as leis estrangeiras, com a anuência da respectiva doutrina, se inclinarem num determinado sentido, em matéria de construção dogmática, que nos pode ou deve levar a modificar os nosso próprios conceitos.

([1]) Na verdade, em França, considera-se que o género *recours administratif* comporta duas espécies: o *recours gracieux* e o *recours hiérarchique*, correspondendo a primeira à nossa reclamação. Cfr., por todos, Rivero, *Droit Administratif*, p. 204-205.

([2]) É a própria lei que usa esta terminologia: v. a *Ley de procedimiento administrativo,* de 17-7-1958, artigo 126.º. A doutrina, de um modo geral, não a contesta: v., por todos, Garrido Falla, *Tratado*, III, p. 155 e segs.

Toda a teoria dos recursos no direito português assenta na ideia básica de que se trata de meios de impugnação a interpor perante uma autoridade diferente daquela que praticou o acto recorrido. Para nós, portanto, a reclamação – embora seja um meio de impugnação – não é um recurso.

63. Por outro lado, a reclamação não assenta, por definição, na hierarquia

A reclamação nada tema ver com a relação hierárquica, enquanto tal. Pode ser formulada perante um órgão subalterno, ou perante o máximo superior hierárquico situado no topo da escala, ou perante um órgão independente ou dotado de competência exclusiva.

Mas, em qualquer destes casos, só há reclamação se o acto impugnado tiver sido praticado pela entidade perante quem é levada a impugnação: na reclamação, o órgão *ad quem* coincide com o órgão *a quo*.

Por tudo isso, a reclamação não põe nunca em movimento um controlo hierárquico, mas sim um autocontrolo ([1]).

Entendemos, pela nossa parte, que só há reclamação em caso de autocontrolo, isto é, nas hipóteses em que a reapreciação do acto impugnado é requerida ao seu próprio autor e por este realizada.

([1]) Robin de Andrade, no seu estudo sobre *A competência para a revogação de actos administrativos,* passim, considera que a revogação de um acto pelo seu autor pode ter por fundamento a competência dispositiva do órgão sobre a matéria em causa ou uma faculdade de autocontrolo. Não se refere, porém, especificamente ao caso da reclamação: para nós, há nesta sempre uma actividade de autocontrolo, mesmo quando simultaneamente lhe esteja associado o exercício de uma competência dispositiva.

Se, diferentemente, a impugnação é feita perante um órgão *ad quem* diferente do órgão *a quo,* já se estará fora dos limites da reclamação.

Por vezes, a nossa lei chama reclamações a figuras que em bom rigor não merecem tal qualificação. É o que se passa, por exemplo, com o disposto no n.º 3 do artigo 63.º da Lei das Autarquias Locais, que prevê uma «reclamação» de certos actos do Presidente da Câmara para a própria Câmara Municipal ([1]).

Ora, a nosso ver, não se trata aí de uma reclamação, pois o presidente da câmara e a câmara municipal são dois órgãos distintos. Trata-se, sim, de um recurso – que, de resto, também não é um recurso hierárquico, como veremos adiante ([2-3]).

Na reclamação, por conseguinte, não há nenhuma conexão com a hierarquia, nem sequer com quaisquer outras figuras afins onde surjam graus intermédios de superioridade ou formas atípicas de heterocontrolo.

([1]) Lei n.º 79/77, de 25 de Outubro. Diz o preceito citado: «Das decisões tomadas pelo presidente da câmara municipal, no uso da competência prevista no número anterior, cabe reclamação para o plenário daquele órgão, sem prejuízo do recurso contencioso».

([2]) V. *infra,* n.º 67.

([3]) A impugnação de certas decisões do presidente da câmara perante a câmara municipal é prevista no § 1.º do artigo 83.º do Código Administrativo, que mais correctamente lhe chama recurso e não reclamação.

§ 3.º
Os recursos hierárquicos impróprios

I – NOÇÃO

64. Sob a designação de «recursos hierárquicos impróprios», propositadamente colocada no plural, pretendemos abranger um conjunto algo heterogéneo de recursos administrativos que, sem constituirem recursos hierárquicos propriamente ditos, mantêm no entanto com estes uma certa afinidade.

Podemos identificá-los como *recursos administrativos mediante os quais se impugna um acto praticado por um órgão de certa pessoa colectiva pública perante outro órgão da mesma pessoa colectiva que, não sendo superior do primeiro, exerça sobre ele poderes de superintendência.*

Trata-se, pois, de recursos administrativos, no sentido que antes atribuímos a esta expressão ([1]).

([1]) V. *supra*, n.º 15. O facto de serem recursos administrativos exclui da noção o recurso previsto no artigo 72.º da Lei n.º 77/77, de 29 de Setembro, ou seja, o recurso dos actos discricionários do Governo em matéria de reforma agrária a interpor para a *Comissão de Apreciação dos Actos do Ministério da Agricultura e Pescas*, criada pela Lei n.º 63/79, de 4 de Outubro: tal recurso não é administrativo porque a entidade *ad quem* não pertence à Administração pública, é uma comissão parlamentar. No entanto, são-lhe aplicáveis por analogia, *mutatis mutandis*, as regras do recurso hierárquico impróprio.

Estes recursos não são impugnações feitas perante o autor do acto recorrido, nem tão-pouco perante um órgão de outra pessoa colectiva diferente daquela cujo órgão praticou o acto impugnado: não se confundem, assim, com as reclamações, de que nos ocupámos atrás, nem com os recursos tutelares, que referiremos adiante.

Caracterizam-se por serem interpostos perante um órgão da mesma pessoa colectiva que, sem ser superior hierárquico da autoridade recorrida, se encontra de algum modo acima dela e, por isso mesmo, dotado pela lei de poderes de superintendência sobre os seus actos.

A designação de recursos hierárquicos impróprios, originária da doutrina italiana ([1]), empregamo-la nós para retratar este grupo de figuras no que têm de característico: não são recursos hierárquicos, mas assemelham-se-lhes de tal modo que se diriam alicerçados numa espécie de hierarquia imperfeita ou imprópria.

65. Na doutrina italiana, os recursos hierárquicos impróprios aparecem normalmente integrados na categoria mais ampla do recurso hierárquico, assumindo portanto a posição de espécies pertencentes a esse género, o qual por seu turno surge normalmente contraposto à reclamação e ao «recurso extraordinário perante o Presidente da República» ([2]).

([1]) V. por todos, Zanobini, *Corso*, II, pp. 80-81; Virga, *La tutela giurisdizionale*, pp. 493-494; e Giannini, La giustizia amministrativa, pp. 64-66.

([2]) Segue de perto a doutrina italiana, neste ponto, Silva Lopes, *Do recurso hierárquico*, p. 47 e 63-64.

Como recursos hierárquicos impróprios cita a doutrina mais representativa, entre outras, as seguintes espécies: recursos interpostos contra deliberações de órgãos colegiais; recursos interpostos perante o Conselho de Ministros contra decisões ministeriais; e recursos interpostos perante autoridades tutelares contra actos praticados pelos órgãos das pessoas colectivas tuteladas ([1]).

Em nosso entender, porém, se a categoria dos recursos hierárquicos impróprios e a respectiva designação são de aceitar, já o enquadramento e o conteúdo que a doutrina italiana lhes costuma dar sofrem de alguns defeitos que importa assinalar.

Em primeiro lugar, não se nos afigura correcto considerar os recursos hierárquicos impróprios como uma espécie do recurso hierárquico. Para nós, trata-se antes de uma figura afim. Porque só descaracterizando por completo o verdadeiro recurso hierárquico se poderia admiti-lo desdobrado em duas espécies, uma formada pelos recursos hierárquicos propriamente ditos e outra pelos recursos hierárquicos impróprios. A verdade é que, por muito próximos que estes últimos se encontrem dos primeiros, não possuem a mesma natureza: falta-lhes precisamente terem por fundamento a hierarquia e sem esta, já o dissemos, não há quanto a nós recurso hierárquico.

Em segundo lugar, parece-nos inaceitável incluir na categoria dos recursos hierárquicos impróprios os recursos

---

[1] V., por todos, Zanobini, *Corso*, p. 101; Giannini, *La giustizia amministrativa*, p. 75; Virga, *La tutela giurisdizionale*, p. 493-494, e *I ricorsi amministrativi*, p. 51; Benvenuti, *Note sul ricorso gerarchico improprio*, p. 45; Jaricci, *Il ricorso gerarchico improprio*.

interpostos perante autoridades tutelares contra os actos praticados pelos órgãos das pessoas colectivas tuteladas. Não há, quanto a estes, analogia com os demais: entre duas pessoas colectivas autónomas não existem, por via de regra, relações de hierarquia – mesmo imperfeita ou imprópria –, mas sim relações de tutela administrativa. Tais recursos devem, pois, constituir uma categoria à parte, que designamos por *recurso tutelar* e que trataremos adiante ([1]).

Estas, as principais críticas que reputamos devidas à construção italiana dos recursos hierárquicos impróprios. Seja porém como for, o certo é que eles formam um núcleo importante de figuras afins do recurso hierárquico, e é sem dúvida aos administrativistas italianos que cabe o mérito do seu tratamento dogmático.

Examinaremos de seguida, na especialidade, alguns dos principais recursos hierárquicos impróprios que encontramos no direito administrativo português.

II – EXEMPLOS

66. Deparamos com um primeiro recurso hierárquico impróprio no artigo 83.º, § 1.º, do Código Administrativo: «Das decisões do presidente da câmara, quando tomadas em execução de deliberações municipais, pode recorrer-se para a câmara, sem prejuízo do recurso con-

---

(1) Infra, n.ºs 74 e segs.

tencioso contra a deliberação executada e no prazo fixado na lei para interposição dele» ([1]).

Em casos como este, a lei permite que, sem prejuízo do recurso contencioso a interpor, no prazo legal, contra a deliberação exequenda, os interessados recorram para o órgão colegial dos actos de execução que o seu presidente tiver praticado. Repare-se que não se trata aqui de uma reclamação dirigida ao órgão colegial contra a deliberação por este tomada, mas sim de um recurso contra as decisões tomadas pelo presidente como actos de execução da deliberação colegial.

Destas decisões, precisamente por serem actos de execução, não cabe em princípio recurso contencioso: mas a lei entende que é de conceder um recurso administrativo, a fim de permitir aos interessados reagir, não apenas contra a deliberação definitiva, mas contra o modo pelo qual ela é executada.

Semelhante recurso não é hierárquico, quanto a nós. Porquê?

Porque os órgãos executivos, enquanto tais, não são normalmente subalternos dos órgãos deliberativos. Referimo-nos, é claro, a órgãos executivos – e não a agentes de execução que, estes sim, dependem hierarquicamente dos seus superiores.

Não há, portanto, hierarquia entre o órgão deliberativo e o órgão executivo: o órgão incumbido da prática

---

[1] Exemplo semelhante era o do artigo 320.º, § único, do mesmo Código (recurso para a junta distrital ou para o conselho do distrito das decisões do presidente da junta em execução das deliberações da mesma junta ou do referido conselho). O preceito foi revogado.

dos actos jurídicos de execução necessários não está, em regra, vinculado pelos laços da subordinação hierárquica ao órgão deliberativo.

Decerto, a função própria do órgão executivo é executar: cabe-lhe, portanto, acatar escrupulosamente o que tiver sido resolvido pelo competente órgão deliberativo. Mas o que está em causa é o respeito pela deliberação tomada, bem como a sua execução face a terceiros, e não a obediência a ordens internas que tenham o executor como destinatário.

O órgão deliberativo não exerce poder de direcção sobre as actividades do órgão executivo, nem este tem para com ele um dever de obediência: o primeiro resolve os assuntos da sua competência, o segundo encarrega-se da respectiva execução. Do mesmo modo, não existe poder disciplinar do órgão deliberativo sobre o órgão executivo.

Isto é particularmente nítido nas hipóteses, como a que temos diante de nós, em que o órgão executivo é também membro e presidente do órgão deliberativo, competindo-lhe dirigir os respectivos trabalhos e coordenar a acção global da pessoa colectiva em causa ([1]). Os órgãos colegiais não são superiores hierárquicos dos seus membros, e muito menos dos seus presidentes.

Há, sem dúvida, uma certa «superioridade» do deliberativo em relação ao executivo, como tal: ela resulta necessariamente da posição relativa das duas funções e é nela que justamente se funda a atribuição legal ao pri-

---

([1]) V. a Lei das Autarquias Locais, artigo 64.º, alíneas *a)* e *b)*.

meiro de poderes de superintendência. Mas tal superioridade não é, em qualquer caso, de natureza hierárquica.

Este recurso, previsto no § 1.º do artigo 83.º do Código Administrativo, corresponde, pois, ponto por ponto, à noção que demos dos recursos hierárquicos impróprios.

67. O mesmo se diga, *mutatis mutantis*, de um outro tipo de recurso que a lei prevê de certas decisões do presidente da câmara para a câmara municipal.

Queremos referir-nos à hipótese regulada no artigo 63.º, n.º 3, da Lei das Autarquias Locais: «das decisões tomadas pelo presidente da câmara municipal, no uso da competência prevista no número anterior, cabe reclamação para o plenário daquele órgão, sem prejuízo do recurso contencioso».

Reporta-se esta disposição à competência exercida pelo presidente da câmara no exercício da «delegação tácita» conferida pelo n.º 1 do mesmo artigo 63.º. Em nossa opinião, não se trata aqui de verdadeira e genuína delegação de poderes, mas sim de uma desconcentração legal de competência, sujeita a regime especial.

De toda a maneira, porém, não é isso que de momento nos interessa. Importa, sim, salientar que o meio de impugnação previsto no artigo 63.º, n.º 3, da Lei das Autarquias Locais não é nem uma reclamação, nem um recurso hierárquico.

Não é uma reclamação, porque não se dirige ao autor do acto impugnado. E não é um recurso hierárquico, porque não havendo hierarquia, em princípio, entre a câmara municipal e o seu presidente, não é a circunstância de a lei transferir uma parte da competência da câmara para o presidente da câmara que vai alterar a posição deste num sentido de maior subordinação àquela: pelo contrário, a posição do presidente sai manifestamente reforçada do disposto no n.º 1 do citado artigo 63.º.

Consideramos, assim, este caso como de recurso hierárquico impróprio. A nossa posição não seria, aliás, diferente se entendêssemos a «delegação tácita» conferida nessa disposição como uma autêntica delegação de poderes. Porque, como vamos ver já de imediato, a delegação de poderes – quando não acompanhada de hierarquia – é outro dos exemplos típicos de recurso hierárquico impróprio.

68. Consideremos então a hipótese do recurso a interpor para o delegante contra os actos do delegado, se um e outro não se encontrarem integrados numa hierarquia.

Como se sabe, pode haver delegação sem hierarquia. Em tal hipótese, a regra é de que os actos do delegado são definitivos sempre que o fossem quando praticados pelo delegante ([1]). Pode no entanto acontecer que seja aberto um recurso administrativo, quer de carácter facultativo, nos casos normais, quer de carácter necessário, nos casos excepcionais em que os actos do delegado não sejam definitivos.

Exemplos da primeira hipótese: o recurso para o Ministro dos actos de um Secretário de Estado ou Subsecre-

---

([1]) Marcello Caetano, *Manual*, I, p. 228; e A. Gonçalves Pereira, *Da delegação de poderes*, p. 42.

tário de Estado praticados por delegação do Ministro; o recurso para o Primeiro-Ministro dos actos praticados por qualquer membro do Governo por delegação dele; o recurso para a câmara municipal dos actos praticados pelo presidente da câmara ou por qualquer dos vereadores por delegação propriamente dita da câmara (art. 63.º, n.º 6, da Lei das Autarquias Locais); etc. ([1]).

Exemplo da segunda hipótese: o caso do artigo 83.º, § 3.º, do Código Administrativo, em que cabe recurso necessário para o governador civil das decisões tomadas, por delegação dele, pelas autoridades da P.S.P., as quais pertencem a uma hierarquia própria, não sendo subalternas do Governador ([2]).

A delegação de poderes não instala o vínculo hierárquico entre o delegante e o delegado, se ele os não ligava já anteriormente: pelo contrário, até, quando tal vínculo existe, a delegação em regra atenua-o.

Mas não há dúvida de que a delegação pressupõe uma determinada «superioridade» do delegante, expressa no poder de avocação e na faculdade de emanar instruções e directivas, bem como na livre revogabilidade da própria delegação. Tal superioridade não chega a assumir natureza hierárquica: não comporta poder de direcção,

---

([1]) Os exemplos dados no texto têm como pressuposto o facto de admitirmos que o delegante, quando não superior hierárquico do delegado, pode apesar disso revogar os actos definitivos deste, embora disponha apenas de uma competência revogatória pura e simples, sem poderes de substituição. Neste sentido, Robin de Andrade, *A revogação*, p. 315 e segs.; reconhecendo o poder de revogar e de substituir, Marcello Caetano, *Manual*, I, p. 551; contra a própria possibilidade de revogação e, portanto, também contra o recurso, A. Gonçalves Pereira, *Da delegação de poderes*, p. 44.

([2]) O Código Administrativo fala aí em recurso hierárquico, mas obviamente só pode tratar-se de um recurso hierárquico impróprio.

com o correlativo dever de obediência, nem implica poder disciplinar. Mas é de uma afinidade inegável.

O recurso dos actos do delegado para o delegante – nos casos em que haja delegação sem hierarquia – é, por conseguinte, um recurso hierárquico impróprio.

69. Também se nos afigura de qualificar como recurso hierárquico impróprio o recurso que algumas leis admitem, a título excepcional, de certas decisões ministeriais para o Conselho de Ministros.

É o caso, por exemplo, dos actos do Ministro da Educação que ordenem o encerramento de estabelecimentos de ensino particular ([1]) ou dos actos do Ministro das Finanças que neguem autorização para operações de importação ou exportação de capitais ([2]). E é também o caso das *portarias de regulamentação de trabalho* ([3]).

Nestes casos, trata-se de recursos hierárquicos impróprios e não de autênticos recursos hierárquicos porque, por um lado, os Ministros não dependem hierarquicamente de ninguém, são eles próprios os chefes supremos das hierarquias estaduais; e, por outro lado, o Conselho de Ministros não tem poderes hierárquicos sobre os seus membros.

O Conselho é em geral um órgão de coordenação e consulta, pode exercer competência dispositiva nos casos em que a Constituição ou a lei lhe confiram poderes para

---

([1]) Decreto n.º 37 545, de 8 de Setembro de 1949, artigo 7.º, n.º 3.
([2]) Decreto-Lei n.º 183/70, de 28 de Abril, artigo 22.º.
([3]) Decreto-Lei n.º 887/76, de 29 de Dezembro, artigo 21.º.

tanto, mas de toda a maneira não dirige nem sanciona a actividade dos Ministros. E só superintende nela a título excepcional.

Os Ministros, além de membros do Conselho, são em cada departamento governativo os executores das deliberações ou directrizes colegialmente aprovadas: mas já vimos mais atrás que os órgãos executivos não devem ser considerados subalternos dos órgãos deliberativos.

O próprio Primeiro-Ministro, a quem compete constitucionalmente coordenar e dirigir a actividade dos Ministros e, bem assim, propor a respectiva nomeação e exoneração, não é seu superior hierárquico: não pode, nas matérias da competência deles, dar-lhes ordens, nem exigir-lhes obediência em termos de a desobediência constituir infracção disciplinar, que aliás quedaria impune, pois a exoneração de um membro do Governo, se pode em certos casos corresponder à efectivação da sua responsabilidade política, não constitui nunca uma pena disciplinar ([1]).

Pronunciamo-nos, portanto, pela caracterização destes recursos como recursos hierárquicos impróprios ([2]).

70. Por vezes as leis conferem competência própria a certos órgãos colegiais, normalmente denominados *comissões*,

---

([1]) V. Cunha Valente, *A hierarquia administrativa*, p. 50-60. Marcello Caetano, que chegou a sustentar opinião contrária no seu *Manual*, 1.ª ed., 1937, p. 120, veio posteriormente a abandonar essa posição.

([2]) Em Espanha, a *Ley de Procedimiento Administrativo*, de 1958, denomina de *recurso de súplica* o recurso de decisões ministeriais interposto perante o Conselho de Ministros ou a Presidência do Governo (art. 122.º, n.º 3). V. González Pérez, *Los recursos administrativos*, p. 411 e segs.

cuja posição vertical no organograma da pessoa colectiva a que pertencem não é a do topo ([1]).

Considerando o caso do Estado, em que o topo é ocupado pelo Governo, tais comissões situam-se, do ponto de vista vertical, manifestamente abaixo do Governo – são até, muitas vezes, comissões de âmbito local.

Sirvam-nos de exemplo *as comissões mistas de avaliação,* formadas por representantes da Fazenda Nacional e dos contribuintes, as quais o Código do Imposto Profissional, por exemplo, incumbe de verificar em cada concelho ou bairro fiscal as declarações de imposto apresentadas pelos contribuintes da sua área, de «fixar a matéria colectável, quando nelas reconheça quaisquer faltas, insuficiências ou inexactidões» e de «fixar o rendimento colectável» dos contribuintes que exerçam actividades por conta própria ([2-3]).

Dos actos jurídicos externos praticados por estas comissões – nomeadamente a fixação da matéria coletável e a fixação do rendimento colectável – estabelece a lei um recurso administrativo (a que chama reclamação), para outras comissões, de natureza análoga mas de composição diferente e alargada e de competência territorial mais ampla: as primeiras têm âmbito concelhio, compõem-se de três membros e são presididas pelo chefe da repartição de finanças, enquanto as segundas são comissões

---

([1]) V. José Pedro Fernandes, *Comissão*, p. 509.

([2]) V. os artigos 11.º e 12.º do Código do Imposto Profissional, aprovado pelo Decreto-Lei n.º 44 305, de 27 de Abril de 1962.

([3]) Sobre outros casos análogos no direito fiscal, cfr. Alberto P. Xavier, *Manual de Direito Fiscal*, I, p. 330-333.

distritais, compõem-se de quatro membros e são presididas pelo director de finanças ([1]).

Ao recurso administrativo que dos actos das comissões concelhias de avaliação se interpõe para as correspondentes comissões distritais chama a nossa lei reclamação ([2]). É claro porém que, pelas razões já expostas, não se pode tratar aí de uma reclamação, mas de um recurso.

E também aqui o recurso é um recurso hierárquico impróprio.

Entre as duas comissões não existe hierarquia: a comissão distrital não dispõe do poder de direcção nem do poder disciplinar sobre a comissão concelhia, nem esta deve obediência à primeira no exercício da sua competência primária ou está sujeita a quaisquer sanções disciplinares.

A lei confere a uma poderes de superintendência em relação aos actos da outra, porque dado o melindre da matéria quer assegurar aos contribuintes a garantia do duplo grau. Nenhuma outra relação permanente intercede entre ambas.

De hierarquia, neste caso, só pode falar-se, portanto, naquele sentido impróprio, em que é hábito falar, como vimos, a propósito da hierarquia dos tribunais. Aqui como lá, não é a existência de hierarquia que abre a possibilidade de recurso, mas a vontade legal de atribuir um direito de recorrer que obriga a criar uma certa forma de «hierarquia».

---

[1] Cfr. o artigo 15.º do mesmo Código, com a nova redacção dada pelo artigo 1.º do Decreto-Lei n.º 45 400, de 30 de Novembro de 1963.

[2] Ver os artigos 15.º e seguintes.

71. Para além das comissões a que nos vimos de referir e de outras idênticas, há ainda a considerar o caso dos órgãos colegiais de gestão permanente de serviços autónomos não personalizados, de cujos actos cabe recurso para os órgãos dirigentes da pessoa colectiva pública em que se integram.

Tenha-se em vista, por exemplo, o caso dos conselhos de administração dos serviços municipalizados, relativamente às respectivas câmaras municipais: são estas que nomeiam e exoneram os membros daqueles (Lei das Autarquias Locais, art. 62.º, n.º 3, alínea *d*)) e que orientam a sua actividade, fiscalizando-a e superintendendo nela (Cód. Admin., art. 170.º e seu § único).

Seria natural, portanto, que, mesmo que a lei nada dissesse a tal respeito, se considerasse admissível um recurso das deliberações do conselho de administração para a câmara municipal. Acontece, porém, que a própria lei prevê, neste caso, o recurso.

Diz, com efeito, o artigo 172.º do Código Administrativo que «das deliberações do conselho de administração há sempre recurso hierárquico para a respectiva câmara, sem prejuízo do recurso contencioso que da deliberação desta se possa interpor nos termos ordinários».

Trata-se, no entanto, para nós, de um recurso hierárquico impróprio — e não de um autêntico recurso hierárquico —, pois não há entre a câmara municipal e o conselho de administração dos seus serviços municipalizados uma relação de hierarquia, mas apenas uma relação de orientação e superintendência ([1]).

Outro caso do mesmo género é o da posição das juntas de turismo relativamente às respectivas câmaras municipais, nos termos do Código Administrativo (art. 126.º e segs.): embora a lei o não diga, afigura-se-nos que, dada a natureza da relação permanente que se estabelece entre os dois órgãos, é de admitir um recurso administrativo dos actos das juntas para as câmaras, recurso esse que se deve qualificar como recurso hierárquico impróprio.

E o que se diz dos conselhos de administração dos serviços municipalizados, ou das juntas de turismo, face às câmaras municipais de que dependem, vale a nosso ver igualmente para os «conselhos administrativos» ou «direcções» de todos os serviços autónomos do Estado face aos respectivos Ministros.

Em suma: cremos poder afirmar, em termos genéricos, que deve ter-se por aberta a via do recurso administrativo contra os actos dos órgãos colegiais de gestão permanente dos serviços autónomos não personalizados, perante os órgãos dirigentes da pessoa colectiva pública em que se integrem: e esse recurso administrativo é, quanto a nós, um recurso hierárquico impróprio ([2]).

([1]) Embora nos tenhamos aí referido apenas à orientação e à superintendência relativas a pessoas colectivas dependentes, e não a serviços autónomos não personalizados, aludimos à distinção em *A função presidencial nas pessoas colectivas de direito público*, p. 32-33, nota 20, e p. 42, nota 29. V. também *infra*, n.º 85.

([2]) Claro que se os serviços autónomos são personalizados, cessa de todo a hierarquia e o recurso administrativo, se existir, não é um recurso hierárquico impróprio, mas um recurso tutelar; v. *infra*, n.ºs 74 e segs. No mesmo sentido, embora sem falar em recurso tutelar, cf. a sentença do Auditor Administrativo do Porto, de 23-5-65, *caso da INEL*, in «Rev. de Dir. Admin.», XV, 1971, p. 257.

72. A maior parte da doutrina vai mesmo mais longe, ao sustentar que dos actos praticados por órgãos colegiais – por quaisquer órgãos colegiais – não cabe recurso hierárquico, senão impróprio. Entende-se, na verdade, que a colegialidade é incompatível com a subordinação hierárquica (¹).

Temos para nós que é acertado este ponto de vista.

Na verdade, a criação de um órgão colegial pressupõe a intenção de lhe conferir independência na apreciação e na resolução dos assuntos incluídos na sua esfera de competência. Não faz sentido constituir um colégio que não seja destinado a debater livremente as questões e a deliberar sem coacção sobre as matérias que lhe pertençam. Tanto mais que, na generalidade dos casos, estes órgãos colegiais dispõem de autonomia administrativa: gerem serviços ou desempenham funções em regime de integração diferenciada (²).

Nem podia ser de outro modo: trata-se de comissões de avaliação cujas decisões afectam a propriedade privada dos cidadãos e que portanto devem gozar de independência; ou de conselhos de administração de empresas públicas que, embora não personalizadas, têm de ser geridas com grande maleabilidade; ou de órgãos essencialmente fiscalizadores, por isso carecidos de grande liberdade de movimentos.

(¹) V., em Itália, Zanobini, *Corso*, II, p. 80 e 92; Virga, *La tutela giurisdizionale*, p. 491; Landi e Potenza, *Manuale*, p. 619; e, entre nós, Cunha Valente, *A hierarquia administrativa*, p. 66-70.

(²) Sobre as modalidades de gestão dos serviços públicos em geral, bem como sobre a *integração diferenciada* em particular, cfr. Marcello Caetano, *Manual*, II, p. 1068 e segs..

Ora a autonomia é o contrário da hierarquia. Em tais casos, os recursos instituídos por lei não podem ser recursos hierárquicos senão impróprios.

Repudiamos, assim, a opinião – aliás isolada – de Amorth, para quem a inexistência de recurso hierárquico dos actos dos órgãos colegiais não deriva da inexistência de hierarquia, mas da presunção de que o consenso das diversas vontades será suficiente para garantir a ponderação das resoluções tomadas – presunção essa que falta quanto às decisões dos órgãos singulares, a respeito das quais só o recurso hierárquico, assegurando a intervenção de pelo menos duas vontades diferentes, permite reconstituir uma ponderação semelhante à dos órgãos colegiais [1].

Se fosse verdadeira esta concepção, como se explicariam os numerosos recursos administrativos estabelecidos por lei contra deliberações de órgãos colegiais?

Por outro lado, o recurso hierárquico não é essencialmente uma garantia de ponderação das decisões administrativas, antes de tomadas, mas um meio de as impugnar, *ex post facto*. Se acaso o recurso devesse ser considerado, dentro da óptica de Amorth, como uma garantia de ponderação semelhante à que se obtém nos órgãos colegiais, de duas uma: ou a lei só podia atribuir competência própria a órgãos colegiais, e nunca a órgãos singulares, ou tinha de submeter sempre ao controlo superior, oficiosamente, as decisões dos órgãos subalternos. E nem uma coisa nem outra sucedem.

---

[1] Amorth, *ob. cit.*, p. 671.

De resto, a ponderação que o recurso hierárquico, quando interposto, venha a assegurar à resolução definitiva do caso controvertido não é de modo algum semelhante à que se verifica nas deliberações colegiais. Aquela é vertical, esta horizontal; a primeira visa a unidade do comando, a segunda o pluralismo das opiniões. Num caso, portanto, prevalece a vontade do chefe do serviço, no outro a vontade da maioria: a diferença não pode ser maior.

III – RECURSOS HIERÁRQUICOS IMPRÓPRIOS E RECURSO HIERÁRQUICO

73. Se a reclamação de que falámos no parágrafo anterior se distingue do recurso hierárquico por não ser um recurso nem ter por fundamento a hierarquia, os recursos hierárquicos impróprios, de que temos vindo a falar agora, diferenciam-se daquele pelo segundo aspecto, mas não pelo primeiro. Trata-se, com efeito, de verdadeiros recursos.

Simplesmente, nos recursos hierárquicos impróprios não existe hierarquia. Pode haver uma relação entre o órgão *a quo* e o órgão *ad quem* que tenha traços de semelhança ou de analogia com a relação hierárquica, mas não há identidade.

A autoridade para quem se recorre não assume, por conseguinte, perante a autoridade recorrida, a posição jurídica de um superior hierárquico. Daí resulta que nos recursos hierárquicos impróprios o órgão *ad quem* não dispõe do poder de direcção relativamente ao órgão *a quo*, nem este se encontra adstrito para com aquele ao correlativo dever de obediência – aspecto que tem importantes consequências quanto ao regime dos recursos hierárquicos impróprios, como a seu tempo veremos ([1]).

Pelo mesmo motivo, o órgão *ad quem* não possui nenhum dos outros poderes específicos do superior hierárquico, nomeadamente o poder disciplinar, salvo na medida em que as disposições especiais que forem aplicáveis lho atribuam.

Os recursos hierárquicos impróprios, que ao contrário do verdadeiro recurso hierárquico não têm fundamento na hierarquia, não constituem por isso mesmo uma figura de carácter geral: são recursos excepcionais e atípicos ([2]). Só são admissíveis, assim, nos casos em que a lei os preveja ou quando a sua existência resultar inequivocamente da natureza da relação permanente entre os dois órgãos em causa.

É o que se passa, como vimos, na hipótese de delegação de poderes sem hierarquia, dada a natureza da delegação, e na hipótese dos órgãos de gestão permanente de serviços autónomos não personalizados, face aos órgãos dirigentes da pessoa colectiva pública em que se integram, tendo em vista a relação de superintendência ou de orientação que intercede entre uns e outros ([3]).

---

[1] V. *infra*, n.o 168.
[2] V., por todos, Giannini, *La giustizia amministrativa*, p. 64 e seg.
[3] V. *supra*, n.º 71.

Os recursos hierárquicos impróprios, sendo por conseguinte recursos excepcionais e atípicos, não obedecem a um regime unitário pré-estabelecido: o seu regime jurídico varia de caso para caso.

Por último, recorde-se que os recursos hierárquicos impróprios não esgotam, no nosso modo de ver, o campo dos recursos administrativos não hierárquicos: há ainda, na verdade, a considerar os recursos tutelares, que alguns autores consideram recursos hierárquicos impróprios, mas que quanto a nós têm de ser devidamente autonomizados. Deles nos vamos agora ocupar.

§ 4.º
O recurso tutelar

I – NOÇÃO

74. Os dois meios graciosos de impugnação mais frequentes e conhecidos são, de harmonia com o entendimento tradicional, a reclamação e o recurso hierárquico. Há mesmo numerosos autores que não se referem senão a estas duas figuras.

Mas as leis criam ou permitem uma outra espécie de recursos em que a entidade *a quo* é um órgão dirigente de uma pessoa colectiva autónoma e a autoridade *ad quem* um órgão de outra pessoa colectiva pública, mas de fins mais amplos. Digamo-lo desde já: trata-se, nesses casos, de uma relação entre duas pessoas colectivas qualificável juridicamente como relação de tutela administrativa.

Ora, assentando este outro recurso numa relação de tutela administrativa, afigura-se-nos correcto chamar-lhe *recurso tutelar*.

Defini-lo-emos como o *recurso administrativo mediante o qual se impugna um acto de uma pessoa colectiva autónoma perante a autoridade que sobre ela exerça poderes tutelares.*

Este recurso tem natureza excepcional. Com efeito, pelo menos à face da nossa ordem jurídica, a tutela administrativa, designadamente a tutela correctiva, não engloba por via de regra o poder de revogar os actos da entidade tutelada, mas apenas, e conforme os casos, o poder de os autorizar, aprovar ou suspender ([1]).

Daí que não possa em princípio apelar-se para o exercício, pelo órgão tutelar, de um poder de revogar compreendido na sua competência normal: esse poder só surge nos casos em que a lei expressamente o confere ou nas hipóteses em que institui um recurso administrativo para a autoridade tutelar ([2]).

75. A doutrina administrativa está longe de ser pacífica a respeito desta figura.

Não falando já dos autores que, como dissemos, a omitem ([3]), outros há que tendem a reconduzi-la a uma noção ampla de recurso hierárquico. É essa a posição da generalidade da doutrina italiana, que fala a este propósito de recurso hierárquico impróprio ([4]).

Quanto à jurisprudência portuguesa, também durante muito tempo incluiu os casos do tipo que estamos agora a considerar dentro de uma noção lata de recurso hierárquico.

Assim, por exemplo, o Supremo Tribunal Administrativo classificou sem reticências como recursos hierár-

---

([1]) Sobre os poderes compreendidos na tutela administrativa, v. Marcello Caetano, *Manual*, I, p. 230-233; Pires de Lima, *A tutela administrativa nas autarquias locais*, p. 70 e segs., e, com expressa exclusão do poder de revogar, Robin de Andrade, *A revogação*, p. 325-327.

([2]) Neste sentido, Robin de Andrade, *ob. cit.*, p. 327-329.

([3]) É nomeadamente o caso, ao que supomos, de toda a doutrina portuguesa.

([4]) V. *supra*, n.º 65.

quicos: no *caso de Eduardo de Assunção Monteiro*, o recurso para o Ministro do Interior de uma deliberação disciplinar municipal ([1]); no *caso de Cândida Augusta da Costa*, o recurso de um acto da Administração-Geral dos Correios e Telégrafos para o Ministro das Obras Públicas e Comunicações ([2]); no *caso da Sociedade Portuguesa de Empreitadas*, o recurso de uma deliberação da Junta Autónoma das Obras de Hidráulica Agrícola para o Ministro das Obras Públicas e Comunicações ([3]); no *caso de Alice Ferreira Guimarães*, o recurso de uma decisão do Provedor da Casa Pia de Lisboa para o Ministro da Saúde e Assistência ([4]); no *caso de Eduardo Grilo Pereira*, o recurso de uma deliberação do conselho geral da Federação Nacional dos Industriais de Moagem para o Ministro da Economia ([5]); e, enfim, no *caso de Rodrigo Ferreira de Freitas*, como aliás em muitos outros idênticos, o recurso do acto de fixação de uma pensão de aposentação, praticado pelo conselho de administração da Caixa Geral de Aposentações, para o Ministro das Finanças ([6]).

76. Pelo que nos toca, porém, não podemos concordar com o enquadramento de semelhantes recursos na noção de recurso hierárquico.

A verdade é que estes se definem e distinguem pela existência de uma relação de hierarquia entre o órgão *a*

---

[1] STA-1, 22-11-1935, *Col.* (I), p. 617, e *O Dir.*, 68, p. 172.
[2] STA-1, 22-7-1936, *Col.* (I), p. 212, e *O Dir.*, 69, p. 19.
[3] STA-P, 30-6-42, *Col.* (P), p. 109, e *O Dir.*, p. 311.
[4] STA-1, 17-10-69, *Ap. DG*, 10-11-71, p. 923.
[5] STA-1, 15-5-70, *Ap. DG*, 27-1-72, p. 655.
[6] STA-1, 23-5-69, *Ap. DG*, 2-9-71, p. 568.

quo e o órgão *ad quem*, sendo certo por outro lado que um dos aspectos mais característicos, senão mesmo o traço fundamental, da tutela administrativa é o desaparecimento da hierarquia perante a relevância da autonomia. A tutela administrativa não é, pois, compatível, sob pena de contradição, com o recurso hierárquico.

Nem se diga que a especialidade do recurso, na hipótese de ser dirigido à autoridade tutelar, fica ressalvada pela sua designação de recurso hierárquico «impróprio», segundo os usos de Itália.

Nós não contestamos, como se viu atrás, a legitimidade e a utilidade da categoria dos recursos hierárquicos impróprios: negamos, sim, que nela possa incluir-se a figura do recurso tutelar.

O recurso hierárquico impróprio pertence ainda, de algum modo, ao campo da hierarquia e tem de assentar, por isso, numa relação com certa analogia com a hierarquia, ainda que imperfeita. O recurso tutelar, esse, já se situa para lá das fronteiras da hierarquia – num terreno vizinho, é certo, pertencente à mesma região, sem dúvida, mas apesar de tudo estrangeiro.

De resto a inclusão do recurso tutelar na categoria dos recursos hierárquicos impróprios só poderia trazer alguma vantagem funcional, ainda que à custa de prejuízos conceptuais, se acaso os princípios estabelecidos e o regime definido para estes recursos pudessem ser aplicados, como tais, à regulamentação do recurso tutelar. E não é o caso.

Defendemos, assim, a existência e o recorte conceptual de uma figura de *recurso tutelar*, ao lado dos demais recursos administrativos já indicados.

Perfilhando esta ideia, a jurisprudência do nosso Supremo Tribunal Administrativo tem adoptado a denominação mais correcta, a partir do caso de *Eduardo Francisco Filipe,* julgado em 1970, e que se referia ao recurso de uma deliberação municipal, relativa a uma licença de loteamento urbano, para o Ministro das Obras Públicas ([1-2-3]).

II – EXEMPLOS

77. Daremos de seguida alguns exemplos de recursos tutelares previstos na lei portuguesa, sem qualquer preocupação exaustiva, como é óbvio. Começaremos pelos casos de recurso tutelar a interpor contra deliberações de órgãos de autarquias locais.

Assim, das deliberações tomadas pelas câmaras municipais sobre pedidos de licenciamento, ou de aprovação de projectos, de obras particulares com fundamento em que os trabalhos a efectuar são susceptíveis de manifestamente afectar a estética das povoações ou a beleza das

---

([1]) V. STA-1, 26-6-70, *Ap. DG.,* 27-1-72, p. 879; relator, o ilustre Conselheiro Eudoro Pamplona Corte-Real. Neste acórdão, ainda se falava em «uma espécie de recurso por via tutelar» (p. 884). Posteriormente, o Supremo passou a falar mais frequentemente em *recurso tutelar,* por vezes equiparando-o, todavia, a um *recurso hierárquico impróprio*: v., por exemplo, STA-1, 28-11-74, *caso de Hermenegildo da Silva,* in *Ac. Dout.-STA,* 159, p. 313.

([2]) Desde o ano lectivo de 1969-70 que nas aulas e nos exames finais da cadeira de Direito Administrativo, do curso geral de Direito da Faculdade de Direito da Universidade de Lisboa, preconizamos e defendemos a qualificação dos recursos referidos no texto como «recursos tutelares». Foi daí, ao que supomos, que o conceito passou para a jurisprudência do Supremo Tribunal Administrativo.

([3]) Também se autonomiza o recurso tutelar face ao recurso hierárquico no projecto de Código de Processo Administrativo Gracioso, artigos 269.º e 270.º.

paisagens, ou com fundamento em que esses trabalhos introduzem alterações em construções ou elementos naturais classificados como valores concelhios, de que podem resultar prejuízos para estes valores – desde que tais deliberações camarárias sejam de indeferimento ou de condicionamento do pedido – cabe recurso tutelar necessário para o Ministro da Educação Nacional (leia-se hoje: Secretário de Estado da Cultura) ([1]).

O mesmo se diga, em termos mais genéricos, de toda e qualquer deliberação municipal que envolva recusa ou condicionamento, por motivos de ordem estética, de autorização para obras ou para modificação de elementos naturais, quando não resultem de imposição legal taxativa ([2]).

Das deliberações de indeferimento, ou de deferimento condicionado, tomadas pelas câmaras municipais em matéria de licenciamento de operações de loteamento urbano, quando tenham fundamento semelhante aos referidos acima, ou ainda quando se fundem na inconveniência do loteamento para o desenvolvimento ordenado da zona em que se situe, não havendo plano de urbanização aprovado; na necessidade de trabalhos de urbanização não previstos pela câmara municipal, salvo se o requerente se comprometer a executá-los por sua conta ou a financiá-los; ou no desrespeito de quaisquer normas

---

([1]) V. o Decreto-Lei n.º 166/70, de 15 de Abril, artigos 15.º, n.º 1, alíneas *e*) e *f*), e 16.º. Cfr. também os artigos 124.º e 127.º do Regulamento Geral das Edificações Urbanas, aprovado pelo Decreto-Lei n.º 38 382, de 7 de Agosto de 1951.

([2]) V. o artigo 127.º do Regulamento Geral das Edificações Urbanas.

técnicas aplicáveis – cabe recurso tutelar necessário para o Ministro da Habitação e Obras Públicas ([1]).

E o mesmo se diga das deliberações camarárias que indefiram pedidos de aprovação de projectos definitivos de obras de urbanização em zonas de loteamento licenciado, com fundamento em desrespeito de normas técnicas aplicáveis ([2]).

O Código Administrativo prevê também alguns casos de recurso tutelar, nomeadamente os recursos das deliberações tomadas pelas juntas de freguesia em matéria de inscrição dos moradores no recenseamento paroquial dos pobres e indigentes, recursos esses que devem ser interpostos para o presidente da câmara municipal ([3]).

78. Consideremos agora alguns exemplos de recursos tutelares a interpor contra decisões ou deliberações de órgãos dirigentes de institutos públicos.

Assim, temos a considerar, antes de mais, todos os casos em que a lei concede um recurso para o Ministro competente contra as decisões dos organismos de coordenação económica que apliquem certas sanções disciplinares às empresas abrangidas no seu âmbito de actuação ([4]).

([1]) V. o Decreto-Lei n.º 289/73, de 6 de Junho, artigos 7.º e 8.º.
([2]) V. o artigo 12.º, n.º 3, do diploma citado na nota anterior.
([3]) V. o artigo 256.º, §§ 4.º e 5.º. Este preceito parece-nos inconstitucional, porque o artigo 243.º, n.º 1, da Constituição atribui a tutela sobre as autarquias locais ao Governo e o presidente da câmara deixou de ser um agente do Governo ou mesmo um órgão do Estado.
([4]) Sobre esta matéria ver Marcello Caetano, *Manual*, II, p. 1245, e *O Dir.*, 84, p. 187; e Robin de Andrade, *A revogação*, p. 327-329.

Por outro lado, há casos em que, por razões diversas, a lei orgânica deste ou daquele instituto público estabelece recursos tutelares especiais: é o que sucede, por exemplo, com a lei orgânica do Fundo de Renovação da Marinha Mercante (Decreto-Lei n.º 58/74, de 16 de Fevereiro), que das deliberações da comissão administrativa do Fundo estabelece um recurso tutelar necessário para o Conselho de Ministros para os Assuntos Económicos (art. 4.º, n.º 4).

Por último, importa ter em conta o que se passa com as empresas públicas.

Segundo o Decreto-Lei n.º 260/76, de 8 de Abril, que aprovou as bases gerais do seu regime jurídico, as empresas públicas regem-se pelo disposto, além do mais, nos seus próprios estatutos (arts. 3.º e 4.º). Destes estatutos devem constar, entre outras, as normas relativas à intervenção do Governo (art. 5.º, n.º 1, alínea *f*)). E no âmbito desta cabem, não apenas os vários poderes desde logo indicados na lei (arts. 12.º a 14.º), mas também «quaisquer outros poderes» que sejam conferidos ao Ministro de tutela pela lei ou pelos estatutos das empresas (art. 13 .º, n.º 1, alínea *e*)).

De tudo resulta que os estatutos de qualquer empresa pública − aprovados e modificados por decreto simples (art. 4.º, n.ºs 2 e 3) − podem estabelecer, se assim o entenderem, recursos tutelares dos actos dos órgãos dirigentes da empresa para o respectivo Ministro de tutela ou, diferentemente, atribuir a este o poder de revogar ou de substituir aqueles actos, o que automaticamente abre a via do recurso tutelar.

O mesmo não pode acontecer, deve sublinhar-se, em relação aos actos das autarquias locais: porque, como diz a Constituição, «a tutela sobre as autarquias locais será exercida segundo as formas e nos casos previstos na lei» (art. 243.º, n.º 1), de modo que não podem ser criadas por decreto simples novas modalidades de controlo tutelar sobre as autarquias locais.

A diferença é, aliás, compreensível: é que, enquanto as autarquias locais são entidades *independentes* em relação ao Governo, as empresas públicas estaduais são, quanto a este, organismos *dependentes* ([1]).

III – DELIMITAÇÃO

79. Uma vez recordado que as relações entre pessoas colectivas autónomas não se reconduzem ao conceito de hierarquia, mas antes ao de tutela administrativa, e assente que por isso mesmo os recursos interpostos dos actos da entidade tutelada para os correspondentes órgãos tutelares devem configurar-se como recursos tutelares e não como recursos hierárquicos, ainda que impróprios, temos agora de indagar quais são os limites da noção de recurso tutelar, em confronto com a de recurso hierárquico, de modo a alcançar uma delimitação correcta dos respectivos âmbitos de aplicação.

Vimos já que é característico da tutela administrativa o desaparecimento da hierarquia perante a relevância da

---

([1]) Cfr. o nosso estudo *A função presidencial*, já citado, p. 32-33 e nota 20.

autonomia. O problema que se põe é o de saber se não haverá casos em que, embora a título excepcional, ressurja a hierarquia e se apague a autonomia, no domínio das relações entre pessoas colectivas em princípio autónomas.

Por outras palavras, o que se pergunta é se há ou não situações excepcionais em que os poderes de uma pessoa colectiva pública sobre os órgãos de outras pessoas colectivas públicas, dotadas em regra de autonomia, sejam poderes hierárquicos e não poderes tutelares.

Se houver situações dessas, isso significará então que, substituindo-se a hierarquia à tutela administrativa, os recursos a interpor dos actos praticados no âmbito destas situações de natureza excepcional serão, também excepcionalmente, recursos hierárquicos e não recursos tutelares.

O problema tem de ser encarado quanto aos órgãos colegiais das pessoas colectivas autónomas, primeiro, e quanto aos seus presidentes, depois.

A) *O problema da hierarquia sobre os órgãos colegiais das pessoas colectivas públicas*

80. A regra geral, já exposta e fundamentada atrás, é de que sobre órgãos colegiais não podem, por natureza, exercer-se poderes hierárquicos.

É perante essa regra geral que, neste contexto, se tem de examinar a questão posta: haverá todavia casos em que a tutela administrativa exercida sobre órgãos colegiais de pessoas colectivas autónomas ceda o lugar à hierarquia?

Abordaremos a este propósito dois tipos diferentes de situações – a situação de *regime de tutela* e, noutro plano, a situação de *devolução de poderes*. Num caso, a substituição da tutela pela hierarquia, se existir, derivará essencialmente de uma sanção aplicada à pessoa colectiva em virtude da sua incapacidade administrativa, traduzindo assim uma anomalia integral, mas temporária; no outro, aquela substituição resultará antes da particular natureza de certas funções desempenhadas pela pessoa colectiva, constituindo portanto uma anomalia parcial, mas permanente.

81. O primeiro tipo de situações que temos em vista corresponde ao *regime de tutela*.

Como é sabido, o regime de tutela caracteriza-se fundamentalmente pela suspensão temporária do direito, que a pessoa colectiva autónoma tem, de eleger os membros dos seus órgãos dirigentes, bem como da independência destes ([1]).

Suspenso o direito de eleição dos membros dos órgãos dirigentes, são estes preenchidos por escolha feita pelo órgão tutelar: em lugar do órgão colegial eleito, a gestão fica entregue a uma *comissão administrativa* nomeada. Suspensa a independência dos órgãos dirigentes, são estes colocados sob a orientação do órgão tutelar: em vez de se determinarem livremente dentro dos limites da lei, os órgãos dirigentes ficam sujeitos às directivas e instruções da entidade tutelar.

([1]) Cfr. a noção de Marcello Caetano, *Manual*, I, p. 370, aliás restrita às autarquias locais.

Assim, a sanção do regime de tutela aplicada a uma pessoa colectiva autónoma em virtude de incapacidade administrativa faz cessar, ainda que transitoriamente, a sua autonomia e coloca-a numa situação de dependência: à tutela administrativa substitui-se um poder mais enérgico, de tipo quase-hierárquico.

O Código Administrativo era bem explícito a este respeito, quando estabelecia que «as comissões administrativas dependem do Governo, a cujas ordens e instruções devem obediência, quando transmitidas por escrito» (art. 384.º, § 4.º).

É certo que o artigo 384.º do Código Administrativo foi entretanto revogado pela Lei das Autarquias Locais (art. 114.º, n.º 1) e esta, ao regular o regime de tutela, não é tão explicita quanto o era o Código Administrativo.

Mas o instituto regulado é o mesmo e não mudou de natureza: o regime de tutela é estabelecido como consequência de dissolução, a qual é imposta por decreto e implica a nomeação pelo Governo de uma comissão administrativa; esta fica a gerir a autarquia e substitui o órgão dissolvido até à posse dos novos membros eleitos (art. 93.º, n.º 3).

O regime de tutela tem agora uma regulamentação mais liberal, de harmonia com o contexto democrático em que passou a inserir-se, mas nem por isso deixa de ser o que é, do ponto de vista jurídico-administrativo: uma suspensão temporária da autonomia, com instauração, embora provisória, de uma subordinação quase-hierárquica.

Ora, sendo assim, impõe-se concluir que na hipótese do regime de tutela os actos praticados pelas comissões administrativas não estão submetidos ao mesmo regime de impugnação dos actos que emanam de órgãos independentes de uma pessoa colectiva autónoma.

De tais actos não cabe recurso contencioso, até porque o artigo 820.º do Código Administrativo não menciona, entre as autoridades de cujos actos se pode recorrer contenciosamente, as comissões administrativas das autarquias locais sujeitas a regime de tutela ([1]).

E tem de caber recurso – um recurso administrativo, até porque será esse o único modo de atingir a via contenciosa.

Esse recurso é, a nosso ver, um recurso hierárquico impróprio: não é tutelar, porque a autonomia está suspensa; e não é hierárquico puro, porque sobre os órgãos colegiais não há hierarquia propriamente dita.

Podemos pois afirmar que, em caso de regime de tutela, dos actos praticados pelos órgãos nomeados, em substituição dos órgãos próprios da pessoa colectiva sancionada, cabe recurso hierárquico impróprio e não recurso tutelar.

Sublinhe-se, em jeito de parêntesis, que esta conclusão não deriva do facto da substituição dos órgãos, mas sim da circunstância de a autonomia ceder o passo à dependência: substituição orgânica também a temos na *tutela substitutiva* e aí, contudo, os recursos administrativos a

---

([1]) Menciona, sim, as comissões administrativas das federações de municípios, o que é coisa completamente diferente e exclui qualquer hipótese de aplicação analógica.

que haja lugar qualificam-se como tutelares, porque a tutela substitutiva é uma modalidade de tutela administrativa (¹).

82. O outro tipo de situações que nos cumpre encarar é o que decorre do fenómeno da *devolução de poderes* (²).

Aí, como se sabe, há uma pessoa colectiva pública que entrega a outra entidade da mesma natureza, criada ou não especialmente para o efeito, uma ou várias atribuições determinadas, que pertencem de raiz à primeira, a fim de que a segunda as prossiga sob a forma de administração indirecta.

Pode perguntar-se se o facto de as atribuições, desempenhadas em consequência da devolução de poderes, pertencerem originariamente a uma pessoa colectiva e serem realizadas por outra no lugar dela não implicará uma subordinação mais intensa, de tipo hierárquico ou quase-hierárquico, do que a que se estabelece, de natureza meramente tutelar, em relação a pessoas colectivas como as autarquias locais, que prosseguem fins próprios em regime de administração directa.

A resposta deve ser, quanto a nós, negativa.

Efectivamente, o fenómeno da devolução de poderes inscreve-se no quadro da descentralização administrativa

---

(¹) A doutrina entende, com efeito, que os actos praticados pelo órgão tutelar em substituição do órgão tutelado, num caso de tutela substitutiva, devem ser considerados para todos os efeitos como actos próprios da entidade tutelada: v. Laubadére, *Traité elementaire de Droit Administratif*, I, p. 92-93. Através desta ficção jurídica, a impugnação desses actos feita perante o órgão tutelar não é uma reclamação, mas sim um recurso tutelar.

(²) Cfr. Marcello Caetano, *Manual*, I, p. 248, nota (2), e p. 252.

e assenta, por conseguinte, na necessidade de descongestionar a administração dos organismos mais sobrecarregados.

Não faria sentido que entidades criadas ou aproveitadas para aliviar a gestão de outras, dispondo de personalidade jurídica e de órgãos próprios para prosseguir as atribuições de que a lei as incumbe, ficassem privadas do instrumento mais adequado à referida intenção descentralizadora que é, no campo da actividade administrativa, a autonomia.

Como escreve Marcello Caetano, de acordo com a opinião comum, «a centralização processa-se (...) pela hierarquia, enquanto os processos descentralizadores são a personalidade jurídica e a autonomia» ([1]).

Seria pois ilógico e inconveniente submeter a devolução de poderes ao controlo da hierarquia e não, como sempre se tem feito e entendido, ao da tutela administrativa.

É claro que os poderes tutelares não são exactamente os mesmos quando tenham por objecto os actos ou actividades de entidades independentes, como as autarquias locais, ou de entidades dependentes, como os institutos públicos: o âmbito, a extensão e a intensidade do controlo tutelar variam, obviamente, em função da natureza da pessoa colectiva tutelada e do grau de autonomia que a lei lhe reconhece à partida.

Seja porém como for, o certo é que os institutos públicos, apesar de organismos dependentes, gozam de

---

[1] *Manual*, I, p. 249.

personalidade jurídica e de autonomia administrativa e financeira bastantes para se lhes poder atribuir a qualificação de entidades autónomas e descentralizadas, excluindo portanto qualquer forma de subordinação hierárquica ou quase-hierárquica frente ao Governo.

De onde se segue que, em matéria de devolução de poderes, os recursos administrativos a interpor dos actos dos órgãos dirigentes de uma pessoa colectiva pública – praticados nessa qualidade – são recursos tutelares e não recursos hierárquicos, mesmo impróprios.

B) O problema da hierarquia sobre os presidentes das pessoas colectivas públicas

83. É agora o momento de indagar se os presidentes (em sentido amplo) das pessoas colectivas públicas estão sujeitos a dependência hierárquica ou a meros poderes tutelares por parte dos órgãos competentes para a sua nomeação e exoneração, ou dos respectivos representantes, o que redunda na questão de saber se dos actos administrativos por aqueles praticados cabe para estes recurso hierárquico ou recurso tutelar.

À primeira vista, a solução parece óbvia. Pois não são os presidentes, também eles, órgãos dirigentes de pessoas colectivas autónomas, sujeitas a meros poderes tutelares? Quando dos seus actos haja lugar a recurso para os órgãos de outras pessoas colectivas, incumbidas da tutela administrativa sobre as primeiras, como poderá tal recurso deixar de ser reconduzido à categoria dos recursos tutelares?

As coisas não são, todavia, tão simples como isso.

Conforme procurámos demonstrar noutro trabalho ([1]), coexistem no nosso direito dois sistemas diferentes quanto à natureza da função de presidente de uma pessoa colectiva pública: o da função presidencial simples e o da função presidencial dupla.

De acordo com o primeiro – sistema de *função presidencial simples* – o presidente da pessoa colectiva é apenas um órgão desta, não lhe competindo ser o defensor de outros interesses que não os da entidade a que preside, nem lhe sendo imposto que manifeste outra vontade que não a imputável à pessoa colectiva de que é órgão.

De harmonia com o segundo – sistema de *função presidencial dupla* – o presidente da pessoa colectiva é órgão dessa mesma pessoa colectiva e, simultaneamente, órgão do Estado, cabendo-lhe não apenas actuar como órgão da pessoa colectiva a que pertence, mas também como órgão do Estado e, nesta última qualidade, representar o Governo junto da entidade a que preside e defender nela os interesses gerais da colectividade, consoante a interpretação que deles seja feita pelo Governo e que este lhe transmita.

Não se concretiza hoje em dia do mesmo modo que até 1974, como é evidente, a aplicação de um e outro sistema no direito positivo português – desde logo porque o *presidente da câmara,* tendo voltado a ser eleito pelos munícipes, deixou de ser um órgão do Estado, além de órgão do município, para passar a ser apenas órgão municipal.

([1]) V. Diogo F. do Amaral, *A função presidencial nas pessoas colectivas de direito público*, p. 9-46.

Mas as conclusões a que então chegámos afiguram-se-nos ainda inteiramente válidas no tocante aos institutos públicos estaduais, em qualquer das suas possíveis modalidades: entendemos, por conseguinte, que a função de presidente de um instituto público estadual reveste dupla natureza, o que faz dele ao mesmo tempo um órgão do instituto a que preside e um órgão do Estado e, portanto, obriga a analisar cuidadosamente a sua actividade em concreto para determinar em cada caso, com precisão e segurança, se o presidente actuou numa ou noutra qualidade ([1]).

84. O facto de os presidentes dos institutos públicos estaduais desempenharem esta dupla função e de, consequentemente, actuarem na vida jurídica ora como órgãos da pessoa colectiva a que presidem, ora como órgãos do Estado, tem um assinalável alcance prático.

Assim, e em resumo, as leis especiais aplicáveis unicamente ao desempenho da primeira função não são extensivas à segunda; os direitos e regalias inerentes àquela, ou os deveres e encargos próprios dela, não se comunicam a esta; os actos praticados e os contratos celebrados serão imputados ao instituto público ou ao Estado, conforme a qualidade em que o presidente neles intervier; os danos porventura causados pela actuação funcional do presidente serão fonte de responsabilidade para o instituto

---

[1] Sobre os critérios de diferenciação dos dois tipos de funções presidenciais e de qualificação de actos ou comportamentos numa ou noutra das categorias correspondentes, v. *ob. cit.*, p. 34-37.

público ou para o Estado, e terão de ser indemnizados por conta do património daquele ou deste, conforme tiverem sido causados a terceiros pelo presidente, no exercício das suas funções de órgão do instituto ou de órgão do Estado; enfim, a posição do presidente em relação ao Governo varia também de acordo com a qualidade em que actua ([1]).

Com efeito – e como escrevemos no já mencionado trabalho –, «no primeiro caso, o presidente é um órgão próprio de uma pessoa colectiva autónoma: a sua posição é idêntica à dos demais órgãos dirigentes dessa pessoa colectiva.

«No segundo caso, pelo contrário, o presidente é um órgão do Estado, incumbido de representar o Governo e de, em harmonia com o pensamento governativo, defender junto da pessoa colectiva os interesses gerais: a sua posição é idêntica à dos restantes órgãos do Estado que, subordinados ao Governo, o representam na defesa dos interesses gerais do país.

«Além, o presidente funciona com autonomia – é órgão de uma pessoa colectiva autónoma; aqui, funciona sem autonomia – é um órgão do Estado, dependente do Governo.

«Isto quer dizer, por outras palavras, que enquanto nesta segunda qualidade o presidente está ligado por um vínculo hierárquico ao Governo, na primeira falta a relação hierárquica, apenas se verificando entre os dois

---

([1]) V., para maiores desenvolvimentos, *ob. cit.*, p. 38 e segs.

órgãos das duas pessoas colectivas distintas uma relação de tutela ou de superintendência» ([1-2]).

85. De tudo quanto vimos de expor decorrem importantes consequências para o problema da delimitação de fronteiras entre o recurso tutelar e o recurso hierárquico ([3]).

Com efeito, quando o presidente de um instituto público estadual actua como órgão próprio da entidade a que preside, os actos que pratica são actos de um órgão dirigente de uma pessoa colectiva autónoma: se deles couber recurso administrativo para um órgão do Estado, será um *recurso tutelar*.

Mas quando o presidente actua como órgão do Estado, os actos que pratica são actos de um órgão subalterno integrado numa hierarquia: se deles couber recurso administrativo para outro órgão do Estado, superior do primeiro, será um *recurso hierárquico*.

Escrevemos *se deles couber recurso* porque pode suceder que a lei exclua totalmente os recursos administrativos e admita apenas o recurso contencioso.

A regra, no nosso direito, é de que os presidentes das pessoas colectivas públicas, enquanto órgãos do Estado, são subalternos com competência *reservada*, o que significa que dos seus actos cabe recurso contencioso directo, embora

---

[1] *Ob. cit.*, p. 41-42.

[2] No mesmo estudo, nota 20, p. 32 e 33, fazíamos uma distinção entre *tutela* e *superintendência*, que ainda se nos afigura válida, nos seus termos essenciais: só que, para evitar a confusão terminológica, julgamos hoje preferível manter a noção e o significado tradicional de superintendência, propondo antes para a faculdade de marcar o rumo a seguir pelas entidades dependentes a designação de *poder de orientação*.

[3] V. o nosso estudo, *cit.*, p. 43 e nota 32.

caiba também recurso hierárquico, de carácter facultativo – isto porque a lei, ao estabelecer a impugnabilidade contenciosa desses actos, não a restringe aos actos praticados no exercício das funções de órgão próprio da pessoa colectiva em causa (¹).

Pode, no entanto, a lei conferir aos presidentes, enquanto órgãos do Estado, a qualidade de subalternos com competência *exclusiva*, afastando então todo e qualquer recurso administrativo (²).

IV – RECURSO TUTELAR E RECURSO HIERÁRQUICO

86. No plano conceitual, as semelhanças e diferenças existentes entre as figuras do recurso tutelar e do recurso hierárquico já ficaram apontadas e não carecem de mais desenvolvimentos: ambos são recursos administrativos, mas enquanto este último é interposto perante o superior hierárquico do órgão *a quo*, aquele é um recurso que cabe perante a autoridade tutelar do órgão recorrido.

Do ponto de vista do regime jurídico, a diferença mais saliente entre ambos consiste, como também já sabemos, em que o recurso hierárquico é uma figura de carácter geral, ao passo que o recurso tutelar tem natureza excepcional. Só há lugar ao recurso tutelar, por conse-

---

(¹) Ver o artigo 15.º, n.º 1, da Lei Orgânica do STA.
(²) Era esse o caso dos actos praticados pelo presidente da câmara na sua qualidade de magistrado administrativo: cfr. o artigo 83.º, § 2.º, do Código Administrativo (hoje revogado, nessa parte). V. *supra*, n.º 30.

quência, nos casos em que a lei expressamente o preveja ou nos casos em que ela confira ao órgão tutelar competência revogatória sobre os actos da entidade tutelada.

Enfim, uma outra diferença significativa traduz-se no seguinte. Como é sabido, «os poderes de tutela não se presumem» ([1]): mesmo quando esteja instituída entre duas pessoas colectivas uma relação permanente de tutela administrativa, os poderes compreendidos na competência do órgão tutelar são apenas aqueles que a lei aplicável lhe atribuir – e mais nenhuns.

Daí decorrem, logicamente, dois relevantes corolários: por um lado, se a lei instituir um recurso tutelar, mas nada disser sobre os poderes de decisão do órgão *ad quem*, tem de entender-se que eles englobam apenas o poder de revogação e não também o poder de reforma ou conversão; por outro lado, se a lei atribuir explicitamente uma competência revogatória, deve considerar-se que se trata tão-somente do poder de proceder à revogação pura e simples e não do poder de emanar uma revogação com nova regulamentação material: haverá poder de revogação, mas não poder de subtituição([2]).

([1]) Marcello Caetano, *Manual*, I, p. 232.
([2]) Adiante voltaremos a este ponto: *infra*, n.º 171.

CAPÍTULO III

CLASSIFICAÇÃO DOS RECURSOS HIERÁRQUICOS

§ 1.º

Preliminares

87. Uma vez delimitado o conceito de recurso hierárquico, pelo estabelecimento da respectiva noção e pelo seu confronto com figuras afins, cumpre-nos agora tomar contacto com as mais importantes espécies de recursos hierárquicos, à luz das principais classificações que deles se podem fazer.

Devemos, no entanto, afastar desde já algumas classificações do nosso caminho.

A generalidade da doutrina italiana, por exemplo, distingue os recursos hierárquicos em *próprios* e *impróprios,* como vimos ([1]). Mas, já o dissemos, os recursos hierárquicos impróprios não são para nós verdadeiros recursos hierárquicos, pelo que a distinção não pode ser apresentada como classificação destes.

Também há quem separe, a propósito da nossa figura central, os recursos *administrativos* dos recursos *quase-contenciosos* ([2]). Semelhante classificação, porém, apelando sobretudo para aspectos pertinentes à regulamentação do processo do recurso hierárquico, suscita problemas

---

([1]) *Supra*, n.ºs 64 e segs.
([2]) Henry Puget, *Les recours quasi-contentieux en droit comparé,* na «Revue Internationale de Droit Comparé», 1953, p. 255.

que por enquanto não podemos equacionar e pressupõe conclusões que não devemos antecipar. É matéria que respeita à natureza jurídica do recurso hierárquico, encarada sobretudo numa perspectiva processual, que só abordaremos mais tarde (vol. II).

O mesmo se diga, aliás, da classificação – muito próxima desta – que aparece na doutrina francesa, distinguindo os recursos previstos e regulados em especial por um texto dos recursos não previstos nem regulados em texto algum ([1]).

Há ainda um determinado número de classificações que, inspiradas ou baseadas em noções oriundas do processo civil e do processo penal, podem revestir certo interesse quando adaptadas à matéria do recurso hierárquico: é o caso, por exemplo, da classificação dos recursos em independentes e subordinados ([2]). Mas, tomando como perspectiva aspectos restritos do regime processual dos recursos, a importância que possuem não é suficientemente ampla para justificar que nelas nos detenhamos no presente capítulo.

88. A doutrina espanhola não deixa nunca de referir a classificação dos recursos administrativos em ordinários e extraordinários ou, como pretendem alguns autores, em ordinários, especiais e extraordinários ([3]).

([1]) Auby e Drago, *Traité de contentieux administratif*, tomo I, p. 27. Em sentido análogo, v. Agustin Gordillo, *Procedimiento y recursos administrativos*, p. 171, que distingue entre «recursos reglados» e «recursos no reglados».

([2]) Código de Processo Civil, artigo 682.º.

([3]) González Perez, *Los recursos administrativos*, p. 45; Entrena Cuesta, *Curso de derecho administrativo*, I, p. 610; Garrido Falla, *Tratado*, III, p. 144.

Os termos desta classificação assemelham-se muito, *mutatis mutandis*, aos da que é formulada em processo civil e em processo penal com terminologia idêntica.

Aqui, no plano em que nos movemos, serão recursos ordinários aqueles que a lei admite contra os actos administrativos que não constituam «caso resolvido», isto é, que ainda sejam susceptíveis de revogação e de impugnação contenciosa; serão extraordinários os recursos que a lei autorize contra actos cuja firmeza se tenha já consolidado estavelmente [1-2].

Mas é preciso ter presente que no direito espanhol a categoria dos recursos extraordinários se encontra substancialmente enriquecida pelo facto de a lei consentir em termos genéricos, embora com fundamentos restritos, a *revisão* de todos os actos administrativos firmes que tenham sido viciados por manifesto erro de facto constante dos próprios documentos do processo, ou em relação aos quais apareçam documentos essenciais ignorados ao tempo da resolução, ou sobrevenha sentença declarativa da falsidade de documentos ou testemunhas essenciais, ou que reconheça ter a resolução resultado de prevaricação, suborno, violência ou outra maquinação fraudulenta [3].

---

[1] Sobre a noção de «caso resolvido» no direito português, v. Marcello Caetano, *Manual*, II, p. 1297 e 1344.

[2] Quanto ao direito espanhol, v. a clara distinção de conceitos proposta por Garrido Falla, *Tralado*, III, p. 66, entre actos «definitivos», actos que «causam estado» (isto é, insusceptíveis de recurso administrativo) e actos «firmes» (isto é, completamente intocáveis, quer por serem insusceptíveis de recurso, mesmo contencioso, quer por terem ficado convalidados por ausência de impugnação no prazo legal, quer por haverem sido mantidos por decisão que tenha negado provimento ao recurso).

[3] *Ley de Procedimiento Administrativo*, de 17 de Julho de 1958, art. 127.º

Compreende-se, assim, o relevo concedido no país vizinho ao «recurso de revisão». Nós, porém, não temos disposições semelhantes que nos permitam construir o instituto nos mesmos termos.

É certo que o direito português conhece a chamada *revisão dos processos disciplinares* ([1]), que em nosso modo de ver constitui um meio de impugnação de carácter extraordinário.

Simplesmente, trata-se apenas de um meio restrito aos actos punitivos e não, como em Espanha, de um remédio utilizável contra qualquer espécie de acto administrativo.

Por outro lado, a verdade é que a «revisão» — quer nos moldes genéricos que a lei espanhola de 1958 lhe traçou, quer no limitado âmbito que lhe confere o direito português — nem sequer se pode dizer que constitua sempre uma modalidade de recurso hierárquico: se por vezes assim sucede ([2]), em muitas outras hipóteses o pedido de revisão consistirá pura e simplesmente numa reclamação, porque dirigido ao mesmo órgão que aplicou a pena a rever ([3]).

Tanto basta para que a classificação, a fazer-se, deva ser referida aos meios de impugnação do acto administrativo, em geral, e não ao recurso hierárquico, em especial ([4]).

([1]) Código Administrativo, artigos 613.º e segs.; Estatuto Disciplinar dos Funcionários, artigos 80.º e segs.

([2]) É o que se passa, nomeadamente, na administração central do Estado, nos casos em que a competência disciplinar não pertença ao Ministro ou não seja por ele exercida em virtude de delegação. E era o que se passava quanto à punição de funcionários ultramarinos por autoridade subalterna do Governador da província, pois o pedido de revisão era dirigido ao próprio Governador: artigo 421.º do Estatuto do Funcionalismo Ultramarino.

([3]) É o que acontece, por via de regra, na administração central portuguesa.

([4]) No direito italiano, apesar de existir, como vimos, a figura do «recurso extraordinário ao Presidente da República», nem por isso a doutrina costuma desenvolver *ex professo* a distinção entre recursos ordinários e extraordinários.

89. Restam-nos deste modo, com interesse para o nosso trabalho, duas classificações cuja importância não é sequer necessário encarecer.

Uma atende às relações do recurso hierárquico com o recurso contencioso, no quadro de um dado sistema de garantias jurídico-administrativas: é a classificação tradicional em *recursos hierárquicos necessários* e *recursos hierárquicos facultativos*, mas que, como veremos, não deve ser formulada apenas nestes termos.

A outra assenta no critério dos fundamentos, ou motivos, do recurso hierárquico e conduz à distinção entre *recursos de legalidade, recursos de mérito* e *recursos mistos*.

Vamos examiná-las.

§ 2.º
Classificação dos recursos
quanto às suas relações com o recurso contencioso

I – PRELIMINARES

90. Por muito estranho que à primeira vista possa parecer, a classificação dos recursos hierárquicos em necessários e facultativos é originária e, de algum modo, privativa da doutrina administrativa portuguesa.

Não queremos com isto dizer, evidentemente, que a distinção destas duas espécies fundamentais de recursos hierárquicos não encontre razão de ser noutras ordens jurídicas para além da portuguesa.

Simplesmente, o que acontece é que a doutrina estrangeira mais representativa não se tem dado ao trabalho de formular de maneira expressa a distinção, nem tão-pouco se tem preocupado com as denominações a dar às duas realidades subjacentes.

Contribui por certo para esta situação algo insólita o facto de em países como a França ou a Bélgica os recursos administrativos revestirem, em regra, carácter puramente facultativo, ao mesmo tempo que em países como a Itália, a Alemanha ou a Espanha tais recursos apresentam, em princípio, carácter estritamente necessário.

Seja como for, a classificação dos recursos em necessários e facultativos não a encontramos, *ex professo,* senão na doutrina portuguesa.

Estabeleceu-a esta, sem dúvida, em virtude de exigências próprias do direito nacional, o que aliás lhe não diminui de maneira nenhuma os méritos. Mas, como veremos, trata-se de uma classificação que, por outro lado, oferece a maior utilidade como instrumento de análise no campo do direito comparado, ainda que se torne necessário reformulá-la, para a ampliar. Mas não antecipemos.

II – A CLASSIFICAÇÃO DOS RECURSOS HIERÁRQUICOS EM NECESSÁRIOS E FACULTATIVOS, NA DOUTRINA PORTUGUESA

91. Vale a pena começar por ver como surgiu na nossa doutrina administrativa esta classificação.

Tanto quanto pela nossa parte conseguimos apurar, a distinção dos recursos hierárquicos em necessários e facultativos apareceu entre nós apenas em 1944. Na verdade, quer nos escritos de Magalhães Collaço ([1]), quer nos de Fezas Vital ([2]), não há nenhuma referência a essa terminologia. Tão-pouco a utilizou Marcello Caetano nos seus primeiros escritos ([3]).

([1]) *Contencioso administrativo,* passim.
([2]) *Recurso hierárquico e recurso contencioso,* p. 321 e segs.
([3]) *Manual de Direito Administrativo,* 1.ª edição, 1937. Na *Anotação* ao Acórdão STA-1, de 6-4-34, *caso da Citroen,* in *O Dir.,*66, p. 186-187, Marcello Caetano mostrava já consciência da distinção, mas o certo é que a não formulava, pelo menos nos termos que depois se tornaram comuns.

Se não estamos em erro, a primeira vez que a distinção aparece formulada nos moldes hoje habituais é no *Tratado elementar de Direito Administrativo,* de Marcello Caetano, publicado em 1944.

Aí, com efeito, e a propósito do instituto da revogação, aborda-se a «revogação por meio de recurso hierárquico» e, a dada altura, aponta-se a necessidade de «distinguir duas hipóteses: *a)* a de o subalterno não possuir competência para praticar actos definitivos e executórios directamente impugnáveis por via contenciosa; *b)* a de o subalterno possuir essa competência.

«Na segunda hipótese (...), o recurso hierárquico é *facultativo;* na primeira, que é a mais corrente, o recurso hierárquico torna-se indispensável para que possa vir a usar-se dos meios contenciosos, e neste sentido pode dizer-se *necessário*» ([1-2]).

Não se alteraram muito, entretanto, os termos em que a classificação foi sendo feita e mantida na nossa doutrina.

Trata-se, afinal de contas, de procurar surpreender a posição relativa do recurso hierárquico perante o recurso contencioso, no quadro de um determinado sistema de garantias dos particulares.

Quando o recurso hierárquico é um meio indispensável que o interessado não pode deixar de utilizar se quiser atingir a via contenciosa – o recurso é *necessário*.

([1]) V. o *Tratado elementar*, p. 281.
([2]) A matéria manteve-se nestes precisos termos na 2.ª edição do *Manual* e só adquiriu verdadeira autonomia na 3.ª edição, onde vem incluída, não já no capítulo da revogação do acto administrativo, mas no do processo administrativo gracioso e sob uma rubrica especialmente dedicada ao recurso hierárquico (p. 707 e segs.).

Quando, diferentemente, o recurso contencioso está aberto por forma directa e o recurso hierárquico é um meio dispensável, que o particular utilizará ou não como melhor entender – o recurso é *facultativo*.

Tudo está em saber, ao fim e ao cabo, se o acto impugnado é ou não definitivo.

Como escreve Marcello Caetano, «se o acto não foi praticado por agente de quem possa recorrer-se para os tribunais, o recurso hierárquico visa alcançar a decisão final de outra autoridade de cujos actos, caso persista a ofensa do interesse particular e a convicção da ilegalidade, seja permitido por lei recorrer contenciosamente. Isto é, o recurso hierárquico é *necessário* para se poder transformar o acto do subalterno noutro contenciosamente recorrível.

«Mas se o acto a impugnar é desde logo definitivo e executório, então há possibilidade de recorrer contenciosamente a partir do momento da sua prática e o recurso hierárquico que dele porventura seja interposto é uma simples tentativa de resolução do caso fora dos tribunais, feita enquanto decorre o prazo de impugnação contenciosa e sem prejuízo deste. Diz-se então que se trata de um recurso hierárquico *facultativo*» [1].

---

[1] *Manual*, II, pág. 1241. O trecho citado vem quase *ipsis verbis* da 3.ª edição, p. 708-709.

III – CRÍTICA; TIPOS DE RELAÇÕES ENTRE O RECURSO HIERÁRQUICO E O RECURSO CONTENCIOSO, EM DIREITO COMPARADO

A) Preliminares

92. A classificação tradicionalmente feita entre nós dos recursos hierárquicos em necessários e facultativos afigura-se-nos correcta no essencial, embora incompleta.

É essencialmente correcta a classificação, porque assenta sobre um critério adequado e útil e consegue, assim, retratar com fidelidade aspectos fundamentais do direito positivo.

Mas é uma classificação incompleta, porque partindo de um determinado ponto de vista acaba por não abranger nos seus termos toda a realidade que o ângulo de visão escolhido permite enxergar.

De facto, o prisma por que o nosso tema aparece encarado em tal classificação é o das relações que se estabelecem, no sistema de garantias dos particulares, entre o recurso hierárquico e o recurso contencioso.

E, nesse plano, não há dúvida nenhuma de que, tanto no direito português como nos principais direitos estrangeiros comparáveis, existem recursos hierárquicos necessários, isto é, que são uma via preliminar indispensável de acesso ao recurso contencioso, e recursos hierárquicos facultativos, quer dizer, que podem ser utilizados juntamente com o recurso contencioso, já acessível de per si aos interessados.

Simplesmente, a perspectiva focada comporta outras modalidades de recurso hierárquico, definidas como as primeiras em função da sua posição relativa ante o recurso contencioso: e delas não nos dá conta a aludida classificação.

Merece a pena um breve relance aos direitos estrangeiros com maior interesse para nós, seguido do seu confronto com o direito português.

B) Direito francês

93. Comecemos pela França.

Sob o ponto de vista que nos interessa, importa antes de mais distinguir, de entre os recursos contenciosos, o recurso por *excesso de poder* do recurso de *plena jurisdição*.

Quanto às relações entre o recurso hierárquico e o recurso contencioso por excesso de poder, o aspecto fundamental a reter é o de que no direito francês cabe sempre recurso contencioso contra toda e qualquer decisão ofensiva de um particular («faisant grief») que tenha sido tomada por uma autoridade administrativa.

Não se exige, assim, como condição de interposição do recurso contencioso, que o acto em causa provenha de um órgão colocado no topo da respectiva hierarquia, nem se enumeram, portanto, as autoridades administrativas de cujos actos se pode recorrer directamente para os tribunais.

A regra é de que todo o acto administrativo que contenha uma decisão final e atinja os interesses de um particular é imediatamente susceptível de impugnação contenciosa – mesmo que o seu autor seja um órgão subalterno, elo intermédio de uma hierarquia ([1]).

94. Segue-se, em consequência disto, que o recurso hierárquico em França é, por via de regra, facultativo: não constitui um meio indispensável para alcançar a via contenciosa, directamente aberta quanto aos actos dos subalternos.

O particular pode, se quiser, interpor ou não o recurso hierárquico: em nada ficam porém prejudicadas, em caso negativo, as suas perspectivas contenciosas. Mas, se o interessado decidir interpô-lo, pode fazê-lo quando bem entender e, inclusivamente, depois de expirado o prazo do recurso contencioso ([2]).

A hipótese mais frequente é, no entanto, a de o particular pretender utilizar primeiro a via hierárquica, sem com isso perder a possibilidade de acesso à via contenciosa. É a este respeito que o recurso hierárquico (facultativo) apresenta no direito francês uma particularidade característica, que convém sublinhar desde já.

([1]) A doutrina francesa, pouco dada ao estudo do direito comparado, raramente toma consciência deste aspecto fundamental, a que vimos de aludir no texto. Mas que é essa a realidade do direito administrativo francês é o que resulta da análise da sua exposição pelos autores e, nomeadamente, do facto capital de que em França não há, em regra, recursos hierárquicos necessários: os actos dos subalternos são, pois, susceptíveis de impugnação contenciosa directa. Debalde se procurará, na doutrina francesa, como condição de interposição do recurso contencioso, a exigência de que o acto seja definitivo, no sentido de ter de ser praticado pelo órgão supremo da hierarquia. Tão-pouco se encontrará qualquer enumeração taxativa das autoridades de cujos actos se pode recorrer contenciosamente ou qualquer referência aos actos dos subalternos nas listas dos actos insusceptíveis de recurso contencioso. O que tudo concorre para confirmar a ideia geral exposta no texto. V., por todos, Rivero, *Droit Administratif*, p. 93-96, 168, 206, 214-216 e 236-239.

([2]) Auby e Fromont, *ob. cit.*, p. 219-220; Rivero, *ob. cit.*, p. 206.

É que, verificadas certas condições, se o interessado interpuser o recurso hierárquico dentro do prazo do recurso contencioso, este interrompe-se, apenas voltando a correr, e de novo por inteiro, a partir do momento em que ao particular seja notificada a decisão do superior hierárquico ([1]).

O carácter facultativo do recurso hierárquico constitui, pois, a regra geral do direito francês.

Só excepcionalmente a lei subordina o recurso contencioso à interposição prévia de um recurso administrativo e, ainda assim, este só raras vezes é um recurso hierárquico.

Costuma a doutrina francesa citar, como exemplos, três casos ([2]).

O primeiro é o caso das deliberações dos conselhos municipais, que só podem ser levadas a tribunal depois de impugnadas perante o prefeito. Em hipóteses como esta, o recurso é realmente necessário, mas na nossa terminologia não é hierárquico, é um recurso tutelar.

Outro exemplo de recurso administrativo necessário é o que se verifica quanto às eleições para as comissões paritárias da função pública, que só podem ser contenciosamente impugnadas depois de um recurso interposto para o Ministro competente. Mas este é, segundo o nosso ponto de vista, um recurso hierárquico impróprio, porque a eleição não é acto de um órgão subalterno.

([1]) Rivero, p. 217; Auby e Fromont, p. 221-222.
([2]) V. Auby e Fromont, *ob. cit.*, p. 220.

Por último, são a nosso ver verdadeiros casos de recurso hierárquico necessário os recursos contra certos actos tendentes à liquidação e cobrança de créditos não fiscais, de cuja interposição perante o «trésorier payeur géneral» depende a ulterior impugnação contenciosa ([1]).

95. Quanto às relações entre o recurso hierárquico e o recurso contencioso de plena jurisdição, existe no direito francês uma regra de grande importância, chamada princípio da decisão prévia («décision préalable»), nos termos da qual o recurso de plena jurisdição só pode ser interposto quando sobre o litígio existente a Administração haja praticado um acto administrativo.

Se este acto é praticado pelo órgão competente por sua própria iniciativa, o particular pode passar imediatamente à via contenciosa; se não, tem de obter primeiro um acto administrativo que defina, sob o ponto de vista da Administração, a situação jurídica em causa ([2]).

Ora sucede que, para isso, se torna indispensável muitas vezes utilizar um meio de impugnação de carácter necessário: mas, na maior parte dos casos, esse meio será uma reclamação e não um recurso. Só se o for é que o recurso de plena jurisdição fica, pois, subordinado à interposição de um recurso hierárquico prévio.

([1]) Auby e Fromont, *ibidem*.
([2]) V. Laubadère, *Traité*, I, p. 465-466; e Rivero, *ob. cit.*, p. 214-216.

C) Direito italiano

96. Pelo que toca ao direito italiano, há a considerar as relações do recurso hierárquico com os recursos da competência da *jurisdição administrativa* e com os que pertencem à, *jurisdição ordinária*, cabendo por último referir o *recurso extraordinário ao Presidente da República*.

Dentro do campo dos recursos contenciosos abrangidos na esfera própria dos tribunais administrativos, é sabido que até 1971 havia em Itália dois graus de tribunais administrativos – o *Consiglio di Stato,* órgão supremo com sede em Roma, e as *Giunte Provinciali Amministrative,* uma por cada província ([1]).

Deixando agora de parte estas últimas – a que voltaremos no número seguinte –, importa dizer que em 1971 a competência do *Consiglio di Stato* foi descongestionada mediante a instituição, em cada uma das regiões italianas, de *Tribunali Amministrativi Regionali*, os quais passaram a ser competentes em matérias que até aí pertenciam ao tribunal supremo. Com efeito, a lei sobre os tribunais administrativos regionais ([2]) atribuíu a estes competência para conhecer dos recursos contenciosos interpostos, entre outros, dos actos ou providências emanadas por órgãos periféricos do Estado ou por entes públicos de carácter regional ([3]).

([1]) V., por todos, Zanobini, *Corso*, II, p. 181 e segs., e Guicciardi, *La giustizia amministrativa*, p. 39 e segs.

([2]) Lei n.º 1034, de 6 de Dezembro de 1971 («istituzione dei tribunali amministrativi regionali»). V. sobre esta lei Giovanni Paleologo, *La riforma dei ricorsi amministrativi*; Pietro Virga, *I ricorsi amministrativi*; e Mario Nigro, *Giustizia amministrativa*, p. 93.

([3]) V. o artigo 2.º desta lei.

Qual o significado desta alteração? Para o apreendermos, impõe-se conhecer o regime que vigorava anteriormente.

No tocante aos recursos contenciosos a interpor perante o *Consiglio di Stato,* a lei só os admitia quando tivessem por objecto actos definitivos, isto é, actos administrativos praticados por autoridades legalmente consideradas como qualificadas para proferir a última palavra da Administração.

De modo que, se o acto emanava de um órgão subalterno ao qual a lei conferia competência própria, mas não o poder de tomar decisões definitivas, não era possível o recurso contencioso sem interposição prévia de um recurso administrativo: este era um recurso hierárquico necessário.

Se, diferentemente, o acto emanava de um órgão subalterno que a lei qualificava para a prática de actos definitivos, não apenas era desde logo possível o recurso contencioso, como era este o único meio que o particular podia utilizar: não havia recurso hierárquico facultativo ([1]).

Com a publicação da lei de 1971, dá-se a abertura de um recurso contencioso directo quanto a certos actos administrativos que até aí eram tidos por não definitivos e obrigavam, por isso, a recurso hierárquico necessário – nomeadamente, os actos praticados por órgãos locais do Estado, isto é, órgãos subalternos com competência própria, a qual antes era *separada* e em 1971 passou a ser *reservada*.

([1]) V. Zanobini, *Corso*, II, p. 80-81 e 184 e segs., e Auby e Fromont, *Les recours contre les actes administratifs,* p. 302 e segs. e 312.

Isto significa que em relação a esses actos deixou de ter que utilizar-se o recurso hierárquico necessário como condição de interposição do recurso contencioso.

Ao mesmo tempo, não se tendo excluído a possibilidade do recurso hierárquico facultativo, abriu-se automaticamente uma brecha na quase inexistência de recursos hierárquicos facultativos. A facultatividade do recurso hierárquico, nesses casos, é hoje afirmada e reconhecida pela doutrina ([1-2]).

A doutrina italiana não é ainda pacífica sobre o alcance e o impacto da lei de 1971 no direito administrativo geral: assim, enquanto Virga considera que a regra passou a ser a da impugnabilidade contenciosa directa dos actos administrativos, com o corolário da natureza normalmente facultativa dos recursos hierárquicos ([3]), Sandulli, pelo contrário, entende que, à parte um dado número de casos limitados, a prévia interposição de um recurso administrativo – v.g., recurso hierárquico – continua a constituir, como regra geral, uma condição do recurso contencioso ([4]).

([1]) Virga, *ob. cit.*, p. 32.

([2]) A lei italiana prescreve uma norma especial para a coordenação entre o recurso hierárquico facultativo e o recurso contencioso, que difere bastante do regime português e em parte do francês: interposto o recurso hierárquico, o interessado só pode recorrer contenciosamente depois de tomada a decisão correspondente pelo órgão *ad quem* ou findo o prazo de produção do acto tácito; mas, nesta última hipótese, a impugnação contenciosa terá por objecto o acto primário, que foi sujeito a recurso hierárquico facultativo, e não a decisão do recurso: cfr. Virga, *ob. cit.*, p. 35-36. Este regime aproxima-se, pois, de uma *suspensão* do prazo do recurso contencioso, diferente da *interrupção* existente no direito francês e da pura e simples *irrelevância* do recurso facultativo no direito português.

([3]) *Ob. cit.*, p. 35.

([4]) Sandulli, *I tribunali amministrativi regionali*, Nápoles, 1972, p. 53, citado por Virga, *ob. cit.*, p. 35, nota 22.

O certo é que o próprio Virga reconhece que há vários casos em que a facultatividade do recurso hierárquico não foi introduzida e, entre esses, menciona designadamente todos os «actos de autoridades centrais susceptíveis de recurso hierárquico», isto é, os actos praticados por órgãos subalternos da Administração central – por exemplo, as decisões de um director-geral, ou de qualquer subordinado seu, de que continua a caber recurso hierárquico necessário para o respectivo Ministro ([1]).

Por nós, quer-nos parecer que a lei de 1971 não terá abandonado o princípio geral da restrição do recurso contencioso aos actos definitivos, nem consequentemente terá alterado a indispensabilidade genérica do recurso hierárquico necessário: o que ela fez foi alargar a categoria dos actos definitivos recorríveis, incluindo aí certas espécies que até então se reconduziam à noção oposta de actos não definitivos e irrecorríveis.

Baseamo-nos, para extrair esta conclusão, num outro texto legal, contemporâneo da citada lei – o decreto sobre os recursos administrativos, também de 1971 ([2]) – onde o recurso hierárquico de carácter geral é o que tem por objecto actos não definitivos, ao passo que o recurso contra actos definitivos é apresentado como especial ou mesmo excepcional ([3]).

([1]) *Ob.* cit., p. 35.

([2]) Decreto n.º 1199, de 24 de Novembro de 1971 («semplificazione dei procedimenti in materia di ricorsi amministrativi»). V. sobre este diploma as obras citadas de Virga e de Paleologo.

([3]) No capítulo sobre «ricorso gerarchico», diz o § 1.º do artigo 1.º do mencionado decreto: «Contro gli atti amministrativi non definitivi è ammesso ricorso in unica istanza all'organo sovraordinato, per motivi di legittimità e di merito, da parte di chi vi abbia

97. No tocante aos recursos contenciosos a interpor perante a *Giunta provinciale amministrativa*, vigora a regra da restrição do recurso aos actos definitivos.

De um acto não definitivo só cabe, portanto, recurso hierárquico, de carácter necessário.

Dos actos definitivos praticados por órgãos subalternos, contudo, e diferentemente do que acontece no âmbito do Conselho de Estado, o particular não está limitado à possibilidade de recorrer contenciosamente: pode, se quiser, interpor um recurso hierárquico.

Mas com a particularidade, aliás muito importante, de ter de escolher entre o recurso hierárquico e o recurso contencioso: optando por um, não pode lançar mão do outro. Os dois recursos não são cumuláveis.

A doutrina não nos dá a razão de ser deste regime. Mas podemos adiantar a explicação de que ele se baseia provavelmente na circunstância de aquele órgão ter competência para conhecer não apenas de questões de legalidade, mas também de questões de mérito: a *Giunta Provinciale Amministrativa* está por lei incumbida da chamada «giurisdizione di merito» ([1]).

Daí que, com certa lógica, se tenha estabelecido a fórmula alternativa, obrigando o interessado a escolher entre dois meios de impugnação que, ambos, abrangem ou podem abranger a apreciação da legalidade e do mérito do acto a impugnar.

---

interesse». Porém, quanto aos recursos contra actos definitivos, a redacção do § 2.º do mesmo artigo 1.º é bem diferente: «Contro gli atti amministrativi dei Ministri, di enti pubici o di organi collegiali è ammesso ricorso da parte di chi vi abbia interesse nei casi, nei limiti e con le modalità previsti dalla legge o dagli ordinamenti dei singoli enti». O contraste não pode ser mais patente.

([1]) V. Zanobini, *Corso*, II, p. 181-184 e 215 e segs.

98. Quanto às relações entre o recurso hierárquico e o recurso jurisdicional a interpor nos tribunais comuns, a regra é de que estes últimos não dependem de nenhum recurso administrativo prévio, mas também não excluem a interposição, mesmo simultânea, de um recurso hierárquico.

Em princípio, portanto, há nestes casos recurso hierárquico facultativo.

Excepcionalmente, a lei condiciona o acesso à jurisdição ordinária à interposição prévia de um recurso administrativo. É o que acontece, por exemplo, em matéria de transportes ferroviários, contencioso tributário local, seguros sociais, etc. Se o recurso tiver natureza hierárquica, será pois um recurso hierárquico necessário ([1]).

99. Por último, uma nota singela sobre as relações do recurso extraordinário ao Presidente da República com o recurso contencioso ([2]).

Segundo o direito italiano – e a exemplo do que vimos acontecer no âmbito de competência da *Giunta provinciale amministrativa* – a interposição de um recurso extraordinário ao Presidente da República impede a impugnação contenciosa do acto recorrido, do mesmo passo que a interposição de um recurso contencioso de um dado acto administrativo perante o *Consiglio di Stato* exclui a admissibilidade da sua impugnação perante o Presidente da República.

---

[1] V. Zanobini, *Corso*, II, p. 82-84.
[2] V. Manfredi Bosco, *Natura e fondamento del ricorso straordinario al Presidente della Republica*.

Os dois recursos excluem-se mutuamente e não são nunca cumuláveis ([1]). Isto porque, fazendo parte do processo próprio do recurso extraordinário ao Presidente da República a audiência do *Consiglio di Stato* por duas vezes – primeiro através da secção consultiva competente e, depois, mediante plenário do Conselho ([2]) – e, para mais, sendo o objecto do recurso extraordinário ao Presidente da República restrito ao exame da legalidade do acto impugnado ([3]), tal como o do recurso contencioso ao *Consiglio di Stato*, a lei pretende evitar a repetição dos procedimentos e das decisões ([4]).

D) Direito alemão

100. O primeiro aspecto que importa focar é que a classificação dos recursos em necessários e facultativos é aberta, no direito alemão, dentro dos meios administrativos de impugnação e não apenas dentro dos recursos hierárquicos.

Assim, a grande distinção a fazer separa os meios de impugnação forçosamente utilizados numa fase pré-contenciosa, que constituem um preliminar indispensável do acesso aos tribunais administrativos, e os outros, de tipo clássico, sem conexão necessária com o recurso contencioso e hoje praticamente utilizados apenas para fazer valer argumentos extra-jurídicos.

([1]) V. Zanobini, *ob. cit.*, p. 107-109; e Virga, *ob. cit.*, p. 54-56.
([2]) Cfr. Zanobini, *ob. cit.*, p. 112-113.
([3]) *Ibidem*, p. 103-104.
([4]) *Ibidem*, p. 108.

A efectivação necessária de uma impugnação pré--contenciosa constitui um princípio geral do direito administrativo alemão, quanto a todas as hipóteses em que o particular pretenda atacar contenciosamente um acto administrativo expresso ([1]): são excepcionais os casos em que a lei a afasta.

O fundamento de tal regra é duplo: por um lado, a intenção de evitar em toda a medida do possível os recursos contenciosos; por outro, a vantagem de obrigar as partes, quando o recurso não possa ser evitado, a definir com nitidez o objecto do processo.

Esta impugnação pré-contenciosa generalizada chama-se, segundo a lei relativa aos tribunais administrativos ([2]), oposição *(Widerspruch)* e constitui, conforme os casos, uma reclamação *(Einspruch)* ou um recurso hierárquico ou tutelar *(Beschwerde)*.

Na prática, é quase sempre um recurso hierárquico, pois a autoridade competente para decidir é o superior hierárquico do autor do acto impugnado. Só não é assim quanto aos actos das autoridades superiores da Federação ou dos Estados – caso em que funciona como reclamação

---

([1]) De forma mais precisa: a impugnação administrativa prévia é exigida por lei, quer nos casos em que o particular pretende obter do tribunal a anulação de um acto administrativo *(Anfechtungsklage)*, quer nos casos em que deseja obter a condenação da Administração a emitir um acto administrativo *(Verpflichtungsklage)*, desde que o pedido nesse sentido haja sido explicitamente rejeitado. Ambas as hipóteses ficam cobertas pela fórmula – impugnação contenciosa de um acto expresso. V. Auby e Fromont, *ob. cit.*, p. 43-44. Sobre a distinção entre a *Anfechtungsklage* e a *Verpflichtungsklage*, bem como sobre os demais meios contenciosos no direito administrativo alemão, v. também a mesma obra de Auby e Fromont, p. 64 e segs.; Turegg-Kraus, *Lehrbuch des Verwaltungsrechts*, p. 358-364 e Diogo F. do Amaral, *A execução das sentenças dos tribunais administrativos*, p. 384-385.

([2]) É a *Verwaltungsgerichtsordnung*, de 21 de Janeiro de 1960.

– e quanto aos actos dos órgãos dirigentes das pessoas colectivas públicas autónomas – caso em que funciona como reclamação ou, quando a lei assim o determine, como recurso tutelar.

Enfim, a regra geral que descrevemos sofre algumas restrições no tocante aos recursos da competência dos tribunais administrativos.

Pelo contrário, quanto às questões da competência dos tribunais ordinários, o princípio é o da desnecessidade de impugnação pré-contenciosa. Há no entanto excepções, a mais importante das quais é a relativa às decisões em matéria de construção urbana.

Em conclusão, poderemos afirmar que, do ponto de vista que ora nos interessa, o direito alemão exige por via de regra o recurso hierárquico necessário relativamente a todos os actos praticados por órgãos subalternos. Mas ainda que estes sejam porventura admitidos a praticar actos definitivos, no sentido de actos directamente impugnáveis perante os tribunais, mesmo assim o recurso contencioso continuará a ser condicionado pela necessidade de uma reclamação prévia ([1]).

E) Direito português

101. Uma vez examinados os direitos estrangeiros de maior interesse para nós, digamos agora uma palavra, segundo um esquema semelhante, sobre o que se passa no direito português.

([1]) V., por todos, Auby e Fromont, *ob. cit.*, p. 41 e segs.; e Forsthoff, *Tratado de Derecho Administrativo*, p. 702 e segs.

A distinção básica é, a este propósito, a que separa os actos administrativos em definitivos e não definitivos.

São actos definitivos as resoluções finais que definem a situação jurídica da Administração ou dos particulares: só estas são contenciosamente impugnáveis.

A lei enumera por forma taxativa as espécies de autoridades que podem praticar actos definitivos. Todas as outras autoridades administrativas, não incluídas no elenco daquelas cujos actos são contenciosamente recorríveis, praticam apenas actos não definitivos — a menos que uma lei especial disponha de outro modo.

Daqui deriva que em relação a todos os actos dessas outras autoridades, que não são definitivos, o recurso contencioso é impossível antes que o superior hierárquico competente se pronuncie através de um acto definitivo, para cuja obtenção é, pois, indispensável interpor um recurso hierárquico necessário.

Se o acto em causa, embora praticado por um órgão subalterno, é um acto definitivo e portanto contenciosamente recorrível, a lei permite de uma forma geral que seja interposto recurso hierárquico, de carácter facultativo, contra o mesmo acto.

Nesta hipótese, porém, há duas particularidades a acentuar.

A primeira consiste em que, no direito português, o recurso hierárquico e o recurso contencioso, se bem que cumuláveis, são inteiramente independentes: trata-se de duas garantias distintas, totalmente estranhas uma à outra.

Daí que a interposição de recurso hierárquico facultativo não interrompa nem suspenda o prazo do recurso contencioso. O particular precisa, assim, de interpor o recurso contencioso no prazo próprio deste, pois se o não fizer já não terá acesso ao tribunal, mesmo que não venha a obter decisão favorável do superior hierárquico.

A segunda particularidade traduz-se em que, nos casos de interposição cumulativa de recurso hierárquico e de recurso contencioso do mesmo acto, a lei reserva ao tribunal o exame da legalidade do acto recorrido e ao superior hierárquico apenas permite a apreciação da sua justiça e conveniência (art. 21.º da Lei Orgânica do STA) ([1]).

IV – CONCLUSÕES: REFORMULAÇÃO DA CLASSIFICAÇÃO TRADICIONAL

102. Finda a breve análise de direito comparado que considerámos útil empreender, chegou o momento de extrair dela as conclusões que comporta quanto ao problema que nos ocupa.

Recordemos o que está essencialmente em causa – a classificação dos recursos hierárquicos em função do lugar que podem ocupar num dado sistema de garantias dos particulares.

A indagação anterior permite concluir, em nosso entender, que o critério escolhido deve levar à classificação dos recursos hierárquicos em quatro modalidades fundamentais – e não em duas, como é habitual –, por serem quatro também os tipos de relações possíveis, sob o ângulo

---

([1]) Cfr. Marcello Caetano, *Manual,* II, p. 1241-1247.

que aqui interessa, entre o recurso hierárquico e o recurso contencioso.

Estas relações pertencem, na verdade, a um de quatro tipos: condição, cúmulo, opção e exclusão. Correspondentemente, os recursos hierárquicos devem ser agrupados em quatro espécies: necessário, facultativo, alternativo e exclusivo.

Diremos a seguir alguma coisa sobre cada uma das categorias.

103. Primeiro tipo de relações: a *condição*.

É o caso do recurso hierárquico *necessário:* a interposição do recurso hierárquico condiciona a interposição do recurso contencioso.

O condicionamento do recurso contencioso pelo recurso hierárquico reveste, pelo menos, dois aspectos que podemos indicar desde já.

Primeiro, se o recurso hierárquico não é interposto, o recurso contencioso é rejeitado, por falta de um pressuposto relativo ao seu objecto – o carácter definitivo do acto recorrido.

Segundo, se o recurso hierárquico é interposto fora do prazo que a lei para ele estabelece, o recurso contencioso é rejeitado, por falta de um pressuposto relativo à sua oportunidade – o recurso é considerado extemporâneo ([1-2]).

([1]) Claro que, em bom rigor, se o recurso hierárquico necessário for interposto fora de prazo, o acto do subalterno adquire força de «caso resolvido», torna-se definitivo e, nesta medida, a decisão que negar provimento ao recurso é um acto meramente confirmativo de acto definitivo anterior, pelo que não possui, ela, carácter definitivo: o recurso contencioso

Todos os países conhecem casos de recurso hierárquico necessário: mas enquanto no direito francês esses casos são excepcionais, pelo menos no tocante ao domínio do recurso por «excesso de poder», nos direitos alemão e português – e por certo também no italiano – constituem a regra geral, no sentido de que os actos administrativos praticados pelos subalternos não são em princípio definitivos.

Note-se todavia que na Itália a necessidade de uma impugnação administrativa prévia abrange apenas, em regra, o recurso hierárquico, ao passo que na Alemanha, em Portugal e na França – aqui, quanto ao domínio dos recursos de plena jurisdição – abrange também, além daquele, a própria reclamação.

Em qualquer caso, nas hipóteses gerais ou excepcionais em que a lei o impõe, o recurso hierárquico necessário funciona sempre como recurso *pré-contencioso,* preliminar indispensável do acesso aos tribunais. Por isso já se lhe tem chamado «a antecâmara do recurso contencioso» ou «o bilhete de ingresso» nos tribunais administrativos ([1]).

---

poderia, pois, ser também rejeitado (como na primeira hipótese do texto) por falta de um pressuposto relativo ao objecto – o carácter definitivo do acto recorrido. Simplesmente, e pelo menos em Portugal, o § 3.º do artigo 52.º do Regulamento do STA manda, nesses casos, rejeitar o recurso contencioso por extemporaneidade. V., a propósito, o Ac. do STA-P, de 2-6-77, *Cerâmica de S. Paulo, Ld.ª*, in «*Rev. Ord. Adv.*», 38, 1978, p. 309 e segs., e em especial p. 316. (Tem anotação de Robin de Andrade, pp. 317-323).

([2]) Não é esta a solução do direito alemão. Aí, com efeito, se o órgão *ad quem* aceitar examinar quanto ao fundo um recurso hierárquico interposto fora de prazo, perde o direito de invocar mais tarde a extemporaneidade; e, se a sua decisão for desfavorável ao interessado, este pode impugná-la contenciosamente. Cfr. Auby e Fromont, *ob. cit.*, p. 46 e nota (2).

([1]) Guarino, citado por Vittorio Bachelet, *I ricorsi ammistrativi nel sistema della giustizia amministrativa*, p. 275.

104. Segundo tipo de relações: o *cúmulo*.

É o caso do recurso hierárquico *facultativo*: sendo desde logo possível a interposição do recurso contencioso, a lei permite ao interessado que cumulativamente utilize o recurso hierárquico contra o mesmo acto.

Logicamente, ao invés do que sucede com o recurso hierárquico necessário, o recurso facultativo corresponde à regra geral no direito administrativo francês, em matéria de recursos por excesso de poder. Constitui, porém, excepção no mesmo direito, quanto aos recursos de plena jurisdição, e bem assim na Alemanha, em Portugal, e por certo também na Itália, na medida em que nestes países só excepcionalmente são reputados definitivos os actos dos subalternos.

Nos casos em que de um certo acto caiba recurso hierárquico facultativo, cumulável portanto com o recurso contencioso, o particular pode escolher, entre as duas vias, a que mais lhe convém percorrer. E pode sobretudo combiná-las de acordo com o estabelecido em cada país – quer recorrendo primeiro ao superior hierárquico e depois ao tribunal, quer dirigindo-se a ambos ao mesmo tempo, quer recorrendo ao superior apenas no caso de ficar vencido na sentença.

Conforme a vontade do interessado, o recurso hierárquico facultativo pode assim funcionar, relativamente ao recurso contencioso, como recurso *prévio*, como recurso *simultâneo*, ou como recurso *posterior* ([1]).

([1]) Silva Lopes, *Do recurso hierárquico*, p. 55 e segs., considera o recurso *simultâneo* como modalidade autónoma, insusceptível de ser enquadrada quer na noção de recurso necessário, quer na de facultativo. Pensamos, porém, que não tem razão: à luz do critério utilizado, trata-se manifestamente de um recurso hierárquico facultativo.

Nas duas primeiras hipóteses, o problema mais importante que se põe é o de saber se a interposição do recurso hierárquico assume ou não qualquer relevância quanto ao prazo da interposição do recurso contencioso.

Não é este o momento de analisar directamente a matéria dos prazos do recurso hierárquico, mas dado o seu significado de conjunto na questão que ora nos ocupa, far-lhe-emos uma breve referência para frisar o contraste entre os vários direitos nacionais.

Assim, enquanto em França a interposição de um recurso hierárquico facultativo, quando efectuada dentro do prazo do recurso contencioso, é tida como causa de *interrupção* deste último e em Itália como causa de *suspensão* do mesmo prazo, na Alemanha e em Portugal tem vigorado o entendimento oposto, considerando-se que o recurso hierárquico facultativo *não interrompe nem suspende* o prazo do recurso contencioso, o que obriga o interessado à interposição do recurso contencioso dentro do prazo que normalmente lhe corresponde ([1-2-3]).

Quer dizer: o recurso hierárquico facultativo aparece nos direitos francês e italiano como um recurso que *voluntariamente* pode revestir carácter *pré-contencioso:* mas já nos

---

([1]) V. Auby e Fromont, *ob. cit.*, p. 41-42.

([2]) V. Marcello Caetano, *Manual*, II, p. 1246 e nota (2), onde se dá conta de um acórdão do STA, que ficou isolado, sustentando um caso no direito português de recurso hierárquico facultativo pré-contencioso.

([3]) Perfilhando a orientação francesa, o projecto de Código de Processo Administrativo Gracioso estabelece, a nosso ver bem, mas contra a solução actualmente em vigor entre nós, que «a interposição do recurso hierárquico facultativo interrompe o prazo estabelecido para o recurso contencioso, salvo se tiver havido reclamação» (art. 257.º, n.º 2). O fundamento desta ressalva é o disposto no artigo 253.º, n.º 1, que determina que a reclamação interrompe o prazo do recurso contencioso.

direitos alemão e português surge antes como um recurso que *legalmente* reveste sempre carácter *extra-contencioso*.

105. Terceiro tipo de relações: *a opção*.

É o caso do que designaremos por recurso hierárquico *alternativo:* diante de um acto praticado por um órgão subalterno, a lei confere ao particular o direito de escolher entre o recurso hierárquico e o recurso contencioso, mas em termos de a opção por um deles excluir em absoluto a utilização do outro.

Este último aspecto é essencial na presente modalidade. Porque a simples escolha entre o remédio administrativo e o contencioso também existe no recurso hierárquico facultativo. Mas aí a opção deixa abertas as portas às demais soluções e aqui não: exclui-as. *Electa una via, non datur recursus ad alteram.*

O interessado precisa, por isso, de ter uma ideia muito clara das vantagens que procura obter e dos fundamentos que se encontra em posição de invocar em apoio da sua impugnação – e, então, escolher.

Esta espécie de recurso hierárquico é bastante rara: só a encontrámos no direito italiano, quer quanto aos actos de que cabe recurso contencioso para a *Giunta Provinciale Amministrativa,* quer quanto aos actos definitivos susceptíveis de recurso extraordinário ao Presidente da República.

A razão pela qual se estabelece na lei um tipo de recurso alternativo como este já a conhecemos: prende-se com o paralelismo que concretamente se reconhece existir entre espécies de recursos referentes ao mesmo acto e, daí, com a necessidade de evitar duplicações escusadas.

Zanobini vai mesmo ao ponto de invocar, a este propósito – ainda que, a nosso ver, sem rigor – o princípio *ne bis in idem* ([1]).

Na prática, o recurso alternativo acaba por se assemelhar, embora por força da vontade do interessado, quer às hipóteses em que do acto de um subalterno cabe apenas recurso contencioso, quer àquelas em que de um acto desses cabe tão-só recurso hierárquico.

106. Quarto e último tipo de relações: a *exclusão*.

É o caso do que denominaremos recurso hierárquico *exclusivo:* o recurso hierárquico é, aqui, o único meio jurídico de impugnação do acto do subalterno ([2]).

Trata-se da modalidade que historicamente precedeu todas as demais, pois durante séculos as garantias contenciosas dos particulares eram de todo desconhecidas ou só existiam em casos bem delimitados e raros.

Com o tempo, o recurso contencioso foi conquistando direito de cidade na legislação administrativa, quase sempre através da progressiva jurisdicionalização do recurso hierárquico. Mas nem por isso desapareceram por completo, nos diversos países, os recursos hierárquicos exclusivos. E isto, por duas ordens de razões muito diferentes.

A primeira traduz-se no direito que os legisladores sempre se arrogaram de excluir por forma expressa a

---

([1]) *Corso,* II, p. 108.

([2]) Refere-se a esta modalidade, sob a designação de recurso hierárquico *independente* ou *autónomo,* Silva Lopes, *Do recurso hierárquico,* p. 61-62, que no entanto inclui nela apenas os casos resultantes de irrecorribilidade contenciosa de actos definitivos e executórios.

possibilidade de recurso quanto a certos e determinados actos. E se quanto a alguns era a irrecorribilidade *total* que se decretava, em relação a outros apenas se impunha a irrecorribilidade *contenciosa,* autorizando-se portanto o recurso hierárquico, de carácter exclusivo.

Semelhante categoria tem vindo sucessivamente a desaparecer, em virtude das sucessivas conquistas do Estado de Direito. E já desapareceu de vez em Portugal ([1]).

O que não significa que não continue a existir noutros países. Nem tão-pouco que não possa subsistir no nosso, quanto aos recursos hierárquicos unicamente destinados à apreciação do mérito de actos praticados no exercício de poderes discricionários: sob este aspecto e nesta medida, aí onde a lei não aceitar o sistema da «jurisdição de mérito», os recursos hierárquicos serão sempre fatalmente recursos exclusivos.

Mas a categoria do recurso hierárquico exclusivo existe ainda, nomeadamente no nosso país, por força de outra ordem de considerações.

Realmente, o recurso contencioso só está constitucionalmente garantido em relação aos actos administrativos definitivos e executórios: dos actos não definitivos e dos actos não executórios não cabe, em regra, recurso para os tribunais.

Já tivemos ocasião de mostrar atrás que de um acto não definitivo cabe recurso hierárquico necessário, com o

---

([1]) V. o artigo 269.º, n.º 2, da Constituição de 1976, que neste ponto manteve o espírito, senão a letra, do artigo 8.º, n.º 21.º, da Constituição de 1933, introduzido na revisão de 1971.

fim de se obter um acto definitivo de uma autoridade de cujos actos caiba recurso contencioso.

Simplesmente, em determinadas hipóteses, podem ser praticados por órgãos subalternos actos não definitivos dos quais possa interpor-se recurso hierárquico sem que, com isso, seja viável obter da autoridade *ad quem* um acto contenciosamente recorrível.

Por outras palavras, o recurso hierárquico será admissível, mas a decisão que lhe vier a ser dada não será nunca um acto definitivo e, por conseguinte, não permitirá o acesso à via contenciosa.

É o que se passa, por exemplo, com os actos preparatórios ou com os actos de execução.

De um acto preparatório, que é um acto não definitivo, não cabe obviamente recurso contencioso. Este só é possível contra o acto que vier a pôr termo ao processo gracioso: nele se poderá, por exemplo, alegar vício de forma pela preterição de formalidades essenciais do processo, verificada no acto preparatório.

Mas do acto preparatório em si, se tiver sido praticado por um órgão subalterno, cabe recurso hierárquico. Só que este não pode qualificar-se como necessário, pois da decisão que o superior vier a proferir não pode em nenhum caso interpor-se recurso contencioso: a ilegalidade dos actos preparatórios não pode ser apreciada pelos tribunais senão a propósito da validade dos actos que puserem termo ao respectivo processo gracioso e, portanto, através da impugnação do acto final.

O mesmo se passa com o recurso hierárquico interposto dos actos de execução praticados por órgãos subalternos: tal interposição não abre a via contenciosa, porque o acesso a esta tem de ser canalizado mediante a impugnação do acto definitivo executado, não servindo para o efeito o recurso do acto de execução.

O artigo 83.º, § 1.º, do Código Administrativo – concebido para um caso de recurso hierárquico impróprio, mas invocável aqui por analogia – mostra bem a autonomia do recurso administrativo do acto de execução relativamente ao recurso contencioso, acentuando do mesmo passo com clareza que este último tem por objecto o acto definitivo executado e não o acto de execução ou a eventual decisão que o confirmar.

Isto, assim, pelo que toca aos recursos hierárquicos que tenham por objecto actos não definitivos. O mesmo se poderia dizer, *mutatis mutandis*, dos que tenham por objecto actos não executóxios.

Em todos estes casos, portanto, o recurso hierárquico, sendo admissível, não é necessário porque não abre a via contenciosa, nem é facultativo porque a não pressupõe aberta – é, sim, um recurso exclusivo, pois destina-se a impugnar actos insusceptíveis de recurso contencioso.

107. A classificação dos recursos hierárquicos quanto às suas relações com o recurso contencioso tem assim de ser ampliada, sem alteração do critério tradicional, de modo a incluir, além dos recursos necessários e facultativos, os recursos alternativos e os recursos exclusivos.

Isto não quer dizer, no entanto, que as duas primeiras modalidades não sejam de longe as mais importantes, designadamente no nosso país.

Com efeito, os recursos alternativos são uma figura própria do direito italiano, que entre nós não é conhecida. E os recursos exclusivos têm, por força da Constituição, um campo de aplicação consideravelmente limitado.

Não se estranhará, por isso, que no decurso do presente trabalho tenhamos de acabar por lidar, sobretudo, com recursos hierárquicos necessários e facultativos.

§ 3.º
Classificação dos recursos quanto aos seus fundamentos

I – OS TERMOS DA DISTINÇÃO

108. Segundo o critério dos fundamentos invocáveis pelo recorrente, os recursos hierárquicos classificam-se em recursos *de legalidade*, recursos *de mérito* e recursos *mistos*.

Consideramos recursos de legalidade aqueles em que é possível invocar, como *causa petendi*, a ilegalidade do acto recorrido e cujo objecto se traduz, portanto, no exame de questões de legalidade.

Entendemos por recursos de mérito os recursos em que a *causa petendi* não é a ilegalidade, mas o demérito do acto recorrido, apurado em função de valores que nada têm a ver com a pura conformidade do acto com as normas jurídicas que o regulam, a saber – a justiça, a equidade, a moralidade, a oportunidade, a conveniência, a utilidade, etc.

Designamos, enfim, por recursos mistos aqueles em que ao recorrente é possível invocar, como *causa petendi*, motivos de legalidade e motivos de mérito, em simultâneo.

Cabe agora dizer alguma coisa sobre cada um dos termos desta classificação, a fim de melhor lhe determinarmos o sentido e o alcance.

II – RECURSOS DE LEGALIDADE

109. Não é difícil compreender sem grandes explicações a figura do recurso hierárquico de legalidade, recortada para este efeito de modo semelhante à do recurso contencioso de anulação – também ele, como é sabido, um puro recurso de legalidade.

Assim, o recorrente pode invocar como fundamento do seu recurso um ou mais vícios do acto administrativo – ilegalidades que o afectem por inobservância das normas jurídicas com as quais devia conformar-se –, vícios esses apurados segundo os cânones da teoria geral do acto administrativo, incluindo portanto toda a ofensa a qualquer espécie de normas externas ou a princípios gerais de direito.

Assim, também, poderá o recorrente invocar – sejam quais forem a configuração e o enquadramento que se lhes devam dar ou os limites que se lhes devam traçar – os vícios na formação da vontade e as divergências entre a vontade real e a vontade declarada, que inquinem o acto recorrido.

Não se pense sequer que no recurso de legalidade, tal como o direito administrativo o concebe, se podem discutir apenas questões de direito, com exclusão do conhecimento da matéria de facto pertinente à decisão da causa.

O recurso de legalidade não é necessariamente um «recurso de revista», cingido à mera interpretação e aplicação de normas jurídicas: é sim um recurso em que as questões de facto podem ser apreciadas, embora tão-somente para permitir determinar se houve ou não uma ofensa da lei, e nunca para fiscalizar a substância do exercício dos poderes discricionários da Administração. O bom ou mau uso destes, como veremos a seguir, só num recurso de mérito pode ser controlado.

Recorde-se entretanto que o respeito pelos limites jurídicos da discricionariedade, bem como pela vinculação ao fim legal que sempre a delimita, entra ainda no campo privativo do recurso de legalidade.

Claro está que a extensão do controlo da legalidade, *qua tale,* depende em cada caso e em cada país do que dispuser a lei. Pode naturalmente haver casos em que, ao arrepio das regras gerais vigentes em dada ordem jurídica, aquela extensão seja maior ou menor do que a normal.

E a normalidade não é necessariamente a mesma aquém ou além Pirinéus: o conhecimento da *manifesta injustiça* de um acto administrativo, que na Itália se contém ainda nas fronteiras do recurso de legalidade ([1]), já pertence entre nós ao domínio característico do recurso de mérito.

([1]) Zanobini, *Corso*, II, p. 204.

III – RECURSOS DE MÉRITO

110. A palavra *mérito* tem, como se sabe, um significado especial na ciência do direito administrativo, bem diferente daquele com que aparece por exemplo no direito processual civil.

Na nossa disciplina o *mérito* contrapõe-se à *legalidade* e significa, em resumo, a conformidade do acto administrativo a todo um conjunto de valores não consubstanciados em normas jurídicas, mas sem cujo respeito ou observância o acto administrativo não pode considerar-se imaculado à luz dos interesses públicos confiados à Administração.

Assim, o mérito exprime a adequação do acto aos fins que deve prosseguir, dentro dos princípios que lhe cabe respeitar. A doutrina vê, pois, incluídas na noção sintética de mérito do acto administrativo as seguintes qualificações, normalmente usadas em sinonímia: oportunidade, utilidade, conveniência, equidade, justiça, moralidade, etc. ([1]).

Um recurso de mérito será, nesta ordem de ideias, um recurso hierárquico em que o recorrente não impugna o acto recorrido com base numa ilegalidade deste, mas antes fundado em que tal acto é, perante o interesse geral, inoportuno, ou inútil, ou inconveniente, ou iníquo, ou injusto, ou imoral, etc.

([1]) V., por todos, Zanobini, *Corso di Diritto Amministrativo*, I, p. 190, e II, p. 216; em Portugal, Rogério E. Soares, *Interesse público, legalidade e mérito*, p. 207.

Impõe-se no entanto esclarecer que, por nossa parte, não aceitamos de modo nenhum que todas estas expressões, tidas em regra por equivalentes, o sejam na realidade.

Assim, quanto a nós, a *moralidade* não pertence ao mérito do acto administrativo, senão na medida em que determine a sua inconveniência ou a sua injustiça: fora disso, ou é causa de ilegalidade ou é irrelevante.

A inoportunidade e a *inutilidade* são meros factores de inconveniência.

E pelo que toca à *iniquidade,* pode muito bem ser incluída na injustiça, com a vantagem de tornar claro que o juízo de mérito em direito administrativo não se assemelha ao juízo de equidade em processo civil, pois não dispensa o seu autor de respeitar a legalidade estrita e obriga-o a mover-se dentro dos limites que aquela impuser ao seu poder discricionário ([1]).

Resulta do exposto que, em nossa opinião, o conceito de mérito engloba unicamente duas noções – a *justiça* e a *conveniência* – que, juntamente com a *legalidade,* exprimem por forma cabal os valores a que o acto administrativo tem de prestar vassalagem. São estes, aliás, os termos utilizados com propriedade na feliz redacção do artigo 21.º da Lei Orgânica do Supremo Tribunal Administrativo ([2]).

A justiça do acto é a adequação dele à necessária harmonia entre o interesse público específico a prosseguir

---

[1] Zanobini, *Corso,* II, p. 218.

[2] «Sempre que a lei permita que de um mesmo acto seja interposto recurso para o Supremo Tribunal Administrativo e para outra entidade, entender-se-á que ao Tribunal é reservado, em exclusivo, o conhecimento da *legalidade* do acto recorrido, ficando para a outra entidade apenas a apreciação da sua *justiça e conveniência.*»

e os direitos ou interesses legítimos dos particulares eventualmente afectados por essa prossecução.

A *conveniência,* por seu turno, é a adequação do acto ao interesse público específico que justifica a sua prática ou à necessária harmonia entre esse interesse e os demais interesses públicos eventualmente afectados.

111. Que nos recursos de mérito seja possível aos particulares alegar a injustiça do acto recorrido, como fundamento da sua impugnação, é algo que se compreende bem, desde que se reconheça o princípio segundo o qual os poderes discricionários da Administração devem ser usados pela forma mais útil ao interesse público e menos gravosa para os interesses privados ([1]).

Como diz Marcello Caetano, «o acto pode na verdade ser legal, correspondendo ao exercício de um poder discricionário, e, todavia, por deficiência de informação ou erro de apreciação de quem o praticou, conter injusto e desnecessário agravo a legítimos interesses particulares. Se dentro da lei é possível alcançar o objectivo de interesse público sem lesar esses interesses legítimos, nada impede que se substitua a primeira resolução por outra de maior equidade» ([2]).

Nós diríamos mesmo que não só nada impede, como tudo impõe tal solução: o superior hierárquico não é apenas responsável pela adopção de critérios de boa administração por parte dos seus subalternos, mas

---

([1]) Zanobini, *Corso*, II, p. 221; Guicciardi, *La giustizia amministrativa*, p. 27.
([2]) *Manual*, II, p. 1240-1241.

também pela garantia do tratamento justo dado aos particulares. Assim o determina, de resto, a própria Constituição, no artigo 267.º, n.ºs 1 e 2.

É isso que frequentemente se passa nos processos disciplinares e, em geral, nos processos sancionadores: o interessado, não podendo alegar, por hipótese, qualquer ilegalidade na impugnação do acto que o puniu, apela para o superior hierárquico para que este reveja a primeira resolução de modo a torná-la mais justa.

A importância prática de que se reveste em tais hipóteses o recurso de mérito é enorme, porquanto se trata por definição de ventilar aspectos subtraídos à competência dos tribunais administrativos, mas nem por isso menos graves para o particular atingido.

112. Convém sublinhar, todavia, que nem sempre o recurso de mérito fundado na injustiça do acto recorrido se amolda ao figurino acabado de desenhar. Por vezes, com efeito, o que está em causa não é a impugnação imediata do exercício injusto de um poder discricionário, mas antes a atenuação tardia dos sacrifícios resultantes de ilegalidades sanadas: é o que se dá, precisamente, com o instituto da *revisão*.

Considerando apenas, aqui e agora, o caso de a revisão ser pedida através de um recurso hierárquico, há quem entenda que nestes casos se trata ainda e sempre de recursos de legalidade, interpostos com fundamento em erro de facto [1]. Mas quanto a nós sem razão, em virtude do

---

[1] A. Gonçalves Pereira, *Erro e ilegalidade no acto administrativo*, p. 72.

princípio da sanação dos actos ilegais pelo decurso do tempo: quando se requer a revisão já o acto inicial se convalidou, desaparecendo a ilegalidade que o afectara ([1]).

Daí que a impugnação desse acto administrativo – que, se fosse possível nos prazos normais, teria sido um recurso ordinário, de legalidade, fundado em erro de facto – seja agora, no quadro da revisão, um recurso extraordinário, de mérito, fundado em injustiça.

113. É distinta do recurso fundado em injustiça a hipótese do recurso hierárquico de mérito, fundado na inconveniência do acto recorrido.

Como dissemos, a conveniência de um acto administrativo, entendida como parcela ou aspecto do seu mérito, é a adequação desse acto ao interesse público específico que determina a sua prática ou à necessária harmonia entre esse interesse e os demais interesses públicos eventualmente afectados pelo acto.

Quer dizer, portanto, que um dado acto administrativo é inconveniente, *hoc sensu,* quando não é o mais adequado, no caso a que respeita, aos interesses públicos que devam ser tidos em conta.

Ora o que se pergunta é se será ou não possível a um particular interpor um recurso hierárquico destinado a impugnar um acto nessas condições, com fundamento em que o acto não é conveniente, ou não é o mais conveniente – e pedindo por isso a sua eliminação ou a substituição por outro mais conforme ao interesse público.

([1]) Marcello Caetano, *Manual*, II, p. 851-852; Robin de Andrade, *A revogação*, p. 355-358.

À primeira vista parece que sim: pois não é tradicional no nosso direito a admissibilidade dos recursos hierárquicos de mérito? Não é o superior hierárquico, em principio, o supremo «juiz» da conveniência dos actos praticados pelos seus subalternos? E não temos nós, para mais, no texto do artigo 21.º da Lei Orgânica do Supremo Tribunal Administrativo, uma disposição expressa a permitir às autoridades administrativas o conhecimento da conveniência dos actos recorridos?

Tudo isto é verdade, de facto, mas a argumentação enunciada esbarra com um obstáculo intransponível – o requisito da legitimidade do recorrente.

114. O direito comparado revela-nos três tipos de soluções quanto ao problema da legitimidade no recurso hierárquico ([1]).

O primeiro é o da França: nenhuma forma de interesse é, em geral, exigida como condição de interposição do recurso ([2]).

O segundo é o da ltália: a impugnação hierárquica só pode ser feita, em princípio, por quem possuir um interesse pessoal no provimento do recurso; esse interesse deve ser directo e actual ([3]).

O terceiro é o da Alemanha: o recurso hierárquico tem como pressuposto, por via de regra, a titularidade de um direito subjectivo público ([4]).

---

[1] Auby e Fromont, *Les recours contre les actes administratifs*, p. 45, 217, 303, e 452 e segs.
[2] *Ibidem*, p. 217.
[3] Zanobini, *Corso*, II, p. 63-65.
[4] Wolff, *Verwaltungsrecht*, III, p. 296.

No nosso país, nenhuma disposição genérica regula a questão da legitimidade dos recorrentes no recurso hierárquico e não conhecemos jurisprudência que sobre o assunto se tenha pronunciado. Quanto à doutrina, entende Marcello Caetano que é de exigir o interesse no provimento do recurso e, consequentemente, que o recurso hierárquico não pode ser admitido, não só na hipótese de falta de interesse originária, mas também na de aceitação, expressa ou tácita, do acto em causa ([1]).

Por nossa parte, concordamos com este entendimento.

A solução alemã, embora mais ampla na prática do que a sua formulação deixa entrever, é apesar de tudo demasiado restritiva e, decorrendo de uma concepção subjectivista da estrutura do processo contencioso reflectida no próprio recurso hierárquico, que não coincide com a portuguesa, não se nos afigura susceptível de importação para a nossa ordem jurídica.

A solução do direito francês, por seu turno, a admitir que a jurisprudência a perfilhe nos termos em que a doutrina a descreve, além de ser assaz inconveniente por razões óbvias, também nos parece inadaptável ao direito português. Porque entre nós o recurso hierárquico não é uma petição, nem tem o valor de uma simples denúncia: é o exercício de um direito que impõe à Administração a obrigação de decidir.

Compreende-se que, não sendo assim em França, o recurso hierárquico esteja aberto a todos quantos o desejem utilizar. No direito português, contudo, o requisito do

---

([1]) *Um curso sobre processo administrativo*, p. 157.

interesse como condição de legitimidade tem de ser exigido, em consequência do direito à decisão, para defesa da Administração contra os excessos que de outra forma seriam de prever.

A acção popular, bem como a acção pública, são excepcionais no nosso sistema de garantias jurídicas. E, não havendo preceito que as estabeleça em matéria de recurso hierárquico, entendemos que só são admissíveis nos precisos termos em que tal admissibilidade seja necessária para lhes garantir eficácia no plano contencioso em que funcionam.

Isto é: para nós, o Ministério Público e os titulares da acção popular só têm legitimidade para o recurso hierárquico nos casos e na medida em que essa seja a única forma de atingir a via contenciosa que a lei lhes faculte. Numa palavra, apenas nos casos de recurso hierárquico necessário, de legalidade, relativo a actos cuja confirmação, revogação ou substituição pela autoridade *ad quem* seja impugnável nos tribunais administrativos por meio de acção pública ou de acção popular.

115. Regressemos então ao recurso de mérito.

Se o fundamento do recurso for a injustiça do acto recorrido, o problema da legitimidade não levanta quaisquer dificuldades sob o ponto de vista que aqui nos interessa, do mesmo modo que as não levanta o recurso hierárquico de legalidade: tanto num caso como no outro, há uma lesão da esfera jurídica pessoal do recorrente e este pode, por conseguinte, apresentar-se como interessado.

Se, porém, se encarar a hipótese do recurso de mérito fundado em inconveniência, ver-se-á que as coisas mudam de figura.

Aí, os particulares não podem nunca ser interessados ou apresentar-se como tais, porque o único fundamento por eles invocado é, por hipótese, a inconveniência do acto recorrido, ou seja, a sua inadequação ao interesse público, que deveria ser prosseguido da melhor maneira possível. Portanto, ou invocam um interesse pessoal lesado e o recurso de mérito surge fundado em injustiça, ou não invocam nenhuma lesão subjectiva emergente do acto impugnado e, nesse caso, carecem de legitimidade.

Se os particulares não podem, pois, interpor recursos de mérito com fundamento exclusivo na inconveniência do acto administrativo, muito menos o podem fazer os órgãos da Administração, enquanto tais. A lei prevê alguns casos de recurso hierárquico impróprio e de recurso tutelar abertos à iniciativa de órgãos da Administração, mas não admite nessas condições recursos hierárquicos propriamente ditos: os órgãos de uma pessoa colectiva pública não têm interesses próprios a defender, distintos dos do ente a que pertencem, nem podem arvorar-se, fora dos limites da sua competência, em zeladores dos interesses públicos confiados por lei a outros órgãos ([1]).

Já vimos, enfim, que nem os titulares da acção pública, nem os da acção popular, têm legitimidade para interpor recursos de mérito.

([1]) Ranelletti, *Le guarentigie della giustiza nella pubblica amministrazione,* p. 205-206; Zanobini, *Corso,* II, p. 62-63.

Concluímos deste modo que não é admissível, no direito administrativo português, o recurso hierárquico de mérito interposto apenas com fundamento na inconveniência do acto recorrido – ressalvados, como é óbvio, os casos excepcionais admitidos por lei.

Repare-se, todavia, que a nossa maneira de dizer não exclui, nem seria correcto que excluísse, a possibilidade de o recurso hierárquico interposto por um interessado ter como fundamento, entre outros, a inconveniência do acto recorrido: tudo o que aqui pretendemos deixar assente é que, em nossa opinião, a inconveniência do acto administrativo não pode constituir fundamento *único* do recurso hierárquico interposto por particulares.

IV – A REGRA DO CARÁCTER MISTO DO RECURSO HIERÁRQUICO

A) Formulação da regra

116. Feita a classificação que distingue os recursos hierárquicos em recursos de legalidade, de mérito e mistos, cumpre determinar o âmbito de cada uma das modalidades.

A regra geral, na maioria dos direitos estrangeiros comparáveis ao nosso, é a do carácter misto do recurso hierárquico: é essa a solução designadamente em França, na Itália e na Alemanha ([1]).

([1]) Auby e Fromont, *Les recours contre les actes administratifs*, p. 52, 217 e 452.

Mas também há exemplos de uma regra diferente: é o caso da Espanha, onde em princípio o recurso hierárquico é sempre e só um recurso de legalidade ([1]). Dado que a lei limita aí o fundamento dos recursos a «qualquer infracção da ordem jurídica», a invocação de razões de justiça ou de conveniência excede o próprio conceito de recurso e reconduz-se à noção de denúncia.

Quanto ao nosso país, a regra é a do carácter *misto* dos recursos hierárquicos.

Quer isto dizer que, em princípio, os recorrentes podem invocar simultaneamente, como fundamentos, motivos de legalidade e motivos de mérito, quer de justiça, quer de conveniência. E, como quem pode o mais pode o menos, é lícito aos recorrentes invocar apenas motivos de legalidade – embora não apenas motivos de mérito, pelas razões que expusemos atrás.

É esta a regra geral, no direito português. Mas cumpre-nos conhecer algumas excepções que ela comporta.

B) Excepções

117. Por vezes a lei veda o conhecimento do mérito de certos actos administrativos nos recursos hierárquicos deles interpostos. Trata-se de casos que, além de excepcionais, são raros.

---

[1] González Pérez, *Los recursos administrativos*, p. 73; Garrido Falla, *Tratado*, III, p. 120-121.

É o que acontece, nomeadamente, com os recursos das deliberações tomadas pelos júris dos concursos de habilitação, provimento ou nomeação, na função pública.

Nestes casos a lei não se limita a excluir a possibilidade de um recurso de mérito: vai mais longe e restringe mesmo o objecto do recurso de legalidade às questões de «regularidade formal» da deliberação ([1]).

O que se pretende com tais restrições é, no fundo, garantir uma zona de competência exclusiva aos júris dos concursos, em razão do carácter vincadamente especializado do julgamento das provas prestadas pelos candidatos.

Alguns autores chamam a esta actividade – que é uma actividade livre e insusceptível de controlo hierárquico ou jurisdicional, desempenhada segundo as regras de certa ciência ou arte – *discricionaridade técnica*. Parece porém que não se trata de verdadeira discricionaridade, mas de uma simples *margem de livre apreciação* referida a «questões de facto que envolvam juízos de avaliação segundo critérios técnicos» ([2]).

Seja como for, o certo é que nestes casos fica afastada a regra do carácter misto dos recursos hierárquicos, não sendo possível senão um recurso de legalidade – e mesmo esse, de objecto restrito.

118. Vejamos agora se a hipótese de impugnação dos actos constitutivos de direitos praticados por órgãos

---

([1]) Por exemplo: falta de documentos, prova dos requisitos de admissibilidade, inobservância de condições de preferência legal, etc.

([2]) Alberto P. Xavier, *Conceito e natureza do acto tributário*, p. 361 e segs.

subalternos não constituirá porventura outra excepção à regra geral, reduzindo-se então o respectivo recurso hierárquico a um simples recurso de legalidade.

A dúvida tem razão de ser, porque há autores para quem os actos constitutivos de direitos praticados por subalternos não podem ser impugnados com base em motivos de mérito, mas apenas com fundamento em ilegalidade. É esta, nomeadamente, a opinião que decorre da doutrina exposta sobre a matéria, em Portugal, por Robin de Andrade ([1]).

Entende este autor, em resumo, que os actos praticados por subalternos e que não sejam definitivos, por estarem sujeitos a recurso hierárquico com efeito devolutivo, são todavia eficazes e portanto podem ser constitutivos de direitos. Isto é, se um determinado acto dever ser qualificado, dada a sua estrutura e efeitos, como constitutivo de direitos, não é o facto de ter sido praticado por um órgão subalterno e de, por isso, não ser acto definitivo que impede tal qualificação.

Sendo assim, o acto também não deixa de ser o que é pelo facto de contra ele ser interposto um recurso hierárquico, porquanto o efeito suspensivo é estabelecido por lei exclusivamente em favor dos particulares, de modo que não ficam sequer suspensos os direitos constituídos pelo acto no momento da sua prática.

A conclusão a tirar é a de que, ao decidir o recurso, o superior hierárquico tem diante de si um verdadeiro acto

---

([1]) *A revogação*, p. 135-140; v. do mesmo autor, *Anotação – caso de João Maria,* na *Rev. Ord. Adv.,* 40, 1980, p. 709-721. Contra, Osvaldo Gomes, *Anotação – caso de João Maria,* idem, p. 161-177.

constitutivo de direitos – protegido por lei, nos termos gerais, contra toda e qualquer revogação que não tenha por fundamento a sua ilegalidade. «Se o acto administrativo não definitivo – diz Robin de Andrade – for, originariamente, constitutivo de direitos, assim continuará a ser permanentemente, formando por isso um obstáculo grave à revogação, quer pelo seu autor, quer pelos superiores hierárquicos» ([1]).

Por nós, no entanto, não estamos de acordo.

É certo que um acto não definitivo pode ser eficaz e executório: é essa, até, a hipótese normal. E é também certo que os órgãos subalternos podem praticar actos constitutivos de direitos.

Tudo está em saber se esta especial eficácia constitutiva se consolida e estabiliza, desde logo, no momento da prática do acto ou se, pelo contrário, não se consolidará apenas mais tarde, quer pela confirmação do superior, quer pelo decurso do prazo de recurso hierárquico sem impugnação.

É esta segunda maneira de ver que se nos afigura correcta. O acto não definitivo é um acto *provisório*, cujos efeitos provisórios são, e isto porque tal acto não representa ainda a última palavra da Administração: não é outro o resultado da sua sujeição a recurso com efeito devolutivo.

De modo que, vistas bem as coisas, considerar a decisão da autoridade *ad quem* limitada pelos efeitos já produzidos entretanto pelo acto seria, no fundo, transformar em definitivo um acto que a lei pretendeu não definitivo.

([1]) Robin de Andrade, *A revogação*, p. 140.

Por outro lado, seria também subverter o esquema normal dos poderes do superior, porque desse modo se lhe confiaria apenas o exame da legalidade, transformando o subalterno num órgão com competência exclusiva de mérito, quanto aos actos constitutivos de direitos, e privando assim os particulares, nesses casos, de toda e qualquer possibilidade de recurso de mérito.

Robin de Andrade afirma, entretanto, que o efeito suspensivo é estabelecido exclusivamente em favor dos particulares. Mas, mesmo admitindo que assim seja, importa ter presente que o efeito suspensivo visa proteger o *recorrente,* prejudicado pelo acto, e não os *beneficiários* do acto constitutivo de direitos, que certamente não irão impugná-lo. Ora, se o efeito suspensivo deve favorecer o recorrente, a conclusão é precisamente a contrária – tal efeito tens de paralisar todas as consequências do acto recorrido, incluindo a constituição de direitos por ele operada.

Aliás, convém usar com a maior cautela esta expressão, pois sendo o acto impugnado um acto provisório não há ainda em rigor *direitos constituídos:* Robin de Andrade acentua bem, noutro passo da sua obra, que a expressão *direitos* nunca poderá abranger casos de simples expectativa jurídica ([1]).

Concluímos reafirmando que, em nosso entender, os actos não definitivos praticados por subalternos, encontrando-se sujeitos a recurso hierárquico com efeito devolutivo, são actos de eficácia provisória e, enquanto esta

---

([1]) *Ob. cit.*, p. 148.

assim se mantiver, não podem ser considerados como constitutivos de direitos, mas tão-só como *potencialmente constitutivos de direitos*.

A sua impugnação com base em motivos de mérito parece-nos sem dúvida legítima, além de vantajosa. Do que resulta não serem os recursos hierárquicos interpostos contra tais actos sempre e só, forçosamente, recursos de legalidade (¹).

119. Ao lado das excepções à regra geral do carácter misto dos recursos hierárquicos, que se traduzem em excluir destes o conhecimento do mérito dos actos recorridos, outras há, de sentido oposto, que consistem na proibição do exame da legalidade.

É essa, designadamente, a situação que resulta do disposto no artigo 21.º da Lei Orgânica do Supremo Tribunal Administrativo, que diz: «Sempre que a lei permita que de um mesmo acto seja interposto recurso para o Supremo Tribunal Administrativo e para outra entidade, entender-se-á que ao Tribunal é reservado, em exclusivo, o conhecimento da legalidade do acto recorrido, ficando para a outra entidade apenas a apreciação da sua justiça e conveniência».

Este preceito tem, manifestamente, carácter excepcional: visando evitar o eventual conflito entre decisões que sobre o mesmo objecto viessem a ser proferidas, em recurso, pelas autoridades administrativa e jurisdicional, o artigo 21.º restringe a superintendência do superior hie-

---

(¹) É também a solução da jurisprudência francesa: v. Rivero, *Droit Administratif*, p. 100.

rárquico ao controlo de mérito dos actos definitivos do subalterno, vedando em absoluto àquele o exame da legalidade, e afasta consequentemente a regra do carácter misto dos recursos hierárquicos.

Sendo excepcional, deve ser interpretado nos precisos termos da sua formulação: o preceito não é por isso aplicável senão aos casos de recurso hierárquico a interpor de actos administrativos de cuja confirmação, revogação ou substituição caiba recurso contencioso directo para o Supremo Tribunal Administrativo ([1]).

Em todos os casos não abrangidos pela previsão do mencionado artigo 21.º, por conseguinte, deve entender-se que os recursos hierárquicos têm carácter misto e que deles não está excluído o exame da legalidade do acto recorrido.

120. A história do artigo 19.º da Lei Orgânica do Supremo Tribunal Administrativo permite-nos ainda extrair outra conclusão, cujo relevo merece ser sublinhado.

Este artigo, inserido num diploma publicado em 1956, teve origem na forte reacção, de que se fez eco Marcello Caetano, suscitada em 1954 contra um conjunto de acórdãos do Supremo ([2]).

O problema que se debateu nesses acórdãos foi o da interpretação a dar a determinada disposição legal que facultava aos interessados, na impugnação de certos actos

---

([1]) Concordamos, a este respeito, com Robin de Andrade, *ob. cit.*, p. 297. V. Silva Lopes, *Do recurso hierárquico*, p. 55 e segs.

([2]) *Anotação* em *O Dir.*, 84, p. 187.

punitivos praticados por órgãos dirigentes de institutos públicos autónomos, um recurso para o Ministro competente, o qual decidiria *em última instância*.

O Supremo Tribunal Administrativo entendeu então que «nos recursos hierárquicos necessários, ou porque a competência para decidir se devolve para a entidade superior, ou porque sem uma decisão desta não há possibilidade de impugnar contenciosamente o acto administrativo, pode dizer-se que a abstenção daquela entidade em julgar o recurso corresponde a uma verdadeira denegação de justiça.

«Já assim não sucede nos recursos facultativos, interpostos de decisões definitivas e executórias, que por lei sejam susceptíveis de impugnação contenciosa. Neste caso, o meio adequado e eficiente para atacar a decisão é o recurso para o tribunal do contencioso administrativo (...)».

Daí que o «Ministro recorrido, abstendo-se de conhecer dos recursos hierárquicos interpostos de uma decisão que os recorrentes impugnaram contenciosamente no tribunal competente, não infringiu qualquer disposição legal, nem assumiu uma atitude que possa taxar-se de denegação de justiça» [1].

Marcello Caetano, qualificando esta atitude como dando origem a «autênticas denegações de justiça», sustentou que ou se considerava que a competência ministerial para decidir em última instância roubava aos actos

---

[1] V. o Ac. STA-1, 18-5-51, *Caso da Sociedade Resineira de Anadia, Col*, p. 393, e *O Dir*, 84, p. 177-180.

em causa carácter definitivo, convertendo o recurso hierárquico em necessário, ou se reconhecia o carácter definitivo do acto, aceitando a sua imediata impugnabilidade contenciosa – mas, nesta hipótese, era então imperioso considerar que os dois recursos simultâneos contra o mesmo acto tinham objecto, âmbito e fim diferentes: um seria um recurso contencioso de legalidade, o outro um recurso hierárquico de mérito.

E, assim, achando-se este último previsto na lei como instância garantida aos interessados e constituindo a única via aberta à discussão da justiça das penas aplicadas (e até da matéria de facto, excluída entre nós do contencioso disciplinar), forçoso era reconhecer que o Ministro não podia recusar a decisão quanto à justiça e conveniência dos actos perante ele impugnados ([1]).

Não nos interessa, como se compreenderá, analisar aqui todos os aspectos da questão. Interessa-nos, sim, reter que a doutrina de Marcello Caetano quanto à diferença de objecto dos dois recursos, exposta em 1954, foi consagrada pela lei em 1956, a fim de evitar novas «denegações de justiça» como as que se tinham verificado com os acórdãos atrás referidos.

Parece-nos legítima, em face disto, a conclusão de que o artigo 21.º da Lei Orgânica do Supremo Tribunal Administrativo não veio unicamente limitar a competência da autoridade *ad quem,* neste tipo de casos, ao mérito do acto recorrido: veio também reconhecer aos particulares o direito à decisão do recurso.

([1]) V. a *Anotação* citada, p. 194.

O que significa, em suma, que o recurso de mérito é na realidade, entre nós, um verdadeiro *recurso,* e não uma simples *denúncia,* como em Espanha.

PARTE II

NATUREZA JURÍDICA
DO RECURSO HIERÁRQUICO

CAPÍTULO I

ANÁLISE ESTRUTURAL

§ 1.º
Generalidades

121. Dedicámos a primeira parte do presente trabalho à determinação do conceito de recurso hierárquico.

Isso significa que, até aqui, tratámos de individualizar esta figura do mundo jurídico, definindo-a em termos positivos, distinguindo-a das figuras afins que lhe são contíguas mas com as quais não se confunde e, enfim, tomando conhecimento das suas principais modalidades.

O nosso objectivo nesta segunda parte vai ser, diferentemente, o de determinar a natureza jurídica do recurso hierárquico, tal como foi definido na primeira, de forma a conseguir caracterizá-lo em função do seu peculiar modo de ser.

Para tanto, temos de qualificar o recurso hierárquico, de harmonia com o regime que o direito português lhe traça, em face de um certo número de categorias mais amplas a que ele se deixa reconduzir.

O primeiro aspecto a analisar consiste no seguinte: que tipo de recurso é o recurso hierárquico? Pois a verdade é que a comparação dos diferentes direitos nacionais mostra não haver um modelo único de recurso, mas antes modelos múltiplos, que variam de acordo com vários factores que importa determinar e ponderar.

Para proceder à identificação do tipo de recurso em que o recurso hierárquico consiste, temos de focá-lo de um ângulo de visão que permita abarcar os aspectos para o efeito relevantes: esse ângulo é o da *estrutura* do recurso.

A primeira tarefa a executar consiste, pois, em proceder à *análise estrutural* do recurso hierárquico – não para expor, sucessivamente e ponto por ponto, o regime jurídico completo da sua estrutura, mas para surpreender nesta as facetas que lhe imprimem determinado carácter, sob o prisma estrutural.

Com efeito, não nos interessa tomar, um após outro, os vários elementos estruturais do recurso hierárquico – sujeitos, objecto, decisão – para os dissecar de modo sistemático e exaustivo: interessa-nos apenas considerar os aspectos que nos possam ser úteis em vista do escopo que nos propomos alcançar e unicamente na medida da sua utilidade para esse fim.

Por outro lado, e uma vez que (como veremos) tudo se reconduz, no fundo, ao enquadramento do recurso hierárquico em determinadas categorias-tipo que a teoria geral dos recursos permite elaborar no plano dogmático, afigura-se-nos que é preferível começar por traçar a distinção entre elas e só depois entrar na determinação da natureza estrutural do recurso hierárquico perante a nossa ordem jurídica.

Assim, a exposição da matéria compreendida neste capítulo desdobrar-se-á, após estas considerações, em três lanços: primeiro estabeleceremos uma tipologia estrutural dos recursos; depois abordaremos o problema no direito português; e por fim tiraremos as conclusões da análise entretanto levada a cabo.

Será só a propósito de cada um dos tipos ou modelos de recursos, em geral, e na ordem jurídica portuguesa, que consideraremos os vários elementos estruturais do recurso hierárquico, determinando como reagem uns em relação aos outros.

§ 2.º
Tipologia estrutural dos recursos

I – REEXAME E REVISÃO

122. Tanto na doutrina administrativa como na do processo civil e penal, é usual distinguir, no campo dos recursos, dois tipos estruturais bem diferenciados, que os autores denominam por formas diversas mas distinguem segundo critérios idênticos.

Consideremos, por todos, a opinião de Giannini ([1]).

Ensina este autor que os recursos administrativos são processos pertencentes à categoria dos processos administrativos de segundo grau, os quais têm por finalidade reexaminar, corrigir ou integrar um acto administrativo anteriormente emanado, assemelhando-se, sob este aspecto, aos recursos de apelação na ordem judicial.

Ora, prossegue Giannini, no que se refere à matéria dos recursos administrativos, há dois tipos de processos de segundo grau: uns denominam-se processos de *reexame* e têm por objecto o acto antes praticado pela autoridade administrativa; outros designam-se processos de *revisão* e

---

([1]) Giannini, *La giustizia amministrativa*, p. 42-44 e, em geral, todo o capítulo II.

têm por objecto, não já o acto, mas o efeito do acto ou, noutros termos, a situação objectiva criada por efeito do acto.

Em correspondência com o objeto de cada um destes processos, a decisão da autoridade *ad quem,* em caso de provimento do recurso, reveste na primeira hipótese a natureza de *anulação,* que suprime o acto recorrido, e na segunda a de *revogação,* que extingue a situação emergente do acto, ou de *reforma,* que a modifica ([1]).

Acrescenta depois o reputado administrativista italiano que, de um ponto de vista teórico, os recursos administrativos tanto podem ser construídos segundo o modelo do reexame como de acordo com o modelo da revisão: a escolha entre os dois sistemas, ambos possíveis em abstracto, é feita pelo legislador e consta do direito positivo.

Conclui afirmando que em Itália não há dúvida de que o recurso hierárquico é um processo de reexame. Daí que também os demais recursos administrativos o sejam, em virtude da orientação jurisprudencial que manda aplicar a estes as regras próprias daquele, salvo disposição em contrário ([2]).

Veremos a seguir em que termos deve, quanto a nós, estabelecer-se a distinção apontada. Mas, para já, não deixaremos de fazer de passagem um reparo à formulação de Giannini.

([1]) A referência à reforma não é feita no mesmo local (p. 43), mas mais adiante, a propósito da decisão do recurso (p. 57 e segs.).

([2]) Sobre o problema ver também no mesmo sentido Sandulli, *Manuale,* II, p. 22.

Temos, com efeito, de assinalar que a terminologia por ele utilizada está longe de ser pacífica e, o que é pior, não se nos afigura adequada.

De facto, não parece feliz apelidar de revisão aquele dos dois processos cujo objecto é mais amplo e em que a autoridade *ad quem* possui mais latos poderes de cognição e de decisão, quando tal palavra é em regra usada justamente nos casos em que o objecto e os poderes de cognição e de decisão são mais restritos (por exemplo: recurso de revisão, recurso de revista, revisão de sentença estrangeira).

Quer dizer, a terminologia que parece de aceitar, ao menos no direito português, é precisamente a inversa da de Giannini: devem designar-se como de *revisão* os recursos que tenham por objecto o acto recorrido e como de *reexame* aqueles que, incidindo sobre uma realidade mais ampla, implicam efectivamente um novo exame da causa. Assim faremos, daqui em diante.

123. Quanto a nós, a distinção entre os dois aludidos tipos de recursos deve assentar na análise das suas finalidades e, com base nesta, nos caracteres que os distinguem quanto ao objecto e quanto à decisão.

Sob o primeiro aspecto, entendemos que o recurso pertencerá ao tipo do reexame se tiver por finalidade a reapreciação da questão decidida pelo órgão *a quo;* e incluir-se-á no âmbito da revisão se o seu escopo for apenas a reapreciação do acto recorrido.

Num caso, portanto, o fundo da causa será novamente julgado pela autoridade *ad quem,* a quem competirá pronunciar-se sobre a melhor solução a dar ao assunto a resolver; no outro, diferentemente, a autoridade *ad quem* limitar-se-á a averiguar da correcção ou incorrecção da decisão impugnada.

Como se compreende, um recurso do tipo reexame é naturalmente mais amplo do que um recurso construído de harmonia com o modelo da revisão: enquanto naquele se poderá dizer que tudo se vai passar na segunda instância como se passou, ou devia ter passado, na primeira – *judex ad quem succedit loco judicis a quo, ergo debet facere quod erat facturus judex a quo* ([1]) –, no outro, pelo contrário, a segunda instância é estruturalmente diversa da primeira, organizada como está com vista a uma finalidade mais limitada – *judex appellationis nibil aliud habet facere, nisi justam vel injustam pronuntiare sententiam* ([2]) ou, noutra fórmula, *an bene vel male fuerit judicatum* ([3]).

Para designar estes dois tipos de recursos, que são denominados pela doutrina de formas muito variadas, costuma-se lançar mão de duas expressões latinas que se afiguram aptas, dentro de certos limites, a caracterizar com algum rigor e bastante poder sugestivo os referidos modelos: assim, diz-se que o recurso do tipo reexame constitui um *novum judicium* e que o recurso do tipo revisão consiste numa *revisio prioris instantiae*.

A diferença essencial, que procurámos retratar, entre os dois tipos de recursos repercute-se, como é natural, nalguns aspectos importantes do seu regime jurídico. Impõe-se que lhes façamos algumas referências mais detidas.

([1]) Panormitano, cit. in Nigido, *I poteri del giudice di appello*, p. 57.
([2]) Martino da Fano, cit. in Nigido, *idem,* p. 47.
([3]) Scaccia, cit. *ibidem,* p. 48-49, nota 4.

II – DISTINÇÃO DOS DOIS TIPOS DE RECURSOS

124. Como resulta da doutrina exposta, a distinção entre o reexame e a revisão reflecte-se, em primeiro lugar, no modo de fixar e delimitar o objecto do recurso; depois, na extensão dos poderes de cognição e dos poderes de decisão do superior hierárquico; e, por último, na própria natureza da decisão do recurso.

Confrontaremos os dois tipos enunciados nestes diferentes planos.

A) Quanto ao objecto do recurso

125. Retomando a opinião de Giannini acima exposta, recordaremos que segundo este autor os recursos de «revisão» (*reexame*, para nós) têm por objecto o efeito do acto recorrido ou a situação objectiva criada por ele, enquanto os recursos de «reexame» (para nós, *revisão*) têm por objecto o acto impugnado.

Cremos, no entanto, que não é inteiramente exacta a fórmula utilizada, a despeito da sua genérica aprovação pela doutrina italiana.

Em primeiro lugar, dizer que o objecto do recurso de reexame é o efeito ou a situação resultante do acto recorrido é pensar apenas na hipótese de o interessado impugnar em recurso hierárquico um acto administrativo positivo, do qual tenham resultado efeitos prejudiciais. Claro que, neste caso, o superior da autoridade recorrida terá de apreciar a situação criada ao particular lesado pelo acto recorrido e, ao decidir, poderá agir sobre ela. Mas, mesmo assim, não é correcto falar apenas numa «revogação» – no sentido usado por Giannini – ou numa «reforma», quanto aos poderes de decisão do superior hierárquico: este pode muito bem decidir-se antes por uma «anulação», se reconhecer a existência de um vício no acto recorrido.

Seja como for, o que a fórmula aqui criticada não cobre é a hipótese de a impugnação visar um acto negativo, por exemplo o indeferimento de uma pretensão apresentada pelo particular ([1]). Neste caso, nenhum efeito, nenhuma situação objectiva resultou do acto recorrido: o recurso não pode, pois, ter por objecto uma situação emergente do acto, mas sim a situação imediatamente anterior a este, ou seja, a mesma que o órgão subalterno apreciou ao indeferir a pretensão.

Donde resulta, outrossim, que o superior hierárquico poderá, por hipótese, não apenas anular, revogar ou reformar o acto recorrido, mas providenciar ele próprio sobre o caso, substituindo-se ao subalterno na prática do acto por este recusado.

Por tudo isto julgamos preferível dizer que, nestes casos, o objecto do recurso é *a questão* sobre que se pronunciou o órgão recorrido ([2]).

([1]) Sobre o sentido em que usamos as noções de *acto positivo* e *acto negativo*, v. Diogo F. do Amaral, *A execução das sentenças dos tribunais administrativos*, p. 72-73 e 76, e a obra de Prosper Weil, aí citada.

([2]) No mesmo sentido, Castro Mendes, *Aplicação das leis no tempo em decisão de recursos*, p. 6.

B) Quanto aos poderes de cognição do superior

126. Uma vez assente que, conforme o recurso for de reexame ou de revisão, assim o seu objecto será constituído pela questão subjacente ou apenas pelo acto recorrido, cabe agora aludir às diferenças que separam os dois tipos de recursos no tocante à extensão dos poderes de cognição do superior.

Analisaremos sucessivamente as diferenças que se verificam dentro do pressuposto da imutabilidade do objecto do recurso e as que porventura existirão quando, e na medida em que, tal pressuposto faltar.

Sob o primeiro aspecto, o que importa saber é se o superior *ad quem* pode ou não, ao julgar o recurso, tomar conhecimento de novas provas, ou de novos factos, ou de novas leis, que influam decididamente na decisão do recurso.

Vem, antes de mais, o problema das novas provas *(novae probationes):* serão elas admissíveis?

Compreende-se que num recurso do tipo reexame o sejam sem dificuldade: se o superior vai reabrir a apreciação da questão, de modo a emitir nova decisão sobre o fundo, nada obsta a que o faça com base em documentos novos, por exemplo. Mas já num tipo puro de revisão não devem ser admitidos novos meios de prova, pois a finalidade do recurso cifra-se apenas em averiguar se o órgão *a quo* decidiu bem ou mal a questão que lhe foi posta: não faria sentido censurar uma decisão bem tomada, adoptando como fundamento da censura provas que não puderam ser tidas em conta por quem teve de decidir.

E o que se diz das novas provas é igualmente aplicável aos factos novos *(novae adsertiones)* e às novas leis entretanto entradas em vigor *(jus superveniens)* ([1]).

No que em particular concerne ao *jus superveniens*, vem a propósito recordar que a doutrina e a jurisprudência sempre têm entendido, e bem, que no recurso contencioso de anulação o tribunal administrativo deve apreciar a legalidade do acto recorrido em função da lei vigente no momento da sua prática e, portanto, sem atender a alterações legislativas posteriores ([2]): é que o recurso directo de anulação pertence, como é óbvio, ao tipo revisão e não ao tipo reexame.

Em resumo, podemos dizer que nos recursos de reexame o órgão *ad quem* pode alargar a sua cognição às novas provas, aos novos factos e às novas leis que entretanto tiverem surgido, ao passo que nos recursos de revisão deverá limitar-se às provas, aos factos e às leis de que o órgão *a quo* podia servir-se no momento em que praticou o acto recorrido ([3]).

127. E quanto a novas questões: poderá o objecto do recurso sofrer uma dilatação, relativamente ao objecto do processo de primeiro grau, de tal modo que nele caiba a apreciação de questões novas, não suscitadas na primeira instância? É o problema do *jus novorum*, segundo a designação tradicional.

([1]) Castro Mendes, *Aplicação das leis no tempo em decisão de recursos*, p. 6 e segs.

([2]) Marcello Caetano, *Manual*, II, p. 1306-1307, e acórdãos aí citados.

([3]) Contra a admissibilidade de novas provas, mas quanto a nós sem lógica, dada a natureza de reexame que atribui a todo o recurso hierárquico, Marcello Caetano, *Um curso sobre processo administrativo*, p. 158.

A regra clássica a este respeito proíbe, em princípio, a admissibilidade do *jus novorum,* de forma a manter uma identidade entre o objecto do processo de primeiro grau e o de segundo grau: *novum capitulum in appellatione actor intentare non potest.* E a nossa jurisprudência tem sempre insistido na mesma ideia: os recursos visam impugnar decisões e não obter decisões em matéria nova ([1]).

Simplesmente, importa ponderar que, se a proibição do *jus novorum* se amolda bem à natureza de um recurso de revisão, já o mesmo se não pode dizer quanto aos recursos de reexame, que são suficientemente amplos para comportar sem esforço o alargamento dos poderes de cognição a questões novas.

Como se explica, então, que mesmo nos recursos de reexame, ou nos que deles mais se aproximam, se mantenha de pé, muitas vezes, a proibição do *jus novorum?* Cremos que ela se justifica por considerações inteiramente diversas das que estão na base da dicotomia reexame--revisão e que são, no nosso modo de ver, os fundamentos da *garantia do duplo grau.*

Com efeito, a garantia do duplo grau só pode funcionar se a decisão do recurso for em toda a sua extensão um acto secundário, isto é, uma nova definição da situação decidida pelo acto recorrido. Daí que admitir o *jus novorum* seja afastar o duplo grau, permitindo que o órgão *ad quem* se pronuncie primariamente sobre questões não resolvidas pelo órgão *a quo.*

([1]) V., por todos, STA-P, 26-5-42, *caso da Moagem Harmonia,* in *O Dir.*, 74, p. 263.

Podemos assim concluir que, sendo o *jus novorum* compatível como reexame e incompatível com a revisão, a sua exclusão naquele ou a sua admissão nesta se filiam, sobretudo, na maior ou menor medida em que a lei pretenda assegurar ao recorrente a garantia da duplo grau.

Adiante diremos qual a solução a nosso ver perfilhada pelo direito administrativo português sobre este ponto ([1]).

C) Quanto aos poderes de decisão do superior

128. A diferença essencial que afasta o modelo do *novum judicium* do figurino da *revisio prioris instantiae* reflecte-se também, como não podia deixar de ser, no plano dos poderes de decisão da autoridade *ad quem*.

Na verdade, se o reexame visa apreciar e decidir de novo a questão subjacente ao acto recorrido, eventualmente pelo emprego de material de cognição diverso do utilizado na primeira instância, a decisão que logicamente é reclamada pela finalidade e pelo objecto do processo é, em caso de provimento, a substituição do acto impugnado por outro acto que regule noutros termos, supostamente mais correctos, a questão em causa. A decisão típica no provimento de um recurso de reexame é a substituição.

Pelo contrário, se o recurso é de revisão, trata-se tão-só de apreciar se o subalterno praticou ou não o acto que no modo de ver do superior deveria ter praticado,

---

([1]) V. *infra*, n.º 155, 161-163 e 167.

sem descer ao plano mais profundo da questão subjacente: o superior não pode decidir de novo a questão, cabe-lhe apenas eliminar o acto ou mantê-lo.

Quer dizer: o recurso de reexame conduz logicamente, em caso de provimento, à *substituição* do acto recorrido; o recurso de revisão, todavia, leva somente à *revogação* dele ([1]).

No segundo caso, o superior limita-se, se entender conceder provimento ao recurso, a revogar o acto impugnado, sem nada mais acrescentar. No primeiro, diferentemente, o provimento do recurso pode não se traduzir apenas na revogação do acto recorrido: ao superior é lícito substituí-lo por outro acto, que decida em novos termos a questão resolvida pelo primeiro.

Claro que toda a substituição implica necessariamente uma revogação, ao menos implícita: mas vai mais longe, porque em vez do puro *efeito destrutivo* que esta última produz, dá lugar também a um *efeito construtivo*, estabelecendo nova regulamentação material para a questão subjacente ao acto impugnado.

Escusado será dizer que, quando falamos em substituição, pretendemos abranger tanto a substituição total como a substituição parcial e, por conseguinte, também a simples modificação do acto recorrido: quem pode o mais, pode o menos.

([1]) Uma *revogação,* dizemos, e não uma *abrogação* – mera cessação de efeitos pela superveniência de um acto incompatível com a situação anterior. Daí que, em nosso entender, toda a decisão de provimento, implicando uma apreciação *ab origine* do acto recorrido, e não simples ponderação à luz do condicionalismo contemporâneo da decisão, seja dotada de eficácia retroactiva, mesmo que não fundada em ilegalidade. Contra, Robin de Andrade, *A revogação,* p. 353 e segs. Note-se que não discordamos em absoluto das conclusões deste

129. Se se perfilhar na íntegra o ensinamento de Marcello Caetano sobre as modalidades do recurso hierárquico facultativo, ser-se-á naturalmente levado a sustentar que o recurso do tipo revisão pode conduzir a uma decisão diversa da revogação, isto é, poderá conduzir à ordem de revogação, ou à ordem de modificação, do acto recorrido, dirigida pelo superior ao subalterno.

Com efeito, considera este autor que há casos em que o órgão subalterno tem exclusiva competência para praticar determinado acto administrativo que nenhum outro órgão pode revogar ou modificar, mas como o subalterno não é independente, se o superior lhe der uma ordem de revogação ou modificação do acto praticado, ele tem de acatá-la ([1]).

Discordamos, porém, em parte, deste entendimento. Para nós, não pode falar-se em recurso hierárquico se a autoridade *ad quem* não dispuser, no mínimo, do poder de revogar os actos perante ela impugnados.

Assim, quando alguém se dirige a um superior hierárquico pedindo, ou apenas podendo pedir, uma ordem de revogação ou de modificação de certo acto, não estaremos perante um verdadeiro *recurso,* mas diante de uma mera *petição* ([2]).

---

autor quanto à eficácia da revogação não fundada em ilegalidade: discordamos delas na medida em que abrangem também a revogação contida em decisão de recurso hierárquico. Porque aqui, em nossa opinião, e pelos motivos expostos no texto, a revogação não é uma «apreciação discricionária de um interesse público concreto e actual», mas sim – parafraseando as próprias palavras de Robin de Andrade – «um juízo sobre o acto», «um juízo sobre um vício de mérito do acto», pelo que é natural a eficácia retroactiva da revogação (p. 361).

([1]) *Manual,* II, p. 1244.
([2]) V. *supra,* n.os 48 e segs.

A verdade é que ou a competência do subalterno é independente, e não só não há poder de revogar como falta o próprio poder de direcção, ou é exclusiva, e neste caso não há recurso hierárquico, porque a lei o proíbe.

Em suma, nós não negamos que possa haver casos, excepcionais, em que o poder de direcção vá desacompanhado do poder de superintendência: negamos é que nesses casos possa ter lugar um recurso hierárquico.

A modalidade prevista por Marcello Caetano tem assim de ser reduzida à hipótese de o superior exercer o poder de revogar acompanhado de uma ordem de modificação ou de uma ordem relativa à execução da decisão do recurso.

Devemos, pois, assentar na existência de apenas dois poderes principais de decisão quanto ao provimento do recurso hierárquico – o poder de substituição, para os casos de reexame, e o poder de revogação, para as hipóteses de revisão.

> D) Quanto à natureza da decisão de negação de provimento

130. A distinção dos dois tipos de recursos que temos vindo a examinar reflecte-se ainda num outro ponto, que é o da natureza jurídica da decisão do recurso hierárquico, nos casos em que tal decisão corresponder à negação de provimento ao recurso.

Claro que, nas hipóteses em que o superior der provimento ao recurso, a natureza da decisão é fácil de determinar: como vimos, se o recurso é de revisão, o provimento traduz-se numa revogação; se é de reexame, o provimento pode traduzir-se, além da revogação, numa substituição. Nestas hipóteses, o problema da natureza da decisão de provimento não tem autonomia e confunde-se com o da extensão dos poderes de decisão do superior, que examinámos na alínea anterior.

O problema da natureza jurídica da decisão do recurso hierárquico, sob o aspecto que aqui nos interessa agora, só tem pois relevância autónoma no caso de a decisão ser negativa, isto é, no caso de ela se cifrar numa negação de provimento.

131. Esta questão tem sido muito discutida na doutrina estrangeira ([1]).

Segundo uns – como Landi e Potenza –, a decisão que nega provimento ao recurso hierárquico tem a natureza de uma *homologação*. Através da decisão, o superior não exprime apenas a sua concordância com o acto do subalterno: absorve-o na decisão tomada, incorpora-o no seu próprio acto, de tal forma que o acto do subalterno fica integrado na decisão do superior e esta passa a ser o único título jurídico dos efeitos produzidos pela Administração naquela situação concreta. Há, portanto, uma homologação ([2-3]).

([1]) V. Bachelet, *I ricorsi amministrativi*, p. 270, e bibliografia aí citada.

([2]) Utilizamos aqui a palavra *homologação* num sentido próximo do enumerado em primeiro lugar na nossa *Anotação* aos acórdãos do Conselho Ultramarino de 11-5-67 e de 3-7-69, *caso Diário de Moçambique*, in *O Dir.*, 102, p. 143.

([3]) Landi e Potenza, *Manuale di Diritto Amminirstrativo*, p. 629. Parece também ser esta a opinião de Marcello Caetano que, apesar de falar em acto confirmativo do superior, afirma que no recurso hierárquico necessário se vai «poder transformar o acto do subalterno noutro»: *Manual*, II, p. 1241. A ideia de transformação de um acto noutro equivale tecnicamente, neste contexto, à figura da homologação.

Para outros autores – como Sandulli –, a decisão de negação de provimento tem antes a natureza de uma *confirmação* (ou ratificação-confirmativa). O superior hierárquico, ao negar provimento ao recurso, exprime a sua concordância em relação ao acto recorrido, mas este não é absorvido, incorporado ou integrado na decisão do superior: o acto do subalterno mantém-se na ordem jurídica, tal como foi praticado pelo seu autor, e continua a ser a fonte principal dos efeitos jurídicos que se produziram pela vontade da Administração no caso concreto. O acto do subalterno subsiste, portanto, mas confirmado pelo acto do superior hierárquico: este também faz parte do título jurídico da situação em causa, em conexão com o acto do subalterno. Ambos ficam a vigorar com eficácia relativa ao caso de que se trate, um como acto primário, o outro como acto secundário do tipo confirmação ([1-2]).

Finalmente, um terceiro grupo de autores – de entre os quais se destaca Giannini – entende que a decisão pela qual o superior nega provimento ao recurso hierárquico tem natureza *neutra*. Tal decisão não exprime de modo nenhum qualquer concordância com o acto do subalterno: apenas se limita a recusar o provimento do recurso solicitado pelo recorrente. Ao fazê-lo, o superior não se pronuncia, explícita ou implicitamente, sobre o acto recorrido: apenas nega ao recorrente aquilo que este lhe

---

[1] Utilizamos aqui a palavra *confirmação* num sentido amplo, que abrange tanto os actos confirmativos como os actos meramente confirmativos, as ratificações-confirmativas e ainda as aprovações.

[2] Sandulli, *Manuale di Diritto Amministrativo*, II, p. 42-43; idem, *Ricorso amministrativo*, p. 981.

havia pedido. O acto do subalterno, portanto, não fica sequer confirmado pela decisão do superior: mantem-se isoladamente como único título jurídico dos efeitos criados. O acto do superior é um acto neutro em relação ao do subalterno ([1]).

132. Não se pense que esta questão tem apenas interesse teórico, aliás muito considerável. Da sua resolução resultam também importantes consequências práticas.

Na verdade, e para sublinhar apenas as mais importantes, cumpre chamar a atenção para que, se se entender que a decisão do recurso tem natureza homologatória, é o acto do superior – e não o do subalterno – que deve ser registado como resolução do caso concreto; é o acto do superior – e não o do subalterno – que deverá ser executado pelos serviços competentes; e é o acto do superior – e não o do subalterno – que servirá de objecto ao recurso contencioso que subsequentemente venha a ser interposto pelo interessado.

Diferentemente, se a decisão do recurso tiver natureza confirmativa, é o acto do subalterno, enquanto confirmado pelo superior – e não o acto do superior – que deve ser registado como resolução do caso, que deve ser executado pelos serviços e que funcionará como objecto do recurso contencioso.

No caso de a decisão do recurso ter natureza puramente neutra, também será o acto do subalterno – e não

---

[1] Giannini, *La giustizia amministrativa*, p. 59-60 e 62 e, de certo modo, Garrido Falla, *Tratado*, III, p. 139.

o do superior – a figurar para efeitos de registo, execução e impugnação contenciosa. Mas com uma diferença: é que, neste caso, o acto do subalterno figurará sozinho, sem qualquer ligação ou conexão com a decisão do superior, ao passo que na hipótese anterior o acto do subalterno releva *enquanto acto confirmado* pelo superior hierárquico.

Por outro lado, importa ter presente uma outra consequência prática do maior alcance: é que, se a decisão do recurso tiver natureza homologatória, o subalterno não pode mais tarde revogar ou substituir o seu acto primário anterior que foi objecto de recurso hierárquico, pois esse acto – como tal – desapareceu, ficou incorporado no acto do superior, e os subalternos não podem em caso nenhum revogar ou substituir os actos dos seus superiores hierárquicos ([1]).

Mas se a decisão do recurso tiver, pelo contrário, natureza confirmativa ou carácter neutro, o acto principal ou exclusivamente relevante é o acto do subalterno, pelo que este poderá sempre, nos termos gerais, revogar ou substituir ulteriormente a sua resolução antes tomada sobre o mesmo caso concreto, dado que os actos administrativos podem ser revogados pelos seus autores ([2]).

133. Qual das opiniões mencionadas deve então acolher-se?

Temos para nós que nenhuma delas retrata completamente a realidade, se bem que todas correspondam a uma parcela da realidade.

([1]) V. o artigo 18.º da Lei Orgânica do STA e Robin de Andrade, *ob.cit.*, p. 297-298.
([2]) V. o mesmo artigo 18.º e Robin de Andrade, *ob. cit.*, p. 272 e segs.

Começando pela construção de Giannini – a do carácter neutro da decisão –, parece-nos que ela não pode ser aceite como válida quanto à natureza da decisão de *negação de provimento,* mas deve ser adoptada quanto à natureza da decisão de *rejeição* do recurso.

Com efeito, não pode sustentar-se que a negação de provimento seja neutra, não desempenhando qualquer função nem produzindo qualquer efeito em relação ao acto recorrido ou ao seu autor. Basta pensar em que a decisão pela qual o superior nega provimento ao recurso hierárquico, se este for necessário, põe termo ao efeito suspensivo do recurso, do que resulta a cessação da paralisação da executoriedade; e se o recurso for facultativo, consolida o acto recorrido, pelo menos do ponto de vista da sua justiça e conveniência ([1]).

Por outro lado, o superior hierárquico, ao negar provimento ao recurso, legitima disciplinarmente a posição antes assumida pelo subalterno na prática do acto recorrido: não faz sentido que, posteriormente, por razões que se prendam com a emanação do acto recorrido ou com o seu conteúdo, o superior possa vir a instaurar processo disciplinar e punir o subalterno.

A decisão de negação de provimento ao recurso não pode, pois, ter natureza meramente neutra, conforme pretende Giannini.

E não se diga, como quer este autor, que na negação de provimento não há nenhuma confirmação do acto

---

([1]) Garrido Falla reconhece o efeito de consolidação, o que a nosso ver destrói a sua tese: *ob. cit.*, p. 139.

recorrido porque o órgão *ad quem* se limita a declarar que os fundamentos da impugnação não são válidos, o que só por si não equivale a confirmar a legalidade ou o mérito do acto impugnado ([1]).

É que tal argumento só teria alguma base se o processo do recurso hierárquico fosse um processo dominado pelo princípio dispositivo, de tal forma que o órgão *ad quem* não pudesse estender a sua cognição para além dos fundamentos alegados pelo recorrente, nem pudesse decidir *ultra petita*.

Ora, não é esse o caso. No processo do recurso hierárquico o superior dispõe de iniciativa, podendo e devendo proceder à cognição total do objecto do recurso e tomar a decisão correspondente: o recorrente não pode limitar os poderes de cognição e de decisão do superior, que abrangem a totalidade do objecto do recurso.

Acresce que, mesmo que assim não fosse, a negação de provimento sempre teria de valer como confirmação do acto recorrido, pelo menos em toda a medida da cognição eféctivamente realizada e da decisão correspondente, pois ao recusar certos fundamentos do recurso o órgão *ad quem* está sempre, automaticamente, a declarar a legalidade ou o mérito do acto – sob esses aspectos, ainda que parcelares, em que incidiu sem êxito a impugnação.

Giannini não tem razão quando pretende ver carácter neutro na decisão de negação de provimento. Natureza meramente neutra, em relação ao acto recorrido, possui a

---

[1] *Ob. cit.*, p. 59-60.

decisão de rejeição do recurso – aí sim, porque em caso de rejeição, nomeadamente por falta de um pressuposto processual, a decisão do superior é de forma e não de fundo, pelo que dela se não pode extrair qualquer significado ou efeito em relação ao próprio acto recorrido.

134. Tão-pouco nos parece que as teses da natureza homologatória e confirmativa possam ser aceites como absolutas, cada uma.

De facto, a primeira não se ajusta às características essenciais de um recurso do tipo revisão. Porque na revisão o órgão *ad quem* dispõe apenas, em matéria de poderes de decisão, de uma competência revogatória simples: não pode substituir o acto recorrido por outro; e não pode praticar nenhum acto primário sobre a matéria em causa. Não pode, consequentemente, absorver ou incorporar na decisão do recurso o acto do subalterno, porque isso seria assumir para si a responsabilidade dos efeitos jurídicos e, portanto, tornar-se autor do acto primário. Se o recurso é de revisão, o acto primário tem de ser um acto do subalterno.

A segunda tese mencionada, por seu turno, não se amolda aos traços essenciais de um recurso do tipo reexame. Porque no reexame o órgão *ad quem* dispõe, entre os seus poderes de decisão, de uma competência dispositiva que engloba poderes de substituição: pode substituir o acto recorrido por outro; e pode praticar um acto primário sobre a matéria em causa. Pode, portanto, chamar a si a autoria da resolução tomada e dos efeitos jurídicos produzidos em relação ao caso concreto versado no acto recorrido. De resto, a homologação é indispensável nos casos de reexame porque, não sendo nesses casos o acto do subalterno definitivo e só podendo ser definitivos os actos do superior hierárquico, se não houvesse homologação nunca ficaria aberta a via do recurso contencioso.

135. Quer dizer: em nossa opinião, a tese da homologação, se não é aceitável para os recursos de revisão, é todavia a que melhor se adapta aos recursos de reexame; e a tese da confirmação, se não é defensável quanto aos recursos de reexame, é no entanto a que melhor se adequa aos recursos de revisão.

Resumindo: para nós, em caso de reexame, o provimento traduz-se numa substituição e a negação de provimento numa homologação do acto recorrido; em caso de revisão, o provimento cifra-se numa revogação e a negação de provimento numa confirmação do acto recorrido.

A decisão do recurso hierárquico só assume, assim, natureza neutral, em relação ao acto recorrido, quando for uma rejeição do recurso, nunca revestindo tal natureza a decisão de negação de provimento.

E) Conclusão

136. Como bem se compreende, o significado e o alcance da adopção pelo legislador de um ou outro destes tipos de recurso é muito diferente.

No segundo – recurso de revisão –, o superior hierárquico limita-se a fiscalizar os actos do subalterno, não lhe sendo permitido intervir na elaboração efectiva da regulamentação material das questões incluídas na esfera de competência do subalterno: se o acto recorrido é ilegal, injusto ou inconveniente, o superior só pode eliminá-lo da ordem jurídica. Nada mais.

Ao passo que no primeiro – recurso de reexame – o superior não se confina ao papel de fiscalizador, intervém activamente na regulamentação material de questões entregues por lei, em princípio, à competência do subalterno: o superior vai então substituir-se a este, exercendo em relação ao caso submetido à sua apreciação a mesma competência que o subalterno terá exercido, ou terá podido exercer, no momento da prática do acto recorrido.

Quer dizer: enquanto na revisão o superior desempenha uma simples função de controlo, no reexame exerce, a par dela, uma competência dispositiva.

Num caso, portanto, o superior fica remetido ao papel mais passivo de censor dos actos dos seus subalternos; no outro, ao lado e para além da censura, compete-lhe o papel mais dinâmico de prosseguir uma tarefa de administração activa ([1]).

([1]) Sobre a distinção entre «administração de controlo» e «administração activa», aplicada ao recurso hierárquico, v. Puchetti, *Il ricorso gerarchico*, p. 98-101.

III – PRINCIPAIS MODALIDADES DE CADA TIPO

137. Os dois tipos de recursos que acabamos de distinguir são tipos puros, definidos através das suas linhas essenciais, sem qualquer referência a possíveis variantes.

Estas, porém, existem e não podem ser ignoradas, sob pena de se obter uma imagem excessivamente simplificada da realidade, que é como quem diz, uma imagem eventualmente não verdadeira.

Convém, assim, acrescentar alguma coisa acerca das modalidades de cada um dos tipos principais.

Não, decerto, para complicar a tipologia estrutural dos recursos a um ponto tal que o seu valor explicativo e sintético degenere em mero casuísmo: mas para aproximar, na medida em que isso se mostre útil, o quadro abstractamente desenhado do panorama concreto que, em face do direito português, se faz mister retratar.

Limitar-nos-emos, pois, a seleccionar, de entre as modalidades possíveis, aquelas que verdadeiramente interessam à análise do nosso direito positivo, que em breve iniciaremos.

138. Quanto ao recurso de reexame, distinguiremos duas variantes principais, conforme esteja ou não assegurada a garantia do duplo grau.

Se esta importante garantia se encontra estabelecida, isso significa que a lei exclui, no todo ou em parte significativa, a admissibilidade do *jus novorum*: o superior hierárquico só poderá portanto conhecer e decidir as questões suscitadas e resolvidas pelo subalterno. Está-lhe vedado, nomeadamente, tomar decisões sobre matéria nova ou decidir sobre o fundo quando o subalterno tenha tomado apenas uma decisão de forma. Só assim se consegue assegurar plenamente a garantia do duplo grau. O reexame existe, sim, mas encontra-se enquadrado pelas exigências próprias dessa garantia. É a situação mais frequente: trata-se de um *reexame normal*.

Se, pelo contrário, a garantia do duplo grau não está assegurada, o superior hierárquico pode conhecer e decidir questões não suscitadas ou não resolvidas pelo subalterno. Admite-se, em tais casos, o *jus novorum;* e vai-se mesmo ao ponto, por vezes, de aceitar que, aí onde o subalterno tenha proferido apenas uma decisão de forma, o superior possa conhecer e decidir, ele, o fundo da questão, por um acto que nessa medida não será secundário, mas primário. Nesta hipótese, o recurso pode originar uma decisão sobre matéria nova, ainda não apreciada e decidida pelo órgão *a quo:* tratar-se-á então do que designaremos por *reexame ampliado*.

Autores há que falam a este propósito no *efeito translativo do recurso* ([1]): cremos, porém, que não há aqui um novo efeito decorrente da interposição do recurso hierárquico, a considerar a par dos clássicos efeitos suspensivo e devolutivo, mas sim um peculiar modo de ser da competência reconhecida, a título originário, ao órgão *ad quem*.

([1]) Nigro, *L'appello*, p. 476-477.

De qualquer modo, porém, o certo é que os poderes de cognição e decisão do superior vão além do habitual, conferindo-lhe uma capacidade de intervenção consideravelmente mais forte do que nos casos de reexame normal: por isso se pode dizer – transportando para aqui, *mutatis mutandis*, uma terminologia proposta por Binding noutro contexto – que o reexame ampliado não é em bom rigor, ou pelo menos não é em toda a linha, uma segunda instância, mas antes uma *segunda primeira instância* («zweite Erstinstanz») ([1]).

139. Olhemos agora para o recurso de revisão. Também nele distinguiremos duas variantes principais, conforme o órgão *ad quem* seja ou não titular, além dos seus poderes normais de decisão, de um poder de direcção que lhe permita dar ordens ao órgão *a quo*.

Se estoutro poder não existe, o órgão *ad quem* mais não faz, ao decidir o recurso, do que exercer os seus normais poderes de decisão – fundamentalmente, como já sabemos, o poder de revogar, visto que nos encontramos no grupo dos recursos de revisão. Nesta hipótese, a revisão culmina, em caso de provimento, na pura eliminação do acto recorrido, ao conhecimento do qual se restringe, em consequência, o objecto do recurso: trata-se de uma *revisão simples*.

Mas se o órgão *ad quem*, além do poder de revogar, dispõe também do poder de direcção, nada obsta ao seu

---

([1]) Citado em Calamandrei, *Vizi della sentenza e mezzi di gravame*, in Studi sul processo civile, I, p. 187.

exercício no momento da decisão, pelo que esta pode deixar de ser puramente eliminatória, admitindo-se que seja acompanhada de uma ordem de modificacão do acto recorrido ou de uma ordem relativa às consequências a extrair, pelo órgão *a quo,* da revogação do acto recorrido, no plano da execução da decisão revogatória. Ora, neste caso, a revisão pode culminar numa revogação completada por uma ordem ao subalterno: trata-se, portanto, de uma *revisão reforçada.*

Há mesmo quem entenda que estas revisões reforçadas exorbitam da categoria da revisão, devendo com elas formar-se um *tertium genus,* situado a meio caminho entre a revisão e o reexame ([1]).

Por nossa parte, contudo, não vemos razão para aceitar tal visão das coisas, pois entendemos que a revisão reforçada constitui uma simples variante da revisão propriamente dita: o órgão *ad quem* revoga o acto recorrido, não podendo substituí-lo por outro. O facto de poder, além disso, pré-determinar o conteúdo do novo acto a proferir pelo órgão *a quo* não se nos afigura nada de extraordinário, pois mesmo que o não fizesse expressamente, é claro que nos fundamentos da revogação sempre haveria, ao menos implicitamente, indicações nesse sentido, que o órgão *a quo* não poderia deixar de acatar.

140. Chegamos assim, em resultado do duplo desdobramento a que procedemos sobre os tipos fundamentais de início enumerados, a uma tipologia quadri-

---

([1]) *Cfr.* Castro Mendes, *Direito Processual Civil (Recursos),* p. 56-57.

partida de recursos, que podemos agora enunciar, por ordem decrescente de intensidade dos poderes do órgão *ad quem,* pela forma seguinte: reexame ampliado, reexame normal, revisão reforçada, revisão simples.

Com isto, estamos finalmente em condições de enfrentar a análise do problema que nos ocupa, perante o direito administrativo português: a isso vamos já de seguida.

§ 3.º
O problema no direito português

I – APRECIAÇÃO DAS PRINCIPAIS OPINIÕES

A) Exposição

141. São muito escassas as referências na doutrina portuguesa ao problema que agora nos ocupa. As únicas que encontrámos são muito breves e devem-se ambas a Marcello Caetano.

Foi a primeira escrita a propósito do recurso hierárquico em processo disciplinar: aí se afirmava que «o recurso hierárquico implica um novo exame da questão em todos os seus aspectos, pela autoridade superior que se substitui àquela de cuja decisão se recorre» (¹).

A segunda é ainda mais curta e constitui uma adesão formal às concepções expostas pelo Supremo Tribunal Administrativo em acórdão que adiante mencionaremos – o qual perfilha entendimento idêntico, embora mais desenvolvido e completo, a esse que Marcello Caetano expusera alguns anos antes sobre o recurso hierárquico em matéria disciplinar.

---
(1) Marcello Caetano, *Do poder disciplinar*, p. 197.

A concepção deste acórdão, tal como transparece do respectivo sumário, presumivelmente redigido pelo próprio Marcello Caetano, é a de que «a decisão do recurso hierárquico resolve o assunto como se fosse apreciado pela primeira vez e aplicando a lei vigente à data em que tem lugar» ([1]).

Como se vê, a tese adoptada por Marcello Caetano é decididamente no sentido de que o recurso hierárquico tem, na ordem jurídica portuguesa, natureza de reexame.

Nunca o disse, é certo, por estas palavras: mas as expressões que utiliza e as soluções que perfilha – «novo exame da questão em todos os seus aspectos», «substituição da autoridade superior àquela de cuja decisão se recorre», «resolução do assunto como se fosse apreciado pela primeira vez», «aplicação da lei vigente na data da decisão do recurso» – não deixam margem para quaisquer dúvidas.

Esta conclusão é reforçada pela leitura da espécie jurisprudencial a cuja doutrina Marcello Caetano tão declaradamente aderiu.

Queremos referir-nos ao importante acórdão proferido pelo Supremo Tribunal Administrativo em 1938, no *caso de Domingos Sousa Carvalho* ([2]), e que ainda hoje continua a ser o mais notável, embora discutível, aresto da nossa jurisprudência em matéria de recurso hierárquico.

([1]) Eis os termos da adesão expressa de Marcello Caetano: «O presente acórdão é dos que fazem época na jurisprudência de um tribunal: assenta, com notável rigor, clareza e equilíbrio, certas soluções em matéria de recurso hierárquico que a doutrina não tem mais que acatar e louvar». V. *O Dir.*, 71, p. 24.

([2]) STA-1, 29-4-38, *Col.* (1), p. 539, e *O Dir.*, 71, p. 19; relator, o Conselheiro Francisco José Caeiro.

Aí se escreveu, entre outros não menos relevantes, o passo seguinte, que pelo seu valor intrínseco e representativo de toda uma concepção, transcrevemos na íntegra:

«No chamado recurso hierárquico, que é, mais ajustadamente, uma reclamação destinada a provocar uma nova apreciação e uma nova decisão *sobre o mesmo assunto* por um poder da *mesma natureza,* embora hierarquicamente superior, este não intervém como autoridade jurisdicional que procurasse *constatar* e reparar uma ofensa de direitos, mas simplesmente como autoridade administrativa, apreciando o assunto com toda a liberdade, como se ele lhe houvesse sido proposto e houvesse de ser decidido pela primeira vez, *criando,* em consequência, uma situação jurídica particular ao abrigo da lei que vigorar *no momento da nova decisão,* tal como o teria de fazer em reclamação graciosa a autoridade inferior, à qual, na reclamação hierárquica, o superior inteiramente se substitui ([1])».

Cremos que não se pode ser mais nítido, nem mais vigoroso, no enunciado da concepção do recurso hierárquico como recurso de reexame – a qual não mais foi desmentida pelo Supremo e deve, portanto, ser considerada, ainda hoje, como orientação oficial da jurisprudência administrativa portuguesa.

B) Apreciação crítica

142. Não pode negar-se que a concepção do recurso hierárquico como recurso do tipo reexame vê com realismo

---

([1]) Os sublinhados pertencem ao próprio texto do acórdão. V. o trecho reproduzido na Col. (1), p. 548, e em O Dir., p. 2 3.

uma parte da verdade: não vê, porém, em nosso entender, toda a verdade. O seu defeito capital consiste em tomar o recurso hierárquico como figura unitária e pretender vasá-lo, todo ele, num único molde.

O nosso ponto de vista, pelo contrário, parte da distinção de casos ou hipóteses diferenciados, procurando em cada um reconduzir o recurso hierárquico às categorias previamente enumeradas na tipologia estrutural apresentada.

É assim que, como vamos ver daqui a pouco, seremos levados a aceitar sem esforço a qualificação proposta pela doutrina e pela jurisprudência portuguesa quanto a alguns casos, mas também a repudiá-la sem hesitação relativamente a outros.

Quando, por exemplo, os n.ºs 4 e 5 do artigo 77.º do Estatuto Disciplinar dos Funcionários declara que o Ministro pode, em recurso disciplinar, mandar proceder a novas diligências e manter, diminuir ou anular a pena, bem como agravá-la ou substitui-la em certos termos – não há dúvida de que aceita a plenitude da cognitio *causae* e da competência dispositiva do superior, sinal portanto de que adopta o modelo do reexame.

Mas, fora desta hipótese, a lei é omissa: significará isso que teremos de aplicar sempre por analogia o disposto para os recursos hierárquicos em processo disciplinar? Veremos que não.

143. Atentando na época em que a doutrina e a jurisprudência atrás referidas se firmaram acerca do ponto

controvertido que analisamos – precisamente, os anos trinta – não impressiona a qualificação proposta para o recurso hierárquico, pois vigorava então em cheio o princípio de que a competência do superior abrange a do subalterno. Ora, aceitando-se tal postulado, é muito difícil, para não dizer impossível, sair da concepção unitária resultante da qualificação do recurso hierárquico, em todos os casos, como reexame.

Entretanto, porém, os tempos mudaram. E a ninguém é hoje lícito ignorar as limitações e atenuações que o princípio hierárquico, tomado na sua pureza, tem vindo a sofrer como cânone fundamental da organização administrativa [1].

Para além da hipótese da competência simultânea, aliás actualmente excepcional em nossa opinião, há que contar com muitas outras bem diversas, nas quais aumenta sucessivamente o grau de autonomia dos subalternos e decresce, em correlação, a intensidade do poder hierárquico: é o que se passa com as figuras da competência própria – separada ou reservada –, bem como com a competência delegada, para já não falar nos casos de competência exclusiva e de competência independente.

Adiante veremos qual a repercussão das características privativas de cada uma destas figuras na qualificação a dar aos recursos com elas relacionados: para já, contudo,

---

[1] V., sobre essas transformações, Bachelet, *I ricorsi amministrativi nel sistema della giustizia amministrativa*, p. 245 e segs.; Marongiu, *Gerarchia amministrativa*, p. 616 e segs.; Benvenuti, *Auto-tutela (diritto amministrativo)*, p. 537 e segs.; Sandulli, *Ricorso amministrativo*, p. 975 e segs.; idem, Ricorso gerarchico, p. 993 e segs.; e Giannini, *Diritto Amministrativo*, I, p. 277 e segs.

cumpre-nos chamar a atenção para o facto de que a variedade das modulações de competência numa organização hierárquica não consente que se perfilhe uma concepção unitária quanto ao enquadramento do recurso hierárquico numa ou noutra das categorias que a respectiva tipologia estrutural nos oferece.

Não basta, por outro lado, reconhecer a existência de uma pluralidade de hipóteses diferenciadas e, por conseguinte, admitir a necessária pluralidade correspondente de soluções.

Importa também possuir critérios que permitam encontrar, em face de cada caso, o regime aplicável. É com a busca desses critérios que vamos prosseguir a nossa indagação.

II – CRITÉRIOS DE SOLUÇÃO

A) A regra da competência própria dos subalternos

144. O princípio fundamental a ter em conta, em nossa opinião, como critério de solução do problema em aberto é o de que, regra geral, a competência dos superiores não abrange a dos subalternos, no sentido de que aqueles detêm relativamente a estes ou aos actos destes os poderes de direcção, de superintendência e disciplinar, mas não o poder de substituição: a competência dispositiva pertence, em princípio, apenas aos subalternos.

Já noutro lugar explicámos porquê ([1]). Aqui interessa-nos apenas reafirmar a existência e o alcance dessa regra.

Se a competência dos superiores não abrange normalmente a dos subalternos, isso significa que a competência simultânea é hoje em dia uma figura excepcional.

Há, é certo, casos em que a lei a estabelece. É o que se passa, por exemplo, com o poder de punir: o artigo 16.º, n.º 1, do Estatuto Disciplinar dos Funcionários dispõe expressamente – contra, pensamos nós, a regra geral vigente no direito português – que «a competência disciplinar dos superiores envolve sempre a dos seus inferiores hierárquicos dentro do serviço».

Assim, a competência conferida no n.º 2 do artigo 16.º do mesmo diploma a todos os chefes de serviço para aplicar aos respectivos subalternos a pena de repreensão, verbal ou escrita, tem de considerar-se uma competência simultânea, partilhada em comum com os respectivos superiores hierárquicos.

Mas este e outros casos de competência simultânea são excepcionais.

Robin de Andrade ([2]) propõe, para determinação de tais casos, critérios que pela sua excessiva latitude não podemos compartilhar: aceitamos que haja competência simultânea quando a lei inequivocamente atribua os mesmos poderes ao superior e ao subalterno e, bem assim, quando confira ao superior uma faculdade genérica e incondicional de avocação. Mas é tudo.

([1]) *Supra*, n.ºˢ 33 e segs.
([2]) *V. A revogação*, p. 283-285.

Designadamente, não podemos aceitar, de modo nenhum, que o carácter não definitivo dos actos do subalterno signifique a instituição de uma competência simultânea: a regra é que os actos não definitivos dos subalternos são praticados no uso de uma competência separada e não ao abrigo de uma competência simultânea. Reside nisto, precisamente, toda a diferença entre as figuras da competência comum e da competência própria.

São, pois, excepcionais no nosso direito os casos de competência simultânea.

Daí pode extrair-se uma conclusão que muito interessa à orientação a dar ao estudo do problema da qualificação estrutural dos recursos hierárquicos: é que, se outra coisa não estiver ou não dever considerar-se estabelecida, o recurso hierárquico será normalmente um recurso de revisão. Porque, não abrangendo a competência do superior a do subalterno, não haverá em princípio competência dispositiva da autoridade *ad quem,* nem portanto reexame.

Só não será assim, na verdade, se, como dizíamos, outra coisa estiver ou dever considerar-se estabelecida: isto põe-nos directamente perante a questão do *efeito devolutivo* do recurso.

B) O efeito devolutivo

1) *Em que consiste*

145. São constantes as referências na doutrina e na lei ao efeito devolutivo do recurso hierárquico.

Assim, por exemplo, Marcello Caetano, ao enumerar os actos não definitivos, inclui neles os actos de que caiba recurso hierárquico com efeito devolutivo ([1]), donde se conclui que devem reputar-se definitivos os actos sujeitos a recurso hierárquico se este não tiver efeito devolutivo – e que há, em geral, recursos hierárquicos com efeito devolutivo e recursos hierárquicos sem esse efeito.

Quanto às leis, citaremos, por todas, o n.º 4 do artigo 77.º do Estatuto Disciplinar dos Funcionários que estabelece os efeitos suspensivo e devolutivo do recurso hierárquico em matéria disciplinar, ao declarar que «a interposição do recurso hierárquico suspende a execução da decisão condenatória e devolve ao Ministro a competência para decidir definitivamente (...)» ([2]).

Pergunta-se: que devemos nós entender por efeito devolutivo? E que relevância terá este, porventura, para a solução do problema que ora nos ocupa?

146. Autores há para quem o efeito devolutivo de um recurso consiste na transferência, do órgão *a quo* para o órgão *ad quem*, do poder de decidir a questão suscitada pelo recurso ([3]).

É esta a concepção dominante na Alemanha, onde recurso com efeito devolutivo é sinónimo de recurso

---

([1]) *Manual*, I, p. 444.

([2]) A mesma solução, embora com excepções e cambiantes, vem proposta no projecto de Código de Processo Administrativo Gracioso para os recursos hierárquicos necessários em geral (art. 258.º).

([3]) V. os autores citados por Nigro, *L'appello*, p. 398 e segs.

hierárquico e recurso sem efeito devolutivo equivale a reclamação ([1](#)).

Semelhante concepção não se amolda às exigências do direito positivo português.

Ao contrário da Alemanha, onde a classificação dos recursos conforme a existência ou inexistência de efeito devolutivo é feita no campo dos recursos administrativos em geral, em Portugal esta classificação recorta-se no terreno específico dos recursos hierárquicos.

Ora, como o poder de decisão de todo e qualquer recurso hierárquico pertence, por definição, ao superior, seguir-se-ia que todos os recursos teriam efeito devolutivo.

Parece ser esta a conclusão a que se chega no processo civil português, onde o efeito devolutivo acaba assim por redundar numa característica essencial a todos os recursos, isto é, constitui afinal um elemento do próprio conceito de recurso.

No direito administrativo, porém, sabemos haver recursos hierárquicos que têm efeito devolutivo e outros que o não têm: a noção há-de, pois, ser diversa.

147. Infelizmente, não podemos socorrer-nos da nossa lei para apurar com rigor a noção de efeito devolutivo. O preceito que mais claramente se lhe refere é o já citado n.º 4 do artigo 77.º do Estatuto Disciplinar dos Funcionários. Simplesmente, o conceito que dele decorre é inaceitável.

---

[1] Cfr. Auby e Fromont, *Les recours contre les actes administratifs*, p. 42 e segs. e, em especial, 50-52 e 58.

Diz a disposição mencionada que «a interposição do recurso hierárquico (...) devolve ao Ministro a competência para decidir definitivamente (...)». Ora esta redacção é incorrecta, a mais de um título.

Em primeiro lugar, como já vimos, o efeito devolutivo não pode consistir na atribuição ao superior do poder de decidir o recurso: pois seria impensável que a lei estabelecesse ou admitisse um recurso sem conferir à entidade *ad quem* o poder de o decidir.

Em segundo lugar, é óbvio que não é da interposição do recurso que resulta a competência para decidir *definitivamente:* a possibilidade de os Ministros praticarem actos definitivos resulta, nos termos da lei, do facto de serem eles os chefes dos departamentos governativos, colocados no topo das hierarquias estaduais, e de consequentemente caber recurso contencioso directo dos seus actos.

Em terceiro lugar, se o efeito devolutivo é a transferência de um poder do subalterno para o superior – como parece depreender-se do emprego pela lei da expressão «devolve a competência» –, então esse poder não pode ser o de praticar actos definitivos, que falta aos subalternos na hipótese de competência simultânea, como é o caso em matéria disciplinar, ou mesmo na hipótese de competência separada, como é o caso nos recursos hierárquicos necessários.

Em suma: o efeito devolutivo não pode consistir na atribuição ao superior, e muito menos na transferência para o superior, do poder de decidir definitivamente o recurso.

148. Consideremos agora a concepção de Marcello Caetano.

O efeito devolutivo surge neste autor definido *prima facie* como a «passagem da competência para resolver o caso controvertido da autoridade recorrida para aquela a quem se recorre» ([1]). Parece, assim, perfilhada a doutrina que podemos dizer tradicional e que rejeitámos linhas atrás.

Só que, noutro passo da mesma obra, o mesmo autor completa o seu pensamento, ao referir-se à hipótese de um recurso hierárquico facultativo em que o superior não possa revogar nem alterar o acto recorrido, mas apenas ordenar ao subalterno a sua revogação ou alteração.

Escreve a esse propósito Marcello Caetano: nesta hipótese, «o superior *ad quem* não se substitui ao órgão recorrido, isto é, o recurso hierárquico não tem efeito devolutivo» ([2]). Literalmente, o efeito devolutivo aparece aqui ligado ao poder de substituição do superior – o que, como veremos, nos parece fundamentalmente correcto.

Não podemos esquecer, no entanto, que para Marcello Caetano, no passo transcrito, tanto falta o efeito devolutivo no caso de o superior se não poder substituir ao subalterno, como no caso de ele não poder sequer revogar o acto deste.

Ora, é a estroutro aspecto que, por nossa parte, não podemos dar a nossa concordância: pois, como já dissemos, o recurso hierárquico implica sempre, em nosso entender, pelo menos o poder de revogar ([3]).

([1]) *Manual*, I, p. 444.
([2]) *Manual*, II, p. 1246.
([3]) V. *supra*, n.º 129.

Concordamos, todavia, basicamente, como primeiro aspecto referido por Marcello Caetano: a nossa opinião é que o efeito devolutivo está ligado ao poder de substituição do órgão *ad quem* e consiste *na atribuição ao superior da competência dispositiva que, sem o recurso, pertence como competência própria ao subalterno.*

Na verdade, dissemos a seu tempo que, em nosso modo de ver, a competência do superior não abrange, por via de regra, a do subalterno: o superior não possui competência dispositiva em relação às matérias incluídas na esfera própria de competência do subalterno.

Daí que pelo facto da interposição de um recurso hierárquico a posição do superior não se altere, a menos que ocorra um *efeito especial* que a modifique. É essa, justamente, a função do efeito devolutivo – atribuir ao superior hierárquico a competência dispositiva que de outra forma lhe faltaria.

149. Já podemos agora medir todo o alcance desta concepção do efeito devolutivo, no que se refere ao problema da distinção entre os recursos do tipo reexame e os recursos do tipo revisão.

É que, sendo como vimos a competência dispositiva elemento essencial do reexame, sempre que o superior hierárquico a não possuir originariamente (e é a regra), só a produção do efeito devolutivo conferirá ao recurso a natureza de um reexame, com todas as modificações correspondentes – na dilatação do objecto do recurso, no alargamento dos poderes de cognição, e na atribuição do poder de substituição.

É claro, no entanto, que só faz sentido falar em efeito devolutivo no âmbito da esfera de competência própria do subalterno: se a competência for, de raiz, uma competência simultânea, o efeito devolutivo não tem obviamente qualquer razão de ser; é desnecessário.

Notar-se-á que a concepção do efeito devolutivo aqui preconizada se adequa perfeitamente ao ensinamento tradicional – que continuamos a reputar correcto – de que os actos sujeitos a recurso hierárquico com efeito devolutivo não são definitivos.

De harmonia com a noção acima dada, serão não definitivos, por este motivo, apenas os actos sujeitos a substituição (ou modificação) superior, ao passo que, se incluíssemos no efeito devolutivo a transferência do próprio poder de revogar, teríamos de considerar não definitivos todos os actos sujeitos a revogação pura e simples pelo órgão *ad quem* – solução manifestamente excessiva, pois nada há que nos leve a considerar não definitivos os actos sujeitos a revogação *pelo superior* e definitivos os actos passíveis de revogação *pelo seu autor*. E que estes últimos são definitivos resulta directamente das disposições legais que permitem a revogação de actos definitivos e executórios durante o prazo do recurso contencioso.

A definitividade não obsta, pois, à eliminação do acto – como o prova, aliás, a figura da anulação contenciosa ([1]).

([1]) Aderimos assim, nesta medida, à opinião de Robin de Andrade, *A revogação*, p. 286 e segs., e *A competência para a revogação*, p. 64-68, rectificando, pela parte que nos toca, o pensamento exposto no *Manual de Direito Administrativo* de Marcello Caetano, I, p. 548-549. Mas sublinhe-se que, se houver competência exclusiva, não caberá recurso hierárquico.

2) *Quando se verifica*

150. Apurada a noção de efeito devolutivo no âmbito do recurso hierárquico, importa agora determinar quando é que tal efeito se verifica, isto é, em que casos se produz.

Em nossa opinião, o efeito devolutivo produz-se nos casos em que o acto sujeito a recurso hierárquico não é definitivo.

Porquê?

Para que um acto possa ser considerado definitivo é necessário, como se sabe, que, além do mais, constitua uma resolução final. E para que possa ser considerado como resolução final é indispensável que ponha termo a um processo gracioso (ou a um seu incidente autónomo) e que dele não caiba recurso hierárquico com efeito devolutivo ([1]).

Concentremo-nos por instantes no conceito de resolução final. Se bem repararmos, ela pressupõe e exige duas formas diversas de definitividade, a que chamaremos definitividade *horizontal* e definitividade *vertical*.

A primeira é material e inerente à perfeição dos tipos legais de actos administrativos: só é definitivo, *hoc sensu*, o acto conclusivo de cada processo, que preencha o tipo legal em vista do qual o processo foi instaurado. Não são, pois, definitivos, por falta de definitividade horizontal, os actos preparatórios, os actos de execução, os actos confirmativos, etc.

([1]) Cfr. Marcello Caetano, *Manual*, I, p. 443-444.

Diferente é a definitividade vertical, que é orgânica e resulta do tipo de autoridade competente, ou da sua posição no sistema administrativo: só são definitivos, *hoc sensu*, os actos dos órgãos a quem a lei atribuir a faculdade de praticar actos contenciosamente impugnaveis, ou seja, em geral, os actos dos órgãos dirigentes das pessoas colectivas públicas, dos órgãos que procedam por delegação dos primeiros e dos órgãos independentes, bem como, em especial, os actos expressamente qualificados por lei como definitivos ou como susceptíveis de recurso contencioso directo. Não são, pois, definitivos, por falta de definitividade vertical, os actos dos subalternos – salvo se outra for a solução legal.

No sistema do nosso direito, um acto administrativo só constitui *resolução final* se reunir simultaneamente os caracteres da definitividade horizontal e da definitividade vertical: não são definitivos, por consequência, os actos preparatórios praticados por um Ministro, que possuem a segunda qualidade mas não a primeira, nem as decisões conclusivas tomadas por subalternos, que possuem a primeira mas não a segunda.

151. Ora bem: para a determinação dos casos em que o efeito devolutivo se produz, importa sobremaneira considerar se os actos recorridos praticados por um subalterno possuem ou não a nota da definitividade vertical.

Em caso afirmativo, isso significa tratar-se de actos que aos olhos da lei provêm de órgãos habilitados a proferir a última palavra da Administração sobre determinada matéria, capazes portanto de a comprometer perante os tribunais do contencioso administrativo.

Da definitividade vertical pode assim deduzir-se, no mínimo, uma reserva de competência em benefício do subalterno: ao superior deve ser permitido eliminar os actos deste através de uma revogação pura e simples, mas não lhe pode ser consentido que, para além da revogação, dê nova regulamentação material ao caso versado no acto do subalterno.

Por outras palavras: a definitividade vertical não se adequa à atribuição de competência dispositiva ao superior, «na medida em que a titularidade dessa competência dispositiva se traduziria inevitavelmente no reconhecimento de um amplo poder revogatório (...), incompatível com a definitividade legal dos actos (...)» ([1]).

Isto porque, por outro lado, a razão da exigência da definitividade vertical como pressuposto da recorribilidade contenciosa se cifra na necessidade, imposta por razões de economia processual, de evitar que os tribunais sejam chamados a pronunciar-se sobre actos ainda sujeitos a alterações essenciais: «a caracterização de um acto como definitivo pressupõe que o órgão que o praticou é a última entidade administrativa com o poder de *determinar os efeitos jurídicos que formam o conteúdo do acto em questão*» ([2]).

Pelo contrário, se os actos a impugnar não são definitivos, isso significa que não constituem ainda a última

---

([1]) Robin de Andrade, *A revogação*, p. 316.
([2]) Robin de Andrade, *A revogação*, p. 289.

palavra da Administração sobre o assunto e que, por consequência, a lei reconhece aos superiores hierárquicos o poder de lhes introduzir alterações essenciais, antes que os tribunais tenham de debruçar-se sobre eles.

Mas, aqui, atenção: se os actos não definitivos são praticados no uso de uma competência simultânea, o poder de substituição é inerente à competência dispositiva originária do superior – e pode por isso exercer-se, independentemente da interposição de qualquer recurso hierárquico.

Se, porém, os actos não definitivos provêm do uso de uma competência própria do subalterno, o superior só adquire o poder de os substituir com a atribuição de competência dispositiva resultante da verificação do efeito devolutivo – e apenas, portanto, quando haja sido efectivamente interposto o recurso.

III – SOLUÇÕES

152. Munidos dos critérios anteriormente delineados, vamos agora aplicá-los às diversas hipóteses que importa distinguir, de modo a apurar como se qualificam os recursos hierárquicos na nossa ordem jurídica, em face da alternativa básica «reexame-revisão» e das suas principais variantes.

Começaremos pela hipótese da competência simultânea, seguindo depois para os casos de competência própria – a saber, competência separada e competência reservada – e encarando em terceiro lugar as especialidades da competência delegada. Não consideraremos as hipóteses de competência exclusiva e de competência independente, porque nelas não há recurso hierárquico, como já ficou dito.

A terminar, estabeleceremos o confronto das soluções apuradas para o recurso hierárquico com as que caracterizam o regime de certas figuras afins, a saber, os recursos hierárquicos impróprios e o recurso tutelar.

A) Competência simultânea

153. Recordemos que existe competência comum quando dois ou mais órgãos são igualmente competentes para a prática de um certo acto administrativo.

Não interessando, porém, ao recurso hierárquico os casos de competência conjunta, só nos importa considerar aqui a figura da competência simultânea – que se caracteriza, como sabemos, pelo facto de qualquer dos órgãos competentes poder praticar o acto sozinho, ficando assim prevenida a jurisdição.

Já vimos que não é esta, quanto a nós, a regra geral da hierarquia externa, uma vez que entendemos que a competência do superior não abrange, em princípio, a do subalterno. Todavia, sabemos que, por vezes, a título excepcional, a lei estabelece casos de competência simultânea entre o superior e o subalterno: em tais casos, a competência do primeiro abrange a do segundo.

Na hipótese de competência simultânea, não temos dúvida em sustentar que o sistema vigente é o do *reexame*.

Efectivamente, a competência simultânea significa que o superior hierárquico detém, em relação a uma certa matéria, os mesmos poderes que o subalterno. Isto é, a competência dispositiva tanto pertence ao superior como ao subalterno.

De modo que, tal como o subalterno, o superior pode praticar sobre essa matéria os actos primários que entender (com a única condição de não ter sido ainda prevenida a jurisdição pelo subalterno) e, bem assim (já sem esta condição), praticar sobre a mesma matéria todos os actos secundários que a lei faculta e, por conseguinte, não apenas a revogação mas também a substituição e a modificação.

É que o poder de substituição é inerente à titularidade de uma competência dispositiva: quem pode substituir-se a outrém, espontaneamente, na prática de um acto primário, pode também fazê-lo, por identidade de razão, na substituição desse acto por outro de conteúdo diferente.

E isto é assim tanto no caso de a competência simultânea se traduzir, para o superior, numa alternativa actual e permanente, como no de se cifrar em mera alternativa potencial e esporádica, dependente de avocação: a verdade é que em ambos os casos a competência é simultânea, pertencendo ao superior a plenitude da competência dispositiva.

154. Nesta hipótese, o recurso hierárquico a interpor é naturalmente um recurso hierárquico necessário.

De facto, para surgir um recurso hierárquico em caso de competência simultânea, é indispensável que o acto primário haja sido praticado pelo subalterno. Mas, prevenida a jurisdição por um órgão não habilitado a praticar actos definitivos, é óbvio que o recurso a interpor tem de ser necessário.

Põe-se por isso a questão de saber se este recurso tem ou não efeito devolutivo.

É conhecida a formulação tradicional de que todo o recurso hierárquico necessário tem efeito devolutivo. Mas é já igualmente conhecida a nossa opinião de que o efeito devolutivo só pode produzir-se quando, sem ele, o superior não possui competência dispositiva.

Daí a conclusão de que este recurso hierárquico necessário não tem efeito devolutivo, precisamente porque a autoridade *ad quem* detém já, originariamente, competência dispositiva. Isto é, o recurso não tem aqui efeito devolutivo porque não precisa de tê-lo: tudo se passa, por isso mesmo, como se o tivesse.

155. Na hipótese que vimos considerando, a titularidade originária de competência dispositiva pelo superior hierárquico vai ao ponto de lhe consentir a emanação de uma decisão de fundo, ainda que o acto recorrido se tenha limitado a tomar uma pura decisão de forma.

Assim, por exemplo, rejeitado o requerimento de um interessado por falta de legitimidade ou por extemporaneidade do pedido, o superior hierárquico não se acha limitado a apreciar a decisão formal tomada pelo subalterno: pode inclusivamente, se entender dar provimento ao recurso, além de revogar o indeferimento, conceder ou negar, ele, a providência solicitada.

É certo que assim se viola o princípio do duplo grau, o que constitui uma diminuição dos direitos do recorrente.

Mas a competência simultânea não é compatível com a garantia do duplo grau: basta pensar em que, segundo a lei, podia muito bem ter sido o superior a prevenir a jurisidição.

Nos casos de competência simultânea, portanto, vigora um sistema de reexame sem duplo grau, ou seja, um sistema de *reexame ampliado*.

B) Competência separada

156. Na competência separada, como já sabemos, o subalterno recebe da lei um certo conjunto de poderes que lhe ficam a pertencer como competência própria e lhe permitem praticar actos administrativos executórios.

O superior hierárquico, porque o é, além do poder de direcção e do poder disciplinar, possui também o poder de superintendência – que lhe faculta a revogação dos actos do subalterno, *ex officio* ou mediante recurso –, mas não detém qualquer poder de substituição. Não há, assim, competência simultânea.

Dos actos praticados pelo subalterno no exercício da sua competência separada não cabe, porém, recurso contencioso, mas sim recurso hierárquico necessário: tais actos não são definitivos.

Nesta hipótese, o sistema em vigor é também, quanto a nós, o do *reexame*.

Pode parecer estranho que neste caso entendamos assim, quando é certo que nos encontramos perante uma figura incluída no quadro da competência própria do subalterno, não partilhada em comum com o superior hierárquico.

Simplesmente, acontece que temos aqui de entrar em linha de conta com o efeito devolutivo.

Na verdade, os actos praticados por um subalterno dotado de competência separada não são definitivos: a interposição do recurso hierárquico produz, por conseguinte, o efeito devolutivo.

O recurso pertence, assim, ao tipo reexame. Mas o facto de a inclusão nesta categoria decorrer do efeito devolutivo, e não da titularidade originária da competência dispositiva, tem importantes consequências.

157. De facto, e ao contrário do que sucede nos casos de competência simultânea – em que a intensidade do reexame vai ao ponto da supressão do duplo grau –, nas hipóteses de competência separada o reexame facultado pelo efeito devolutivo não dispensa o duplo grau.

Precisamente porque a lei criou uma competência própria em favor do subalterno, a intervenção do superior não pode prescindir do momento primário, destinado à actuação do subalterno: este tem de exercer primeiramente a competência dispositiva que lhe pertence; só depois é que o superior pode intervir.

De tal maneira que, se o acto recorrido contiver uma mera decisão de forma, o superior, ao conceder provimento ao recurso, não pode mergulhar logo no fundo da questão: fazê-lo seria prescindir do duplo exame que a lei pretendeu garantir, ao estabelecer uma competência própria na titularidade do subalterno.

O superior hierárquico pode, assim, substituir uma decisão de fundo por outra decisão de fundo ou por uma decisão de forma, bem como substituir uma decisão de forma por outra de igual natureza: o que não pode é proferir uma decisão de fundo primária, isto é, que não consista na substituição ou modificação de outra decisão de fundo, previamente tomada pelo órgão subalterno. O sistema é, pois, de *reexame normal*.

Não altera os dados da questão a circunstância de, por vezes, a lei exigir como condição da definitividade do acto do subalterno a ratificação (confirmativa) do superior ([1]): a exigência de ratificação mostra precisamente que a competência do superior só pode exercer-se através de um acto secundário, o que pressupõe a atribuição do poder de praticar os actos primários ao subalterno e, portanto, a garantia do duplo grau.

C) Competência reservada

158. Com a competência reservada vai ainda mais longe do que com a simples competência separada a autonomia dos subalternos.

([1]) V., por ex., os artigos 80.°, § único, e 88.°, § único, do Código de Processo das Contribuições e Impostos, na redacção dada pelo Decreto-Lei n.° 45 400, de 30 de Novembro de 1963, onde, aliás menos correctamente, se fala em «confirmação» do superior.

De facto, a lei confere aqui aos actos do subalterno carácter definitivo e, em consequência disso, permite que deles seja imediatamente interposto recurso contencioso.

O superior hierárquico continua investido na sua qualidade de superior, detendo nomeadamente os poderes de direcção, de superintendência e disciplinar, mas a sua confirmação dos actos do subalterno já não é, ao contrário do que na competência separada sucede, exigida como pressuposto da impugnação contenciosa.

Mantendo-se o poder de superintendência nas mãos do superior, continua a ser possível interpor para ele um recurso hierárquico dos actos do subalterno: mas trata-se de um simples recurso facultativo.

Tal como na hipótese de competência separada – e porque se trata de competência própria do subalterno, não compreendida na competência do superior –, este não possui originariamente qualquer competência dispositiva.

Mas, e ao contrário do que nessa hipótese acontece, o recurso hierárquico não tem aqui, em princípio, efeito devolutivo, pois os actos praticados no exercício de competência reservada são definitivos.

De modo que o recurso reconduz-se obviamente ao tipo da *revisão*.

Compreende-se, de facto, que assim seja: tendo o recurso por objecto um acto definitivo, não faria sentido que a autoridade *ad quem* pudesse reexaminá-lo, apreciar a questão subjacente em todos os seus aspectos e substituir o acto recorrido por outro diferente, participando assim, intrinsecamente, no desempenho de uma competência dispositiva que a lei quis propositadamente reservar ao subalterno.

Cumpre, no entanto, sublinhar que o órgão *ad quem* é superior hierárquico do órgão *a quo,* cabendo-lhe por isso, entre outros, o poder de direcção sobre os seus subalternos: pode assim, se quiser – ao lado da revogação do acto recorrido, a que necessariamente se circunscreve o seu poder de decisão do recurso –, dar ao órgão *a quo* uma ordem destinada a impor-lhe o sentido da solução a imprimir ao caso controvertido.

Trata-se, pois, de uma *revisão reforçada*.

159. Entretanto, acontece por vezes que a lei, num contexto normal de competência reservada, atribui ao superior hierárquico o poder de decidir «em última instância». Como interpretar semelhante expressão? Será, nestes casos, a revisão substituída pelo reexame?

Quer-nos parecer que, no âmbito de uma relação hierárquica propriamente dita ([1]), o sentido de uma expressão como essa só pode ser o de negar carácter definitivo aos actos do subalterno, fazendo anteceder o recurso contencioso de um recurso hierárquico necessário. Só não será assim, em nosso entender, se a lei claramente determinar a imediata impugnabilidade contenciosa dos actos em causa.

Marcello Caetano qualifica esta hipótese como «anomalia manifesta» ([2]), por ver nela um caso de recurso

---

([1]) V. *infra,* n.º 171, a interpretação a dar a expressões deste tipo no âmbito das relações tutelares.

([2]) *Manual,* II, p. 1244.

hierárquico facultativo com efeito devolutivo: dupla anomalia, acrescentamos nós, pois assenta também na criação por lei de um recurso contencioso contra um acto não definitivo.

Nesta hipótese, o recurso hierárquico produz realmente o efeito devolutivo e assume, portanto, a configuração de um *reexame normal*. Importa, todavia, ponderar que, em rigor, já não se trata aí de um caso de competência reservada com efeito devolutivo — mas sim de uma hipótese de competência separada com recurso contencioso. Ou seja, por outras palavras: não se trata de um acto definitivo sujeito a reexame, mas sim de um acto não definitivo sujeito, concomitantemente, a reexame gracioso e a recurso contencioso.

É aplicável a estes casos o artigo 21.º da Lei Orgânica do Supremo Tribunal Administrativo, que nada permite interpretar como restrito a hipóteses de recurso tutelar e de recurso hierárquico impróprio. O recurso hierárquico será, pois, nestes casos, um mero *recurso de mérito*.

D) Competência delegada

160. Sabe-se que um órgão dispõe de competência delegada quando, nos termos da lei, o delegante lhe transfere o exercício de parte da sua competência própria.

A competência delegada continua, é certo, a pertencer de raiz ao delegante, que conserva sempre a respectiva titularidade, mas o exercício dessa competência passa para o delegado — o qual, enquanto a delegação se mantiver e salvo o caso de avocação, é o único órgão legalmente habilitado a praticar os actos compreendidos no âmbito dos poderes delegados, a menos que resulte claramente da lei a intenção de estabelecer, contra o espírito normal da delegação, uma competência comum entre o delegante e o delegado.

Fora desta hipótese, encontramo-nos, pois, com a delegação de poderes, a meio caminho entre a competência simultânea e a competência própria.

Cumpre-nos agora saber como se passam as coisas, em matéria de competência delegada, quanto à estrutura do recurso hierárquico. Só nos pronunciaremos por enquanto a respeito dos casos de delegação com hierarquia – pois os de delegação sem hierarquia relevam do recurso hierárquico impróprio, que abordaremos mais adiante.

161. Na delegação com hierarquia há fundamentalmente duas sub-hipóteses a considerar, consoante a lei atribua, ou não, carácter definitivo aos actos praticados pelo delegado.

Se os actos do delegado não são definitivos – como sucede, por exemplo no Código Administrativo, artigos 83.º, § 3.º ([1]), e 105.º, §§ 1.º a 3.º –, entendemos que o sistema adoptado é o do reexame, cabendo dos actos do delegado recurso hierárquico necessário para o delegante.

([1]) O § 3.º do artigo 83.º do Código Administrativo, apesar de não ter sido incluído na norma revogatória contida no artigo 114.º, n.º 1, da Lei das Autarquias Locais, deve considerar-se revogado na parte relativa às decisões do Presidente da Câmara como autoridade policial. Mas, em nossa opinião, continua em vigor na parte referente às decisões das autoridades da PSP tomadas por delegação do Governador Civil.

Sublinhe-se entretanto que o sistema do reexame se nos afigura decorrer, não de um possível efeito devolutivo do recurso hierárquico, mas sim da competência simultânea que nos parece existir, nesses casos, entre o delegante e o delegado.

Na verdade, a circunstância de a lei não atribuir aos actos do delegado carácter definitivo significa, quanto a nós, que ela quis manter nas mãos do delegante a competência dispositiva que originariamente lhe pertence.

De facto, se o superior hierárquico tem o poder de praticar actos definitivos e a lei estabelece o carácter não definitivo dos actos correspondentes do subalterno, isso significa que a competência do superior não vai ser exercida *qua tale* pelo subalterno, mas apenas em termos de não definitividade vertical, ou seja, a título de competência para a prática de *actos provisórios*.

Ora, se a transferência de exercício em que a delegação consiste não tem por objecto a competência do superior na sua plenitude, mas uma versão mitigada ou atenuada dessa competência, é porque a lei retém na fonte o essencial, isto é, a titularidade da competência dispositiva.

Esta encontra-se, assim, na esfera do delegante por força da própria natureza da delegação – não lhe advém, por via do efeito devolutivo, apenas no momento e em virtude da interposição do recurso.

162. Se, pelo contrário, os actos do delegado são definitivos – segundo a regra geral do nosso direito –, deles cabe imediatamente recurso contencioso e, porque

o delegado se encontra integrado numa hierarquia, também recurso hierárquico facultativo.

Isto equivale a dizer que o sistema adoptado é o da revisão: pois, já o sabemos, o carácter definitivo dos actos não se compadece com o poder de substituição.

Mas produzir-se-á ou não, aqui, o efeito devolutivo?

Quanto a nós, não.

É que o efeito devolutivo, se não suscita dificuldades e pode dizer-se normal em relação aos recursos interpostos de actos não definitivos, só excepcionalmente é admissível a respeito de recursos que tenham por objecto um acto definitivo. Esta hipótese, como diz lucidamente Marcello Caetano, «é uma anomalia manifesta, visto que se cabe recurso hierárquico com efeito devolutivo o acto deixa de ser definitivo» ([1]).

Sendo excepcional, o efeito devolutivo só se verificaria se a lei claramente o impusesse – o que não sucede.

Concluímos por isso ser o sistema aqui o da revisão, salvo disposição legal expressa em contrário.

163. No que respeita à hipótese de a delegação não envolver a atribuição de carácter definitivo aos actos do delegado, são-lhe quanto a nós aplicáveis todas as consequências expostas atrás a propósito da competência simultânea. Designadamente, o reexame abrange a possibilidade de o superior emitir uma decisão de fundo ainda que o acto recorrido contivesse tão-somente uma decisão de forma. Trata-se de um *reexame ampliado*.

([1]) *Manual*, II, p. 1244.

Quanto à hipótese de os actos do delegado serem definitivos, vigora como dissemos o sistema da revisão, mas, cabendo a decisão do recurso a um superior hierárquico, nada obsta a que este, ao revogar o acto recorrido, dê ao subalterno uma ordem atinente à forma de substituir o acto revogado por outro. Trata-se de uma *revisão reforçada*.

E) Síntese

164. Se pretendermos neste momento fazer o balanço das soluções encontradas para o problema da qualificação estrutural dos recursos hierárquicos no nosso direito, chegaremos ao seguinte quadro de conclusões:

a) tratando-se de competência simultânea, o recurso é um r*eexame ampliado*;
b) se a competência for separada, o recurso é um *reexame normal*;
c) se houver competência reservada, o recurso é uma *revisão reforçada*;
d) quando, finalmente, a competência for delegada, o recurso hierárquico será um *reexame ampliado*, no caso de os actos do subalterno não serem definitivos, e uma revisão reforçada no caso contrário.

Vistas as coisas por outra perspectiva, podemos dizer que se incluem no grupo do reexame os recursos hierárquicos que tenham por objecto actos não definitivos praticados no exercício de uma competência simultânea, separada ou delegada; e no grupo da revisão os recursos que tenham por objecto actos definitivos praticados no exercício de uma competência reservada ou delegada.

Notar-se-á, entretanto, que não encontrámos até aqui nenhum caso em que o recurso hierárquico corresponda a uma hipótese de revisão simples. Como veremos de seguida, esta só aparece no âmbito dos recursos hierárquicos impróprios e do recurso tutelar. O que se compreende bem, aliás: havendo hierarquia propriamente dita e recurso hierárquico, há sempre poder de direcção, pelo que o grau mínimo compatível com um genuíno recurso hierárquico é, de facto, o da revisão reforçada.

Vamos agora confrontar o panorama acabado de expor com o que se desfruta pela observação do regime aplicável aos recursos hierárquicos impróprios e ao recurso tutelar.

IV – CONFRONTO DAS SOLUÇÕES ANTERIORES COM AS DOS RECURSOS HIERÁRQUICOS IMPRÓPRIOS E DO RECURSO TUTELAR

A) Recursos hierárquicos impróprios

165. Os recursos hierárquicos impróprios não têm, como se sabe, um regime jurídico unitário que se encontre pré-estabelecido: existindo apenas se e quando disposições especiais os admitirem, os seus termos são naturalmente os que em cada caso forem estatuídos pelas normas aplicáveis ou os que delas se puderem extrair.

O mais que aqui podemos fazer, por conseguinte, é tentar encontrar uma directriz que possa orientar o intérprete na solução dos casos omissos: será esse o caminho a seguir no silêncio da lei.

166. De novo se nos afigura que a distinção fundamental a traçar toma por base a linha de fronteira que separa os actos definitivos dos actos não definitivos. Temos assim de discriminar os casos em que o recurso hierárquico impróprio tenha por objecto um acto definitivo e os casos em que o seu objecto seja um acto não definitivo.

Quanto aos primeiros – recursos contra actos definitivos –, o sistema aplicável parece-nos ser o da *revisão simples*.

Sistema de revisão, pois tratando-se de actos definitivos e nada havendo que justifique, salvo preceito legal em contrário, a produção do efeito devolutivo, nenhuma base haveria para pensar em reexame.

Sistema de revisão simples, porque não existindo verdadeira hierarquia, não há qualquer poder de direcção na titularidade do órgão *ad quem*.

Estas considerações aplicam-se, em princípio, a todos os casos de recurso hierárquico impróprio que tenham por objecto actos definitivos e, portanto, também aos que resultam da impugnação dos actos definitivos praticados por delegação de poderes – sempre que esta não ande ligada à hierarquia, claro está. Diferentemente do que na delegação com hierarquia vimos suceder, e precisamente pela falta de hierarquia, o recurso reveste aqui a natureza de revisão simples, e não a de revisão reforçada.

167. Pelo que diz respeito aos recursos hierárquicos impróprios que tenham por objecto actos não definitivos, queremos crer que a recusa do carácter definitivo aponta decididamente, nos termos gerais, no sentido de um sistema de reexame.

Mas aqui importa distinguir.

Na generalidade dos casos, a falta de competência simultânea entre a autoridade *ad quem* e a autoridade *a quo* só permitirá fundar a qualificação dos recursos hierárquicos impróprios como recursos de reexame no reconhecimento do efeito devolutivo. Trata-se-á, então, de um *reexame normal*.

Mas, na hipótese de delegação de poderes, as coisas passam-se de modo diferente. Se, na delegação sem hierarquia, os actos do delegado não forem definitivos — caso raro, visível por exemplo no artigo 83.°, § 3.°, do Código Administrativo ([1]) —, entendemos que, pelas razões já expostas acerca da delegação com hierarquia, a delegação não rouba ao delegante a competência dispositiva sobre a matéria delegada, pelo que a competência do delegado não é separada, mas simultânea.

Daí que não haja sequer que pôr o problema do efeito devolutivo e que, por consequência, se esteja perante um *reexame ampliado*. Porque há originariamente uma situação de competência partilhada em comum entre o delegante e o delegado. O delegante pode, se quiser, tomar a dianteira e prevenir a jurisdição. Não está, pois, assegurada a garantia do duplo grau.

([1]) Recurso necessário para o Governador Civil dos actos praticados, por delegação dele, pelas autoridades da P.S.P.

168. Em resumo: sob o ponto de vista que tem vindo a reter a nossa atenção, o regime dos recursos hierárquicos impróprios assemelha-se ao dos recursos hierárquicos propriamente ditos nas hipóteses de competência simultânea (reexame ampliado) e de competência separada (reexame normal), mas aparta-se dele em caso de competência reservada. Pois, enquanto nos autênticos recursos hierárquicos vigora um sistema de revisão reforçada, nos recursos hierárquicos impróprios a entidade *ad quem* não pode, em princípio, ir além de uma revisão simples.

Seria, de resto, para estranhar que a diferença essencial entre uns e outros não derivasse, precisamente, da própria noção de hierarquia: a revisão é necessariamente simples quando a falta de hierarquia priva o órgão *ad quem* do poder de direcção.

B) Recursos tutelares

169. No tocante aos recursos tutelares, também não estão estabelecidas regras uniformes de natureza genérica, pelo que o regime jurídico aplicável consta das normas especiais que em cada caso os instituem ou permitem.

Tal come na alínea anterior, enunciaremos as directrizes que se nos afiguram válidas para a integração das lacunas da lei.

170. Se os actos das entidades autónomas sujeitos a recurso tutelar forem actos definitivos, como é de regra, o sistema adoptado não pode deixar de ser o da *revisão simples, pois* não haverá na autoridade *ad quem* competência

dispositiva, nem tão-pouco poder de direcção - o qual, sabido é, não existe na tutela administrativa. A solução é aqui idêntica à dos recursos hierárquicos impróprios.

171. Mas se os actos recorridos forem actos não definitivos, isto é, se a lei estabelecer um recurso tutelar necessário, *quid juris?*

Excluída, por razões evidentes, a possibilidade de uma competência simultânea, toda a questão se concentra em saber se tal recurso terá ou não efeito devolutivo.

Claro que não nos interessam aqui os casos que a lei expressamente regule: se os termos legais forem inequívocos no sentido afirmativo, é óbvio que se lhes deve obediência e que, portanto, o recurso tutelar revestirá a natureza de um *reexame normal* ([1]).

Interessa-nos, sim, debater a questão no pressuposto da inexistência de normas aplicáveis: o recurso tutelar necessário tem ou não, em princípio, efeito devolutivo?

À primeira vista parece que sim: o carácter necessário do recurso e, por conseguinte, a irrecorribilidade contenciosa dos actos a ele sujeitos parecem denunciar uma quebra de autonomia da entidade tutelada, que consentiria o efeito devolutivo.

Mas, por outro lado, a verdade é que se trata de uma pessoa colectiva autónoma.

([1]) Parece ser esse o caso quando a lei dê ao Ministro competente o poder de *decidir em última instância*: quer se construa este recurso administrativo como um recurso tutelar necessário, quer como um recurso tutelar facultativo (dos previstos no artigo 21.º da Lei Orgânica do S.T.A.), afigura-se não ser possível negar o efeito devolutivo e, portanto, o reexame. V., sobre o assunto, Marcello Caetano, *Manual*, II, p. 1245, e a anotação em *O Dir.*, 84, p. 187.

Se, havendo hierarquia, a irrecorribilidade contenciosa arrasta consigo o efeito devolutivo, não havendo nenhuma espécie de hierarquia – nem própria nem imprópria –, mas sim genuina autonomia, isso inclina no sentido de que todos os actos da pessoa colectiva em causa devem reputar-se imunizados contra qualquer substituição empreendida pelo órgão tutelar.

Bem sabemos que existe a figura da tutela substitutiva. Mas esta, além de excepcional, tem apenas natureza sancionatória: o órgão tutelar intervém se, e porque, a entidade tutelada deixou de cumprir um dever legal ([1]).

Ora aqui a substituição não seria sancionatória, não se fundando portanto no não-cumprimento de um dever imputável à pessoa colectiva autónoma: seria antes uma substituição normal, destinada a sobrepor os critérios do órgão tutelar aos da entidade tutelada. E o pior é que essa sobreposição teria lugar única e simplesmente por efeito da interposição do recurso, isto é, por mera iniciativa de um particular.

Estas considerações levam-nos a admitir que, no caso que temos presente – ou seja, recurso tutelar necessário de um acto insusceptível de impugnação contenciosa praticado por uma pessoa colectiva autónoma –, o recurso tutelar não terá efeito devolutivo, vigorando pois aí um sistema de revisão. Será um caso em que, excepcionalmente, a lei dissocia o efeito devolutivo do carácter necessário do recurso.

([1]) Cfr. Marcello Caetano, *Manual*, I, p. 230-232.

Esta última solução, como se vê, não tem paralelo nem no regime do recurso hierárquico, nem no dos recursos hierárquicos impróprios: nela aflora patentemente a originalidade do recurso tutelar.

É claro que, não havendo poder de direcção nem dever de obediência entre a entidade tutelar e a entidade tutelada, tratar-se-á aqui de uma *revisão simples* ([1]).

([1]) Poderá perguntar-se se o recurso não se aproximará nestes casos de uma *revisão reforçada* quando se trate de organismos dependentes sujeitos às *directivas* da entidade tutelar. A resposta é no entanto negativa, porque as directivas são por definição actos genéricos, não podendo por isso versar o modo de decidir um caso concreto. Cfr. Diogo F. do Amaral, *A função presidencial,* cit., p. 42, nota 29, e D'albergo, *Direttiva*, p. 603.

§ 4.º
Conclusões

172. Uma vez terminada a análise estrutural do recurso hierárquico que empreendemos neste capítulo, cumpre-nos fazer o balanço das opiniões sustentadas e extrair as conclusões do estudo feito.

Como vimos, sob o ponto de vista estrutural, os recursos hierárquicos – e com eles os recursos hierárquicos impróprios e os recursos tutelares – podem corresponder fundamentalmente a um de quatro tipo principais.

Nos dois primeiros, a autoridade *ad quem* retoma a questão de que se ocupara a autoridade *a quo* no acto recorrido e reaprecia-a com grande amplitude, por forma a decidi-la de novo, segundo as suas próprias concepções e critérios: o recurso tem a natureza de um *reexame*.

Nos dois outros tipos que encontrámos, só o acto impugnado vai constituir o objecto do recurso e só a apreciação da sua correcção, quanto à legalidade ou quanto ao mérito, importa à entidade *ad quem,* que mais não faz do que declarar se o acto deve ou não subsistir como tal e, em caso negativo, revogá-lo, indicando ou não ao órgão *a quo* em que sentido deverá exercer subsequentemente a sua competência: o recurso tem a natureza de uma *revisão*.

Nesta última hipótese, vimo-lo a seu tempo, sobre o exercício de uma função de administração activa pelo órgão a *quo* vem o órgão *ad quem* desenvolver uma função de controlo, averiguando da regularidade do desempenho da primeira.

Em caso de reexame, porém, a função de controlo vai ao ponto de poder revestir a sua modalidade mais intensa e penetrante, que é a do controlo substitutivo, na qual a própria ideia de controlo se apaga a dada altura e é absorvida pela de renovação da administração activa: se o reexame é normal, a administração activa acresce à administração de controlo; se é ampliado, substitui-se--lhe ou pode substituir-se-lhe.

A tese que procurámos demonstrar assenta, precisamente, na ideia básica de que a adopção de um ou outro dos modelos discriminados depende fundamentalmente do tipo de competência conferida por lei ao órgão *a quo*: conforme essa competência seja mais ou menos «privativa» deste, assim a intensidade dos poderes do órgão *ad quem* em recurso será, respectivamente, menor ou maior.

E como são vários os graus de «apropriação» da competência pelo órgão *a quo*, vários são também, por isso mesmo, os tipos estruturais de recurso consagrados no nosso direito positivo ([1]).

Mas, se assim é, o problema da natureza estrutural do recurso hierárquico – e, em geral, dos outros recursos administrativos – reconduz-se, no fundo, a um problema de outra ordem. Queremos referir-nos a um problema de

---

([1]) O projecto de Código de Processo Administrativo Gracioso não acolhe esta concepção e, a nosso ver erradamente, confere ao superior hierárquico um poder de modificação do acto recorrido excessivamente amplo e porventura até ilimitado (art. 267, n.º 1). Já são correctas, no entanto, as soluções ali propostas para o recurso tutelar (art. 269.º, n.ºˢ 3 e 4).

organização administrativa – o problema da desconcentração de poderes.

Com efeito, o que verdadeiramente está em causa, na regulamentação da estrutura destes recursos, é o grau de desconcentração que o legislador entende dever conferir aos órgãos colocados abaixo do topo das hierarquias administrativas.

Entre os dois polos opostos da concentração total e da desconcentração absoluta – ambos incompatíveis com a ideia de recurso hierárquico, um por excluir toda a competência externa dos subalternos, o outro por fazer deles órgãos independentes – desdobra-se uma série escalonada de situações que, da competência simultânea até à competência separada e reservada, implica ou pressupõe, em formas e graus diversos, uma atitude de princípio favorável àquilo que poderíamos designar por *desconcentração controlada*.

Se a orientação é no sentido de favorecer a desconcentração, acentuam-se as competências próprias do subalterno e, por conseguinte, atenua-se o controlo do superior: aumenta a desconcentração e diminui a amplitude do recurso. É a revisão.

Se a orientação é antes no sentido de limitar ou mitigar a desconcentração, decrescem as competências do subalterno e, portanto, robustece-se o controlo do superior: diminui a desconcentração e aumenta a amplitude do recurso. É o reexame.

Isto significa, afinal, bem vistas as coisas, que o recurso hierárquico, na sua estrutura, revela mais do que influencia a organização administrativa do país: o seu regime, sob este aspecto, contribui menos para modelar do que para retratar o sistema de distribuição de competências do vértice à base.

Pode, é certo, acontecer que, por uma intervenção específica do legislador na regulamentação dos recursos, se altere o ordenamento normal das competências: mas, ainda aí, a acção legislativa será provavelmente mais fundada em motivos ligados ao esquema básico da distribuição do poder do que em razões conexas com a mais perfeita estruturação do sistema de recursos.

Em suma, o que essencialmente importa nesta matéria não é tanto a escolha de um dado tipo de recurso como a escolha de um dado tipo de repartição vertical de competências. A principal opção de fundo do legislador não consiste em escolher o reexame ou a revisão, mas sim em preferir um grau maior ou menor de desconcentração: o tipo estrutural do recurso emergirá, como efeito necessário, desta outra opção.

173. Entretanto, nos países do mesmo tipo de civilização e cultura que o nosso, a evolução vai-se desenrolando progressivamente em sentido favorável à desconcentração.

De facto, não vão hoje em dia favoráveis os tempos à concentração de poderes nos órgãos supremos da escala hierárquica. Razões derivadas da complexidade crescente da vida social, do maior intervencionismo económico, da necessidade de aumentar a eficiência administrativa, dos propósitos de regionalização e, ainda, de uma orientação genérica favorável à participação, destinada a difundir a responsabilidade das tarefas colectivas no corpo social, impelem decididamente no sentido de uma maior desconcentração.

Todas as questões têm um nível óptimo de decisão: se se sobe acima dele, congestiona-se o escalão superior de chefia; se se fica abaixo, restringe-se a perspectiva do responsável. Mas não se pode admitir que o nível óptimo para todas as decisões seja o do topo da hierarquia.

Este movimento favorável à desconcentração chega mesmo na Europa ao ponto de se permitir, de um modo geral, o recurso contencioso directo dos actos dos subalternos, assim transformados para o efeito em actos definitivos: é esse, de há muito, o sistema francês, para o qual recentemente se inclinou em parte o direito italiano, como vimos.

Ora isto tem, como facilmente se compreende, importantes reflexos no plano da estrutura do recurso hierárquico: passar da concentração à desconcentração ou, melhor, de uma desconcentração «em tom menor» para uma desconcentração «em tom maior» equivale a converter as competências simultâneas ou separadas em competências reservadas ou mesmo autónomas e, portanto, a substituir o reexame pela revisão.

E, assim, «a responsabilidade que os chefes de serviço continuam a assumir já não consiste tanto em responder pelos seus próprios actos como em endossar os dos seus subordinados: os chefes actuam menos decidindo por si do que orientando e controlando as decisões alheias» [1].

---

[1] Braibant, Questiaux e Wiener, *Le contrôle de l'Administration et la protection des citoyens*, p. 264.

De tudo resulta que a intervenção do órgão *ad quem* deslisa progressivamente da administração activa para a administração de controlo: o superior deixa de se impor apenas como administrador para se afirmar também como órgão de fiscalização.

Será este movimento suficientemente forte e amplo para converter o órgão *ad quem* de administrador em juiz ou, pelo menos, em administrador-juiz? E para transformar o processo do recurso hierárquico de gracioso em contencioso ou, pelo menos, em quase-contencioso? Estará, afinal de contas, no campo do recurso hierárquico, a operar-se uma evolução das formas clássicas de administração activa e de controlo para formas mais modernas, de administração jurisdicionalizada?

O recurso hierárquico, visto do lado da actividade da Administração, situar-se-á ainda no âmbito da função administrativa ou terá já convolado para o campo da função jurisdicional?

Eis o que teremos de averiguar no último capítulo deste trabalho. Antes, porém, — e conhecida já a estrutura do recurso hierárquico —, há que procurar determinar qual a respectiva função. Só depois disso estaremos em condições de dar resposta às perguntas formuladas.

CAPÍTULO II

ANÁLISE FUNCIONAL

§ 1.º
Colocação do problema

174. Analisámos no capítulo anterior a estrutura do recurso hierárquico, procurando determinar que tipo de recurso é o recurso hierárquico.

Mas dissemos logo na introdução que o recurso hierárquico, além de ser uma garantia que se estrutura como recurso, é também um recurso que funciona como garantia.

O que agora temos de investigar é, por consequência, o seguinte: que tipo de garantia é o recurso hierárquico? Pois a verdade é que, também aqui, o confronto das regulamentações positivas em vários países mostra a existência de esquemas diversos, que variam de harmonia com os interesses para cuja protecção o recurso hierárquico se encontra organizado. É o problema da *função* do recurso.

Este outro problema resume-se, como já deixámos entrever, na questão de saber se tal função é subjectiva ou objectiva – ou se porventura tem carácter misto e, nesta hipótese, se é predominantemente subjectiva ou predominantemente objectiva.

Esclareça-se desde já que, para nós, a função do recurso será *subjectiva* se tiver em vista a protecção dos direitos subjectivos e interesses legítimos dos particulares que o utilizam; *objectiva*, no caso de visar a defesa da ordem jurídica e dos interesses públicos confiados à Administração; e *mista*, se ambos os escopos forem tidos em consideração, ainda que com predomínio de um ou de outro.

No fundo, o que está em causa é determinar se o recurso hierárquico constitui, perante o direito português, uma garantia dos particulares ou uma garantia da Administração – ou de ambos e, nesta última hipótese, como se articula a protecção dos interesses daqueles e desta.

175. Antes, porém, de entrarmos no âmago do debate, importa colocar rigorosamente a questão, de modo a afastar certas perspectivas que têm sido utilizadas para abordar problemas análogos e que não se nos afiguram adequadas.

Assim, ao tratar de apurar a função do recurso contencioso, os autores servem-se por vezes do critério da qualidade dos sujeitos: se o recorrente for um particular, interessado na anulação do acto recorrido, a função do recurso será subjectiva; se, pelo contrário, for o Ministério Público ou um actor popular, na posição de defensores da legalidade, já o recurso terá uma função objectiva ([1]).

Seja qual for o mérito desta construção no campo do recurso contencioso, o certo é que, em nossa opinião, ela não pode ser adoptada para determinar a função do recurso hierárquico.

([1]) V., por exemplo, Marcello Caetano, *Manual*, II, p. 1187-1188; e Robin de Andrade, *A acção popular no direito administrativo português*, p. 35 e segs.

Com efeito, é para nós evidente que o recurso do Ministério Público e dos agentes da acção popular tem uma função exclusiva ou predominantemente objectiva. Daí não resulta, contudo, por contraste, que qualquer recurso, mesmo quando interposto pelos interessados, haja necessariamente de ter uma função exclusiva ou predominantemente subjectiva.

O que importa determinar, a nosso ver, não é a diferença que separa estes dois tipos de recursos consoante os sujeitos que deles se servem, mas sim a exacta função desempenhada pelo recurso nos casos mais frequentes – e que poderíamos considerar normais – em que só os particulares recorrem, com o propósito de defender os seus direitos e interesses legítimos. Nestes casos, sim, tem pleno cabimento a indagação acerca da função do recurso hierárquico: e é aqui, como se verá, que mais interessa discutir se tal função é subjectiva, objectiva ou mista.

176. Outros autores – ainda no plano da função do recurso contencioso – têm sustentado que o recurso será de índole subjectiva quando visa a declaração e protecção de situações jurídicas subjectivas, apresentando índole objectiva se visar a eliminação de uma ofensa à ordem jurídica.

Como escreveu Duguit, «existe jurisdição subjectiva todas as vezes que o juiz é chamado a resolver antes de tudo e principalmente uma questão de direito subjectivo. (...) Existe jurisdição objectiva todas as vezes que a questão posta ao juíz seja uma questão de direito objectivo» ([1]).

([1]) Duguit, *Traité de Droit Constitutionnel*, II, p. 342 e 357.

Nesta ordem de ideias, a anulação de um acto administrativo ilegal dará sempre origem a uma jurisdição objectiva, pois se trata apenas de saber se certo comportamento concreto é ou não conforme à legalidade objectiva ([1]). Quer dizer: tanto o recurso contencioso de anulação de actos ilegais como o recurso hierárquico, que igualmente visa obter a eliminação de um acto administrativo, teriam sempre por definição uma função objectiva.

Não nos parece, no entanto, pelo menos no que toca ao recurso hierárquico, que tal concepção seja defensável. Admitimos, pelo contrário, que a lei possa construir o recurso hierárquico com uma função objectiva ou subjectiva, conforme entender: porque aquilo que em nossa opinião está em causa neste problema não é a organização do objecto do processo – e, com ela, a escolha entre situações jurídicas subjectivas e objectivas como *causae petendi* –, mas sim o interesse protegido.

Por outras palavras, o que se pretende não é apreciar os fundamentos do pedido que os recorrentes formulam, mas averiguar qual o interesse que a lei tem em vista proteger ao regulamentar o recurso hierárquico – o interesse privado dos particulares, o interesse público da Administração, ou ambos e, neste caso, em que proporção.

Trata-se, pois, de um problema funcional e não estrutural: a qual dos interesses concede a lei prevalência?

([1]) *Idem*, p. 367 e segs.

177. Para solucionar esta questão teremos sobretudo de fazer apelo aos princípios gerais, uma vez que as normas legais que mais de perto se lhe referem não são concludentes, ou não o são inteiramente.

Estamos a pensar, primeiro, no preceito que no Estatuto Disciplinar dos Funcionários define os poderes de decisão do superior hierárquico nos recursos que versem matéria disciplinar e, por outro lado, na disposição constitucional que assegura os direitos de representação, petição, reclamação e queixa.

No primeiro plano aludido, é particularmente característico o n.º 5 do artigo 77.º do Estatuto, que determina o seguinte: «A pena só poderá ser agravada ou substituída por pena mais grave em resultado de recurso do participante».

Quanto ao preceito constitucional referido, é o que consta do artigo 49.º, n.º 1, que estipula: «Todos os cidadãos podem apresentar, individual ou colectivamente, aos órgãos de soberania ou a quaisquer autoridades petições, representações, reclamações ou queixas para defesa dos seus direitos, da Constituição e das leis ou do interesse geral».

Analisemo-los separadamente.

178. A primeira disposição citada concede ao superior hierárquico o poder de *agravar a pena* aplicada pelo subalterno, bem como o poder de *substituir* a pena aplicada por outra mais grave, instituindo assim nos recursos disciplinares a chamada *reformatio in pejus*.

Isto parece inclinar no sentido da função objectiva do recurso hierárquico: pois, se o superior pode substituir a decisão do subalterno por outra mais gravosa para o recorrente, colocando-o numa posição pior do que aquela que teria se não houvesse recorrido, isso significa que o recurso é um instrumento ao serviço do interesse geral prosseguido pela Administração, não um meio de defesa dos direitos do particular.

Todavia, há que proceder cautelosamente. Nós não negamos, como se verá, o peso decisivo que a permissão da *reformatio in pejus* coloca num dos pratos da balança, a favor da concepção objectiva do recurso hierárquico. Simplesmente, cremos que não se pode extrair definitivamente nenhum argumento de ordem genérica do disposto no artigo 77.°, n.° 5, do mencionado Estatuto.

Por um lado, com efeito, a permissão da reformatio *in pejus* decretada nessa disposição legal fica dependente de o recurso ser interposto pelo participante, o que desde logo equivale à proibição da *reformatio* no caso de ser apenas o arguido a recorrer.

Por outro lado, a verdade é que, à partida, não possuímos quaisquer elementos que nos permitam qualificar esse preceito como adoração de um princípio feral ou como disposição de carácter excepcional.

Nada nos prova, com efeito, que a solução dada ao problema da *reformatio in pejus* no Estatuto Disciplinar dos Funcionários não seja estabelecida a título de excepção.

Na verdade, se a regra geral no direito administrativo português for a proibição da *reformatio in pejus*, o facto de ela ser admitida em processo disciplinar poderá explicar-se por o arguido, sendo funcionário, não aparecer como simples particular, mas como agente da Administração no desempenho de um cargo público. Esta qualidade poderá porventura justificar, para maior protecção da disciplina interna dos serviços, uma excepção à proibição genérica da *reformatio in pejus*.

Se, pelo contrário, a regra geral do nosso direito for a permissão da *reformatio*, a circunstância de o citado artigo 77.º, n.º 5, a restringir aos casos em que o recurso seja interposto pelo participante poderá explicar-se pelo maior grau de jurisdicionalização que o processo disciplinar ostenta entre nós, em contraste com os outros tipos de processo gracioso, desde que o Estatuto de 1979, rompendo com a tradição anterior, fugiu ao modelo de processo disciplinar pautado pelos princípios gerais do processo administrativo gracioso e o substituíu por outro, alinhado em muitos pontos pelos princípios gerais do processo penal ([1]).

Não estamos a sustentar o carácter excepcional da solução dada ao problema da reformatio: estamos apenas a admiti-lo como possível no âmbito do processo disciplinar, a fim de demonstrar que da simples existência de um preceito como o do artigo 77.º, n.º 5, do Estatuto Disciplinar dos Funcionários nada se pode concluir sem investigação mais demorada.

([1]) A restrição da *reformatio in pejus* à hipótese de recurso do participante não é o único sinal visível dessa modificação profunda, aliás expressamente reivindicada no relatório do diploma: o mesmo se passa, por exemplo, no campo dos direitos de defesa do arguido e na imposição da correspondência de cada pena a tipos determinados de infracções.

179. Quanto ao artigo 49.º, n.º 1, da Constituição, poderia à primeira vista ser-se tentado a pensar que dele se retira argumentação favorável à função subjectiva do recurso hierárquico: pois não confere o texto constitucional ao cidadão, como garantia individual, o direito de recorrer em defesa dos seus direitos e interesses legítimos? Não significará isto, precisamente, que o recurso hierárquico tem por função a protecção directa e imediata dos direitos e interesses legítimos dos particulares, e não a do interesse geral?

Quer-nos parecer que não é necessariamente assim.

Por um lado, a Constituição fala do recurso do cidadão «em defesa dos seus direitos (...) ou do interesse geral» – e tudo leva a crer que com esta expressão se terá querido admitir a possibilidade de o legislador ordinário organizar o regime do recurso hierárquico em termos de com ele se proteger não apenas a posição dos recorrentes, mas também o interesse geral, que à Administração compete prosseguir.

Por outro lado, e principalmente, a garantia dos cidadãos que o diploma fundamental consagra – direito de recorrer perante quaisquer autoridades em defesa dos direitos próprios de cada um – consiste essencialmente numa *facultas agendi* (licitude do acto de recorrer) e numa *facultas exigendi* (direito à decisão), mas nada indica que consista também numa garantia puramente subjectiva, isto é, numa garantia regulamentada em termos de não permitir ao órgão *ad quem*, durante o processo do recurso e na sua decisão, a promoção da defesa da legalidade e do interesse público.

Que o particular pode hoje em dia lançar mão do recurso hierárquico para legitimamente procurar defender os seus direitos e interesses – ao contrário do que terá sucedido em épocas recuadas, em que a própria interposição do recurso não era o exercício de um direito, mas um acto hostil às autoridades ou, quando menos, a solicitação de uma graça do soberano –, é ponto assente e resulta claramente da Constituição. Existe, pois, um *direito de recorrer*.

E que, sendo este direito uma garantia individual dos cidadãos, decorre do texto constitucional para a Administração o dever de decidir os recursos para ela interpostos, sem o que tal garantia sairia frustrada por mero arbítrio dos poderes constituídos, também se nos afigura líquido. Existe, assim um *direito à decisão* ([1-2]).

Mas cremos que a mera interpretação do artigo 49.º, n.º 1, da Constituição não permite ir mais longe. O particular é admitido a defender os seus direitos e interesses perante quaisquer autoridades e, portanto, também perante os superiores hierárquicos dos órgãos cujos actos o tenham afectado: mas não está dito que, em virtude do direito de recorrer e do direito à decisão, o legislador ordinário haja de considerar-se impedido de salvaguardar,

---

([1]) A favor de um autêntico direito à decisão, v. entre outros Amorth, *Ricorso gerarchico*, p. 669; Girola, *Ricorso amministrativo*, p. 653; e Sandulli, *Ricorso amministrativo*, p. 976. Contra, Guicciardi, *I motivi di ricorso nei rapporti fra ricorso gerarchico e ricorso contenzioso*, p. 153-154 (v. *infra*, n.º 180).

([2]) Já na vigência da Constituição de 1933, e embora apenas no âmbito do recurso hierárquico necessário, o Supremo Tribunal Administrativo anulou a falta de despacho ministerial sobre um recurso hierárquico «para o efeito de ser atendido o recurso interposto», o que equivale a reconhecer o direito à decisão: v. STA-1, de 12-2-43, *caso de Melo Machado*, Col. (1), p. 89, e *O Dir.*, 75, p. 246 (onde o acórdão vem erradamente datado).

pelas formas mais convenientes, os interesses gerais da colectividade, no regime a definir para o processo do recurso.

Não está dito, designadamente, que o legislador ordinário deva considerar-se proibido pela Constituição de autorizar, a título geral ou excepcional, a *reformatio in pejus*, para garantir a subordinação da Administração ao princípio da legalidade e a melhor adequação das respectivas decisões ao interesse público.

A regulamentação concreta do recurso hierárquico – e, em especial, a ponderação da medida em que se há-de conceder prevalência aos interesses do recorrente ou aos da Administração – é matéria que a Constituição não deixa fechada à liberdade de opção do legislador ordinário.

§ 2.º
Discussão do problema

I – PRELIMINARES

180. Se do artigo 49.º, n.º 1, da Constituição não decorrem, como acabamos de ver, argumentos que permitam afirmar a função puramente subjectiva do recurso, afigura-se-nos todavia que dele se pode extrair com segurança a conclusão de que tal função não pode ser exclusivamente objectiva.

Com efeito, cremos ter mostrado no número anterior que naquela disposição se consagra explicitamente a licitude do acto de recorrer e a obrigação de tomar conhecimento do recurso – ou seja, o direito de recorrer e o direito à decisão do recurso. E, mais ainda, que a Constituição permite que o recurso seja interposto para defesa dos interesses pessoais de cada cidadão.

Ora isto significa que a interposição do recurso hierárquico traduz o exercício de um direito subjectivo público e constitui um meio de protecção dos particulares enquanto tais, *uti singuli*.

Ficam, pois, imediatamente prejudicadas, à face do nosso direito, as concepções daqueles que, como Guicciardi, negam em absoluto que no recurso hierárquico se manifeste a função de protecção dos interesses dos particulares, salvo por forma reflexa, secundária ou ocasional – *uti cives* – ([1]), bem como a orientação jurisprudencial que no nosso país não considera obrigatório para o órgão *ad quem* tomar conhecimento dos recursos hierárquicos facultativos que para ele sejam interpostos ([2]).

Não é aceitável uma concepção como a de Guicciardi, porque os particulares, quando recorrem, fazem-no em defesa dos seus próprios direitos ou interesses – e não em defesa do interesse geral. Só num Estado totalitário se conceberia que os cidadãos apenas pudessem impugnar actos ilegais ou injustos como defensores do interesse geral e não movidos pelo seu interesse pessoal: era preciso, para que assim fosse, que por inspiração de uma filosofia transpersonalista se negasse toda e qualquer autonomia ao indivíduo em face do Estado. E não é esse o caso, entre nós.

Também não é, por seu turno, aceitável a orientação do Supremo Tribunal Administrativo português, que sistematicamente tem reconhecido aos superiores o direito de não tomar conhecimento dos recursos hierárquicos facultativos que lhes sejam apresentados. Pois o carácter

---

([1]) Guicciardi, *I motivi di ricorso nei rapporti fra ricorso gerarchico e ricorso contenzioso*, p. 154. Note-se, aliás, que esta concepção nunca foi aceite pela generalidade da doutrina italiana.

([2]) V., por todos, o Acórdão do STA-1, de 18-5-51, *caso da Sociedade Resineira de Anadia*, Col. (1), 1951, p. 393, e *O Dir.*, 84, p. 177. «Nos recursos hierárquicos necessários (...) a abstenção daquela entidade (o superior hierárquico) em julgar o recurso corresponde a uma verdadeira denegação de justiça. já assim não sucede nos recursos facultativos (...). O Sr. Ministro recorrido, abstendo-se de conhecer dos recursos hierárquicos interpostos de uma decisão que os recorrentes impugnaram contenciosamente no tribunal competente, não infringiu qualquer disposição legal, nem assumiu uma atitude que possa taxar-se de denegação de justiça» (p. 179-180).

facultativo de tais recursos não respeita ao conhecimento do recurso pelo órgão *ad quem,* mas à possibilidade de acesso imediato ao recurso contencioso.

A verdade é que a obrigação de decidir o recurso hierárquico tem de valer tanto para os recursos necessários como para os facultativos: tendo estes um objecto diferente daquele que caracteriza os recursos contenciosos interpostos em paralelo, a abertura imediata da via contenciosa não constitui argumento contra a existência e a necessidade da obrigação de decidir ([1]).

Além de que o artigo 21.º da Lei Orgânica do Supremo Tribunal Administrativo foi introduzido em circunstâncias tais na nossa ordem jurídica que forçosamente conduz à mesma conclusão: conforme já mostrámos atrás, esse preceito não veio apenas limitar a competência da autoridade *ad quem* ao mérito do acto recorrido, veio também reconhecer aos particulares o direito à decisão.

O recurso hierárquico corresponde, pois, a um direito subjectivo público dos particulares, que tem por conteúdo a faculdade de recorrer e o poder de obter uma decisão, impondo ao órgão *ad quem* a obrigação de tomar conhecimento do recurso, desde que regularmente interposto.

Mas isto não é ainda suficiente para resolver o problema que temos em aberto. O recurso hierárquico é uma garantia dos particulares, certo. Mas que tipo de garantia? Como organiza a lei o seu regime jurídico?

([1]) Neste sentido, convincentemente, Marcello Caetano, *Anotação-Sociedade Resineira de Anadia,* p. 193-194.

Mais concretamente, cumpre determinar se, uma vez desencadeado ou posto em movimento, o recurso visa apenas a protecção dos direitos e interesses dos particulares ou também a defesa do interesse geral e em que termos.

II – ASPECTOS SUBJECTIVOS NA FUNÇÃO DO RECURSO

181. No regime jurídico do recurso hierárquico há manifestamente um certo número de aspectos em que se revela uma função subjectiva, quer dizer, em que o recurso surge como um instrumento destinado a proteger os direitos e interesses dos particulares.

Em primeiro lugar, a *legitimidade*. Como vimos a seu tempo, o recurso hierárquico não se encontra entre nós aberto, em geral, a todo e qualquer cidadão que decida impugnar um acto ilegal ou injusto, mas apenas aos que mostrarem possuir um interesse directo, pessoal e legítimo no provimento do recurso ([1]).

Ora isto significa que a função do recurso hierárquico é sob esse aspecto subjectiva, visando proteger os interesses particulares dos recorrentes: (?) quando não, se o recurso tivesse por função a protecção do interesse geral, qualquer pessoa deveria ter o direito de interpô-lo, pois todos os cidadãos, como tais, se devem presumir interessados no respeito da lei e da justiça.

([1]) V. *supra*, n.º 114.

182. Em segundo lugar, o *efeito suspensivo*. Sabe-se que a interposição de um recurso hierárquico produz, entre outros, o efeito de suspender a executoriedade do acto recorrido, salvo em casos excepcionais – nomeadamente, quando se trate de actos de polícia ou quando da não execução imediata do acto recorrido possam resultar graves inconvenientes para o interesse público ([1]).

Por consequência, a desvantagem resultante para o particular da prática do acto impugnado cessa temporariamente, até que o órgão *ad quem* se pronuncie sobre o caso. Quer dizer: pelo simples facto de alguém atacar o acto administrativo, fica paralisada a sua eficácia no intuito de evitar que o prejuízo do particular se consume antes de o superior hierárquico poder reapreciar o acto em causa.

Ora, se a função do recurso fosse apenas a de proteger os interesses gerais, não faria sentido que a sua interposição suspendesse a eficácia do acto impugnado, pois a reparação da legalidade objectiva é sempre possível após a execução do acto ilegal.

E que o efeito suspensivo do recurso hierárquico visa proteger os interesses pessoais do recorrente demonstra-o a análise dos casos excepcionais em que tal efeito se não produz, todos eles caracterizados pela prevalência do interesse público na execução do acto, sobre o interesse privado na sua suspensão.

---

[1] V. Marcello Caetano, *Manual*, II, p. 1242.

183. Em terceiro lugar, os *poderes processuais do recorrente*.

A lei permite, na verdade, que o recorrente alegue como fundamento do recurso hierárquico uma lesão dos seus direitos ou interesses; que use de todos os meios legítimos para o demonstrar; que proceda livremente, segundo o seu próprio critério, na defesa dos seus pontos de vista; e, inclusivamente, que desista da instância, se e quando assim o entender, de acordo com a sua visão do que melhor lhe convém, e sem tomar em consideração os interesses gerais que com a desistência possam porventura ficar desprotegidos ([1]).

Nada disto seria compatível com uma função exclusivamente objectiva do recurso hierárquico, como bem se compreende.

III – ASPECTOS OBJECTIVOS NA FUNÇÃO DO RECURSO

184. A par dos aspectos enunciados nos números anteriores, que apontam no sentido da função subjectiva do recurso hierárquico, outros há, no entanto, que apontam em sentido contrário.

Assim, e desde logo, pode indicar-se a relativa *escassez de garantias* que aos particulares são reconhecidas *como partes* no processo de recurso – nomeadamente a falta de contraditório assegurado, no direito português – e a posição

---

([1]) Sobre a validade da desistência, v. Marcello Caetano, *Um curso sobre processo administrativo*, p. 158.

institucional do órgão *ad quem* que, sendo superior do órgão *a quo* e membro do mesmo serviço administrativo, pode muitas vezes comportar-se com certa parcialidade – com uma parcialidade institucional, digamos assim.

Ora esta posição em relação ao conflito é muito mais propícia à ponderação dos interesses gerais nele envolvidos – que constituem, aliás, atribuições do serviço e, portanto, preocupação constante do superior hierárquico – do que à protecção dos interesses particulares do recorrente, por muito legítimos que sejam.

E a prática aí está a demonstrar como é forte a tendência dos superiores para confirmarem, pura e simplesmente, os actos dos seus subalternos – que o tribunal administrativo, a seguir, tantas vezes considera ilegais.

185. Outro ponto que inclina no sentido da índole objectiva do recurso hierárquico é a *faculdade de fazer prosseguir o processo* do recurso, em caso de desistência do recorrente, até à decisão final, que a lei reconhece ao órgão *ad quem*.

Efectivamente, tem-se entendido que, se o recorrente desistir do recurso, o superior hierárquico não é obrigado a dá-lo por findo: compete-lhe então averiguar qual a atitude imposta pelo interesse público e, sendo caso disso, promover a resolução oficiosa do recurso [1].

Isto mostra que a função do recurso hierárquico não é meramente subjectiva, porquanto, se visasse tão-só a protecção dos interesses pessoais do recorrente, decerto o

---

[1] Marcello Caetano, *Um curso sobre processo administrativo*, p. 158.

processo não poderia prosseguir sem ou contra a vontade do interessado.

Pelo contrário, a possibilidade de promoção da resolução oficiosa significa que, para além ou em vez dos interesses particulares, o recurso hierárquico está ao serviço do interesse público e desempenha, portanto, nessa medida, uma função objectiva.

186. Também encaminham no sentido favorável à função objectiva do recurso hierárquico determinados *poderes processuais do superior* – nomeadamente, o poder de levantar e decidir questões não suscitadas pelas partes ([1]) e o poder de promover todas as diligências que considere necessárias ao apuramento da verdade.

O segundo destes poderes já hoje é conferido ao juiz no processo civil, apesar de dispositivo (Código de Processo Civil, artigo 264.º, n.º 3). Mas o primeiro não lhe é em principio consentido (artigo 660.º, n.º 2, *in fine*), pois é típico de um processo inquisitório.

Seja como for, ambos existem no processo do recurso hierárquico, o que denota forte influência objectiva, colocando o recurso hierárquico ao serviço da protecção dos interesses públicos que à Administração em geral, e ao órgão *ad quem* em especial, cumpre prosseguir.

Se o superior hierárquico estivesse adstrito às questões suscitadas pelos particulares, ou limitado aos factos por eles trazidos ao processo ou aos meios de prova voluntariamente exibidos, a função do recurso seria, sem sombra de dúvida, subjectiva. Assim não.

([1]) Dentro dos limites decorrentes do regime aplicável ao *jus novorum*, claro está.

187. Alguns autores argumentam ainda a favor do carácter objectivo da função do recurso hierárquico com a circunstância de o superior poder *conhecer de vícios não alegados* pelo recorrente ([1]).

Supomos, todavia, que não têm razão, porque não se pode atribuir a esse poder, se existir, o alcance pretendido.

É certo que o conhecimento de vícios não alegados constituirá um desvio à proibição de decidir *ultra petita*. Mas, independentemente de outras considerações relativas à natureza do processo do recurso hierárquico, sempre se poderá dizer que o conhecimento de vícios não alegados não funciona contra o recorrente: este só pode ficar beneficiado com o facto de o superior vir a revogar o acto recorrido, não com base nos vícios alegados, por hipótese improcedentes, mas com base noutros vícios que o interessado não pôde ou não soube alegar. Pois o que o particular pretende é, no mínimo, a revogação do acto recorrido.

De modo que a possibilidade do conhecimento de vícios não alegados – se existir –, embora signifique que o recurso hierárquico preenche a função objectiva de defesa da legalidade, não milita no entanto contra a função subjectiva do mesmo.

O que se passa nessa hipótese é que as duas funções se desenvolvem no mesmo sentido, segundo linhas convergentes, sem que uma contrarie ou atenue a outra, antes reforçando-se ambas reciprocamente.

([1]) Contra a existência desse poder no recurso hierárquico, Giannini, *La giustizia amministrativa*, p. 51-52.

IV – CARÁCTER MISTO DA FUNÇÃO DO RECURSO HIERÁRQUICO

188. A análise precedente leva-nos a declarar que a função do recurso hierárquico não é exclusivamente subjectiva, nem exclusivamente objectiva.

O regime jurídico do recurso faz dele um instrumento peculiar, que serve simultaneamente para a protecção dos direitos e interesses pessoais dos particulares que o utilizam e para a defesa da legalidade e do interesse público que a Administração tem de salvaguardar.

Daí que tenhamos de afirmar ser a função do recurso hierárquico, no nosso direito, uma função de carácter misto ([1]): mesmo quando interposto pelos particulares e no seu próprio interesse, o recurso hierárquico não deixa, ao mesmo tempo, de prestar serviço ao interesse geral da colectividade, no duplo aspecto da protecção da legalidade e da garantia do mérito dos actos administrativos.

Dito isto, porém, falta ainda uma outra indagação, que consiste em averiguar como concilia a lei os aspectos subjectivos e objectivos que definem a função do recurso hierárquico. Ou, por outras palavras, a qual desses aspectos concede a lei preferência, em caso de conflito.

Pode acontecer, com efeito, que não seja possível, em todo o regime jurídico do recurso hierárquico, conciliar a função subjectiva com a função objectiva, tornando-se necessário optar por uma ou por outra: é essa

---

[1] No mesmo sentido, à face do direito italiano, Giannini, *La giustizia amministrativa*, p. 49-53.

opção que temos agora de procurar determinar qual seja, a fim de apurar se a função do recurso hierárquico é predominantemente subjectiva ou predominantemente objectiva.

O ponto sensível, que revela com maior nitidez a opção feita num dado sistema jurídico, é em nossa opinião o problema da *reformatio eu pejus*: se a lei a permite, a função objectiva do recurso prevalece sobre a função subjectiva; se a lei a proíbe, é esta última a dominante.

Já sabemos o que se passa no âmbito especial do direito disciplinar: trataremos agora de apurar qual é, a esse respeito, a regra geral no direito administrativo português.

§ 3.º
**Solução do problema:
a questão da «reformatio in pejus»**

I – A «REFORMATIO IN PEJUS»: NOÇÃO E ESPÉCIES

189. A *reformatio in pejus* consiste, como se sabe, na modificação do acto recorrido pelo superior hierárquico, de tal forma que a decisão final resulta mais desfavorável para o recorrente do que a tomada pelo subalterno.

Convém desde já tomar conhecimento das principais espécies de *reformatio in pejus*.

De acordo com um primeiro critério, podemos distinguir a *reformatio* por agravamento da *reformatio* por redução.

Se o acto recorrido for, em si mesmo, um acto desfavorável ao particular (por exemplo, a aplicação de uma pena disciplinar ou a imposição de uma multa), a *reformatio in pejus* traduzir-se-á num *agravamento* do acto primário – aplicação de pena mais grave, imposição de multa mais elevada.

Se, porém, o acto recorrido for um acto essencialmente favorável (como a concessão de um subsídio ou de uma pensão), do qual o interessado recorra apenas por o considerar insuficientemente favorável, então a *reformatio in pejus* consistirá numa *redução* – diminuição do quantitativo do subsídio ou da pensão.

Em ambos os casos, o recorrente fica colocado numa situação pior do que aquela em que se encontraria se não houvesse recorrido. Em ambos, haverá *reformatio in pejus*.

190. Segundo outro critério, a *reformatio in pejus* pode ser directa ou indirecta, conforme resulte imediatamente da própria decisão do superior hierárquico ou apenas de uma ordem dada por ele ao subalterno para que modifique o acto recorrido.

No primeiro caso, o órgão *ad quem* agrava ou reduz ele mesmo o acto impugnado num sentido desfavorável ao recorrente. No segundo, limita-se a ordenar ao órgão *a quo* o agravamento ou a redução. Aqui, a *reformatio in pejus* não decorre imediatamente da decisão do recurso, mas da sua execução; não consta directamente do acto do superior, integra o cumprimento de uma ordem sua pelo subalterno.

Em qualquer caso, porém, estar-se-á sempre perante uma *reformatio in pejus* causada pela decisão do recurso e ditada pela posição nela assumida pelo superior hierárquico. Do ponto de vista da *função* do recurso hierárquico, é indiferente que ela tenha lugar numa ou noutra das referidas modalidades.

O mesmo não se pode dizer, é claro, do ponto de vista da *estrutura* do recurso. Com efeito, se num recurso do tipo reexame a *reformatio* directa é sempre admissível, já num recurso do tipo revisão as coisas se passam de maneira muito diferente: na revisão nunca é possível a *reformatio* directa. A *reformatio* indirecta é compatível com a revisão reforçada; porém, na revisão simples nem sequer a *reformatio* indirecta se pode admitir, porque nenhuma ordena de modificação do acto recorrido pode ser dada ao órgão *a quo*.

Simplesmente, o facto de as coisas se passarem assim no plano estrutural em nada deverá perturbar a nossa investigação, que se situa agora no plano funcional. É que, bem vistas as coisas, resulta do que acabamos de dizer que a *reformatio in pejus*, mesmo indirecta, só tem de considerar-se excluída em absoluto por razões de natureza estrutural nos casos de revisão simples: ora estes são casos que, como vimos, se situam todos no contexto dos recursos hierárquicos impróprios e do recurso tutelar, mas nunca no âmbito do recurso hierárquico propriamente dito.

Segue-se daí que no verdadeiro recurso hierárquico há sempre possibilidade, por razões estruturais, de conceder e aplicar a *reformatio in pejus*, pelo menos na modalidade da *reformatio* indirecta.

Haver ou não haver *reformatio in pejus* no recurso hierárquico é, portanto, uma questão que não derivará nunca de factores estruturais, mas sempre e tão-somente de factores funcionais – o que situa integralmente o problema no quadro das preocupações em que estamos a mover-nos no presente capítulo e não levanta qualquer obstáculo adicional ao prosseguimento da investigação.

II – A «REFORMATIO IN PEJUS» NO DIREITO COMPARADO

191. Convém começar por apurar, num relance, quais são as soluções adoptadas lá fora sobre esta matéria.

Em França, entende-se que o superior hierárquico dispõe, ao decidir o recurso, dos poderes que normalmente lhe pertencem sobre os actos dos seus subalternos, entre os quais o poder de reformar e de modificar. Assim, reconhece-se-lhe a possibilidade de proceder à *reformatio in pejus* ([1]).

Na Itália, diferentemente, prevalece a opinião de que o órgão *ad quem* não pode decidir um recurso *ultra petita,* de modo que a decisão mais desfavorável que pode ser tomada contra o recorrente é a negação de provimento pura e simples. Todavia, o alcance deste entendimento sofre uma considerável restrição na medida em que se considera permitido ao superior hierárquico exercer os seus poderes de anulação e reforma *ex offício,* não já no acto de decisão do recurso, mas noutro acto distinto, ainda que simultâneo ([2]). Quer dizer: a *reformatio in pejus*, como tal, deve reputar-se proibida, mas o resultado que com ela se visa alcançar pode ser praticamente atingido no mesmo momento, por uma via lateral.

Na Alemanha, o órgão *ad quem* pode decidir os recursos para ele interpostos revogando ou modificando o acto recorrido. E a jurisprudência tem entendido que lhe

---

([1]) Auby e Fromont, *Les recours*, cit., p. 218; WALINE, *Droit Administratif,* p. 196.

([2]) V., por todos, Zanobini, *Ricorso amministrativo e annullamento di uffício*, p. 481-482; Sandulli, *Ricorso amministrativo*, p. 980.

competem os mesmos poderes que ao autor do acto, nomeadamente o de proceder à *reformatio in pejus* ([1]).

III – CONCEPÇÃO ADOPTADA

192. Em prol da proibição da *reformatio,* invocam-se fundamentalmente argumentos de três ordens ([2]).

Antes de mais, argumentos derivados do princípio dispositivo: modificar o acto recorrido para pior, do ponto de vista do recorrente, seria decidir contra o pedido ou para além dele e, por consequência, contrariar o princípio dispositivo num dos seus mais frisantes aspectos – *ne eat judex ultra petita*. Aliás, pertencendo a iniciativa processual aos interessados – p*oint d'intérêt, point d'action –,* não é lógico que o resultado do processo possa contrariar o interesse que lhe deu origem ([3]).

Em segundo lugar, aduz-se que é do interesse geral fomentar os recursos como meio de aperfeiçoar as decisões finais sobre casos controvertidos: ora, se os recorrentes potenciais correrem o risco de ver agravada a sua situação, o número de recursos diminuirá consideravelmente ([4]).

([1]) Cfr. Auby e Fromont, *Les recours*, p. 52.

([2]) Para uma exposição bastante completa da discussão doutrinária em torno da *reformatio in pejus* no processo penal, v. entre nós o parecer da Câmara Corporativa n.º I3/IX, de 24 de Outubro de 1968, de que foi relator o Conselheiro Manso-Preto, in «Pareceres da Câmara Corporativa», IX, 1968, p. 65 e segs.; há separata do «Boletim do Ministério da justiça», n.º 180.

([3]) É esta a posição dominante na doutrina administrativa italiana, quanto ao recurso hierárquico.

([4]) É este o principal argumento de Garrido Falla, *Tratado*, III, p. 122-123, que vai mesmo ao ponto de dizer que a autorização da *reformatio in pejus* constitui um «instrumento de coacção nas mãos da Administração pública para dissuadir dos seus propósitos os recorrentes de carácter pouco firme ou não muito convencidos da solidez das suas situações».

Por último, apresentam-se ainda argumentos de equidade: sem o recurso a decisão seria uma; não é justo que com o recurso ela possa ser mais grave para o particular, que apenas recorreu para melhorar a sua sorte. O recorrente deve reputar-se protegido pelo *favor rei*.

Contudo, nenhum dos argumentos formulados nos consegue convencer, ao menos completamente.

Assim, não colhem de todo os baseados no princípio dispositivo, porquanto o processo administrativo gracioso não é de tipo dispositivo, mas inquisitório: como ensina Marcello Caetano, «na instrução e na decisão mantém-se sempre o direito de iniciativa da Administração. Quer isto dizer que os agentes administrativos podem, mesmo nos processos de interesse particular, proceder a diligências não requeridas, investigar sobre matérias conexas que não hajam sido mencionadas no requerimento inicial e até resolver coisa diferente ou mais ampla do que a pedida, se tal for a consequência imposta por lei ou pelo interesse público. A razão deste direito está no facto de, mesmo quando dinamizada por um interesse particular, a actividade administrativa ter sempre de visar o interesse público» ([1]).

É neste mesmo sentido, de resto, que a lei espanhola prescreve, sobre a matéria específica dos recursos hierárquicos, o seguinte:« A autoridade que resolver o recurso decidirá todas as questões que o processo suscite, hajam ou não sido alegadas pelos interessados (...)» ([2]).

([1]) Marcello Caetano, *Manual*, II, p. 1271.
([2]) «Ley de Procedimiento Administrativo», de 17 de Julho de 1958, artigo 119.º.

Por outro lado, à invocada intimidação que a admissibilidade da *reformatio in pejus* provocaria, no ânimo dos eventuais recorrentes, pode retorquir-se que o efeito desencorajador só se produzirá, e bem, em relação aos temerários, não atingindo por definição os que estiverem seguros da sua razão.

Enfim, quanto aos princípios de equidade alegados em benefício da proibição da *reformatio in pejus*, não pode negar-se-lhes um certo peso: tudo está, porém, em saber se contra eles, e a favor da *reformatio*, não militarão outros e mais fortes argumentos.

É o que procuraremos averiguar de seguida.

193. Começaremos por considerar o que se passa com os actos administrativos vinculados, em que a Administração tem o seu comportamento rigorosa e completamente pautado pela lei.

Suponhamos que o interessado recorre de um acto vinculado da autoria de um subalterno, por o considerar ilegal e desfavorável, mas o superior entende que a lei impõe no caso uma decisão ainda menos favorável – porque o interessado devia mais, ou tinha direito a menos.

Quid juris? Há-de o superior limitar-se a negar provimento ao recurso, por não procederem os fundamentos alegados pelo recorrente, ou deve poder corrigir o acto do subalterno, promovendo a respectiva *reformatio in pejus*?

No nosso modo de ver, a resposta está no *princípio da legalidade*.

Como é sabido, este princípio, que exprime a necessária submissão da Administração à lei, costuma ser definido através de uma fórmula negativa, segundo a qual «nenhum órgão ou agente da Administração pública tem a faculdade de praticar actos que possam contender com interesses alheios senão em virtude de uma norma geral anterior» ([1]).

Mas a par desta perspectiva, que nos revela o princípio da legalidade como limite da acção administrativa e interessa sobretudo para efeitos de garantia dos particulares, existe outra, de teor positivo, que interessa sobretudo à orientação do comportamento da Administração e na qual o princípio da legalidade aparece como fundamento e critério da acção administrativa: todos os órgãos e agentes da Administração pública têm o dever de praticar os actos e desempenhar as funções que a lei lhes impuser, nos termos por ela estabelecidos ([2]).

Ora bem: do princípio da legalidade, na sua formulação positiva, decorre para a Administração a obrigação de praticar os actos vinculados que a lei impuser e nos precisos termos que da lei resultarem.

Com efeito, quando se verifica uma hipótese de vinculação, o conteúdo do acto está pré-determinado na lei e o órgão competente mais não faz do que, através de uma série maior ou menor de operações intelectuais, aplicar a lei ao caso concreto. Em caso de vinculação, só existe uma solução válida à face da lei: é essa que os órgãos da Administração, quaisquer que eles sejam, têm o dever de adoptar.

([1]) Marcello Caetano, *Manual*, I, p. 30.
([2]) V. o artigo 267.º, n.º 2, da Constituição.

Daí resulta que, se o acto vinculado do subalterno for ilegal, o superior hierárquico a quem incumba reapreciá-lo em recurso tem de velar pela reintegração da ordem jurídica violada – quer através da revogação ou modificação do acto em favor do particular, se for caso disso, quer mediante a sua modificação em prejuízo do recorrente, se tal for a solução decorrente da lei.

Entendemos assim que, no tocante aos actos vinculados, a *reformatio in pejus* é não só admissível como juridicamente obrigatória: se o superior confirmar o acto ilegal do subalterno, a sua decisão é ilegal e deve ser anulada pelos tribunais do contencioso administrativo.

Sustentar o contrário seria dispensar os superiores hierárquicos, isto é, os órgãos supremos de cada serviço administrativo, da observância da lei. Nada autoriza semelhante solução: pelo contrário, o primeiro dever de qualquer superior é o de dar o exemplo do exacto cumprimento das leis.

194. Encaremos agora o caso dos actos discricionários, em que a Administração goza de liberdade de decisão na prossecução dos fins de interesse geral legalmente fixados.

Suponhamos que, ao reapreciar em recurso o acto discricionário de um subalterno, o superior entende que esse acto não prossegue da melhor forma o interesse público específico posto a cargo do seu serviço, antes o prejudica em maior ou menor medida, podendo até favorecer indevidamente o particular (dentro do âmbito da discricionaridade e, portanto, sem ofensa da lei).

Quid juris? Deve o superior poder proceder à *reformatio in pejus* ou não?

A resposta encontra-se, desta vez, no *dever de boa administração*.

Não vamos evidentemente entrar aqui na magna discussão acerca da existência e natureza do dever de boa administração ([1]). Basta-nos dizer que o não consideramos juridicamente tutelado, no direito positivo português, em termos de lhe corresponder qualquer posição activa na titularidade dos particulares.

Mas se, face a estes, o dever de boa administração não assume qualquer configuração jurídica consistente, nada obsta a que ele seja considerado como fundamento de certas obrigações ou de certos poderes da Administração.

É, aliás, intuitivo que, apesar de não permitir aos particulares nenhuma forma de reacção jurisdicional, o dever de boa administração impõe a todos os órgãos e agentes administrativos a constante adopção das melhores formas de prosseguir o interesse público.

Sendo assim, não deve negar-se ao superior hierárquico a possibilidade de corrigir os actos dos subalternos que, segundo o seu critério, não prossigam da melhor maneira o interesse público: é essa a razão de ser e a finalidade do poder de superintendência.

E o que ao superior é permitido fazer por sua própria iniciativa, *ex offício*, deve sê-lo também quando actua em

---

([1]) V., por todos, Rogério E. Soares, *Interesse público, legalidade e mérito*, p. 179 e segs., e A. Gonçalves Pereira, *Erro e ilegalidade no acto administrativo*, p. 55 e segs.

decisão de recursos interpostos por particulares. Não se pode, na verdade, admitir que pelo facto da impugnação dos interessados o superior haja de perder, ou ver paralisada, a competência que de direito lhe pertence por via de regra.

Na expressão feliz já antes citada, «o superior é responsável pela totalidade da função» (Robin de Andrade): dela não pode abdicar em caso algum, pois a competência é indisponível. Nem se mostra que a lei lha pretenda retirar, ou suspender, pelo simples facto da interposição do recurso: muito pelo contrário, todo o nosso sistema assenta no reforço da competência do órgão *ad quem* após a interposição do recurso hierárquico, como resulta da produção, na maior parte dos casos, dos efeitos suspensivo e devolutivo.

A necessidade de admitir, também aqui, a possibilidade da *reformatio in pejus* é tão forte que mesmo no direito italiano se inventou o estratagema atrás referido, destinado a neutralizar os inconvenientes práticos da sua proibição: solução manifestamente artificial, que nada adianta, pois ao particular é indiferente que o agravamento da sua situação resulte directamente da decisão do recurso ou de um acto distinto mas praticado no mesmo momento, pelo mesmo autor e com base nos elementos colhidos na apreciação do próprio recurso...

195. É certo que em processo penal se consagra actualmente entre nós, embora com limitações, a proibição da

reformatio in pejus (¹). E o mesmo acontece, em termos idênticos, no processo disciplinar, como vimos.

Mas, longe de constituir argumento contra a sua admissibilidade genérica no campo do recurso hierárquico, o regime aí estabelecido confirma e robustece a nossa posição.

Efectivamente, a proibição da reformatio em processo penal apenas se aplica aos casos em que o recurso tenha sido interposto somente pelo réu, ou pelo Ministério Público em benefício exclusivo do réu. Pelo contrário, a *reformatio in pejus* é expressamente autorizada na hipótese de o Ministério Público recorrer no interesse do Estado e pedir o agravamento da pena.

De forma semelhante, no processo disciplinar a *reformatio in pejus* só é consentida se houver recurso do participante (²).

Isto significa que a reformatio só é proibida quando está apenas em causa o interesse do recorrente: entrando em jogo o interesse geral, a lei logo a permite.

Ora, no recurso hierárquico, o superior não pode abstrair da sua condição de órgão da Administração, incumbido do desempenho de certa função pública. E, diferentemente do que acontece no processo penal e no processo disciplinar, na generalidade dos processos graciosos e dos processos de recurso hierárquico a lei não confia a defesa da legalidade e do interesse geral ao Ministério Público nem ao «participante» (que em regra não existe),

---

(¹) V. o artigo 667.° do Código de Processo Penal, na redacção que lhe foi dada pela Lei n.° 2139, de 14 de Março de 1969 (artigo 1.°).

(²) Estatuto Disciplinar dos Funcionários, artigo 77.°, n.° 5.

mas ao próprio órgão *ad quem*, dotado para o efeito da iniciativa processual necessária.

Assim, a mesma razão que leva a admitir a *reformatio in pejus* em processo penal, nos recursos em que o Ministério Público intervenha em defesa da colectividade, bem como no processo disciplinar, nos recursos interpostos pelo participante, conduz também a admiti-la em termos genéricos no recurso hierárquico.

196. A proibição da *reformatio in pejus* no recurso hierárquico só poderia pois assentar na imodificabilidade dos actos do subalterno fundada em razões decorrentes da natureza dos próprios actos ou do tipo de competência do seu autor.

Simplesmente, e quanto ao primeiro aspecto, já noutro passo deste trabalho nos pronunciámos contra a concepção que pretende ver, nos actos sujeitos a recurso, genuínos actos constitutivos de direitos, porque a verdade é que se trata de meros actos provisórios, de que não podem emergir senão direitos em formação ou expectativas jurídicas.

Por outro lado, não vemos razões para limitar a *reformatio in pejus* aos casos de recurso hierárquico necessário ou independente, excluindo-a nos de recurso facultativo.

Pode, é certo, parecer à primeira vista que, estando em causa a impugnação de actos definitivos, contenciosamente recorríveis, o superior não poderia senão confirmar ou revogar o acto recorrido, justificando-se a impossibilidade da *reformatio in pejus* pela competência reservada do subalterno.

Semelhante concepção é, no entanto, errónea, no nosso modo de ver, pois, como já dissemos, se houver lugar a recurso hierárquico propriamente dito, há sempre por definição possibilidade de *reformatio*, porque o superior, ainda que no caso não possa decidir por si o agravamento, pode sempre ordená-lo.

Quanto à competência dos subalternos, por nós não negamos, claro está, que existem casos em que o critério do superior não pode prevalecer sobre o dos subalternos – é o que se passa nas hipóteses de competência exclusiva e de competência independente. Só que, em tais hipóteses, a lei exclui o recurso hierárquico. De modo que, ou não há recurso e o problema não se põe, ou há recurso e então o superior, por definição, pode reapreciar o mérito do acto recorrido, se o recurso não for apenas de legalidade, sobrepondo – através de uma decisão ou de uma ordem – o seu critério pessoal ao do subalterno, no tocante à adopção do melhor meio de prosseguir o interesse público.

197. Em nossa opinião, por conseguinte, o princípio da legalidade, por um lado, e o dever de boa administração, por outro, levam a considerar que o superior hierárquico deve ter a possibilidade – e a obrigação – de modificar ou ordenar a modificação para pior, quando for caso disso, dos actos perante ele impugnados em recurso hierárquico.

São razões de peso, que nos convencem inteiramente. Contra elas resta apenas o argumento da equidade, que enunciámos mais atrás: se o interessado não tivesse recorrido teria tido melhor sorte do que recorrendo. Será isto justo?

Sem dúvida que o particular, ao decidir interpor um recurso hierárquico, corre um risco. Mas isso não constitui objectivamente uma injustiça, porque ele sabe ao que vai: sabe, nomeadamente, que está a lançar mão de uma faca de dois gumes, que tanto o pode beneficiar como prejudicar.

E, além disso, importa ter presente que, se o superior hierárquico optar pela *reformatio in pejus* e esta for ilegal, ao interessado ainda fica sempre a possibilidade de defesa – mais consistente e menos aleatória – através de um recurso contencioso.

Se, diferentemente, a decisão do recurso hierárquico, incluindo a *reformatio* nela contida ou por ela ordenada, for conforme à lei, não terá utilidade o recurso contencioso. Mas até nesta hipótese há que ter consciência de uma coisa: é que, mesmo não recorrendo hierarquicamente, o particular estaria sempre sujeito – perante a ordem jurídica portuguesa – a que o superior hierárquico agravasse ou mandasse agravar a decisão tomada pelo subalterno. É o que resulta da consagração do poder de superintendência, em termos genéricos, no artigo 18.º da Lei Orgânica do Supremo Tribunal Administrativo.

Assim, pode fundadamente sustentar-se que não é pelo facto de interpor um recurso hierárquico que nasce para o interessado o risco de ver piorar a sua situação face a um dado acto administrativo: esse risco existe independentemente do recurso, dada a circunstância de o acto provir de um subalterno sujeito a superintendência hierárquica, exercitável *ex offício*.

O argumento da equidade, portanto, também não colhe ([1]).

([1]) O projecto de Código de Processo Administrativo Gracioso, embora não tome posição *expresssis verbis* a respeito da *reformatio in pejus,* mostra-se-lhe no entanto favorável na medida em que reconhece ao órgão *ad quem* o poder de modificar a decisão recorrida «sem sujeição, salvas as excepções previstas na lei, ao pedido do recorrente».

§ 4.º
Conclusão

198. Concluímos, assim, favoravelmente à admissibilidade genérica da *reformatio in pejus*. E com isso encontrámos o último elemento que faltava para tomar posição no problema da função do recurso hierárquico.

Assim, assentámos em que este é efectivamente, antes de mais, uma garantia dos particulares, a que corresponde um direito subjectivo público, conferido por lei para que aqueles possam defender, como pessoas, os seus interesses próprios e não apenas, como agentes da colectividade, o interesse geral.

Depois, vimos que o regime jurídico do recurso hierárquico está organizado em termos de fazer dele, uma vez posto em movimento, um instrumento de protecção simultânea dos interesses privados do recorrente e dos interesses públicos confiados à Administração.

Finalmente, e uma vez apurado o carácter misto da função do recurso hierárquico, determinámos o lugar ocupado a este respeito na nossa ordem jurídica pelo instituto da *reformatio in pejus,* o que nos permite concluir que a função do recurso hierárquico, sendo mista, é predominantemente objectiva, porque em caso de conflito entre a protecção dos interesses do recorrente e a dos interesses gerais da colectividade, o recurso é decidido dando preferência aos segundos sobre os primeiros.

Giannini, como nós defensor do carácter misto do recurso hierárquico sob o ponto de vista funcional, resume a sua opinião afirmando que «o recurso hierárquico é um instituto que (...) é estabelecido no interesse da Administração (...), mas somente nos limites em que o acto administrativo fere um interesse privado» [1].

Por nossa parte, porém, queremos crer que deriva de tudo o que até aqui dissemos ser a fórmula contrária a que melhor traduz a verdadeira natureza do recurso, sob o aspecto da função que desempenha: o recurso hierárquico é um instituto estabelecido no interesse dos particulares, mas dentro dos limites impostos pela necessidade da observância da lei e da prossecução do interesse público.

---

[1] Giannini, *La giustizia amministrativa*, p. 52.

BIBLIOGRAFIA

BIBLIOGRAFIA

Alessi (Renato), *Sistema istituzionale del Diritto Amministrativo italiano*, 3.ª ed., Milão, 1960.
Amaral (Diogo Freitas do), *A execução das sentenças dos tribunais administrativos*, Lisboa, 1967.
— *A função presidencial nas pessoas colectivas de direito público*, in «Estudos de direito público em honra do Prof. Marcello Caetano», Lisboa, 1973, p. 9.
— *Anotação aos Acórdãos do Conselho Ultramarino, de 11-5-67 e de 3-7-69 (caso Diário de Moçambique)*, in « O Dir.», 102, p. 143.
— *Normas sobre reorganização dos ministérios*, in « O Dir.», 105, p. 252.
Amorth (Antonio), *Ricorso gierarchico*, in «Nuovo Digesto Italiano», XI, 1939, p. 668.
Andrade (José Robin de), *A acção popular no direito administrativo português*, Coimbra, 1967.
— *A competência para a revogação de actor administrativos*, in «Estudos de direito público em honra do Prof. Marcello Caetano», Lisboa, 1973, p. 47.
— *Anotação ao Acórdão STA-1, de 2-6-77 (caso Cerâmica de S. Paulo, L.da)*, in «Rev. Ord. Adv.», 38, 1978, p. 317.
— *Anotação ao Acórdão STA-1, de 25-11-76 (caso de João Maria)*, in « Rev. Ord. Adv.», 40, 1980, p. 709.
— *A revogação dos actos administrativos*, Coimbra, 1969.
Auby (Jean-Marie) e Drago (Roland), *Traité de contentieux administratif*, 3 vols., Paris, 1962.
Aury (Jean-Marie) e Fromont (Michel), *Les recours contre les actes administratifs dans les pays de la CEE*, Paris, 1 971.
Bachelet (Vittorio), *I ricorsi amminirtrativi nel sistema della giustizia amministrativa*, in «Rivista Trimmestrale di Diritto Pubblico», 1966, p. 245.
Benvenuti (Feliciano), *Autotutela (diritto amministrativo)*, in «Enciclopedia del Diritto», IV, p. 537.
— *Note sul ricorso gerarchico improprio*, in «Scritti giuridici in memoria di Piero Calamandrei», IV, 1958, p. 45.
Bosco (Manfredi), *Natura e fondamento del ricorso straordinario al Presidente della Repubblica*, Milão, 1959.
Braibant, Questiaux e Wiener, *Le contrôle de l'Administration et la protection des citoyens*, Paris, 1973.

Caetano (Marcello), Anotação ao Acórdão STA-1, de 29-4-38 (*caso Domingos Sousa Carvalho*), in « O Dir.», 71, p. 24.
— *Anotação aos Acórdãos STA-1, de 18-5-51 (caso Sociedade Resineira da Anadia), STA-1, de 18-5-51 (caso junta Nacional dos Resinosos) e STA-P, de 28-2-52 (caso Manuel Raimundo)*, in « O Dir.», 84, p. 187.
— *Anotação aos Acórdãos STA-1, de 14-3-52, e STA-P, de 30-4-53 (caso Sopac)*, in «O Dir.», 86, p. 322.
— *Do poder disciplinar no direito administrativo português*, Lisboa, 1932.
— *Manual de Direito Administrativo*, 1.ª ed., 1937; 2.ª ed., 1947; 3.ª ed., 1951; 4.ª ed., 1957; 5.ª ed., 1960; 6.ª ed., 1963; 7.ª ed, 1965; 8.ª ed., 1.º vol., 1968; 2.º vol., 1972; 10.ª ed., 1.º vol, 1973, e reimpressão, 1980.
— *Tratado elementar de Direito Administrativo*, vol. I, Coimbra, 1944.
— *Um curso sobre processo administrativo*, in «O Dir.», 86, p. 74 e 154.

Calamandrei (Piero), *Vizi della sentenza e mezzi di gravame*, in «Studi sul processo civile», I, Pádua, 1930, p. 167.

Canotilho (J. J. Gomes) e Moreira (Vital), *Constituição da República Portuguesa anotada*, Coimbra, 1978.

Castro (Aníbal de), *Impugnação das decisões judiciais*, Lisboa, 1981.

Collaço (J. M. Magalhães), *Contencioso administrativo*, Coimbra, 1921.

Correia (Fernando Alves), *Do Ombudsman ao Provedor de justiça*, Coimbra, 1979.

Cunha (Paulo A. V.), *Não-conhecimento e não-provimento em matéria de recursos*, in « O Dir.», 71, p. 130.

D'Albergo (Salvatore), *Direttiva*, in «Enciclopedia del Diritto», XII, p. 603.

De Gennaro (Giovanni), *Il ricorso gerarchico nell'amministrazione democratica*, in «Scritti di Diritto Pubblico», I, Milão, 1954, p. 167.

De Roberto (A.), *Denuncia amministrativa*, in «Enciclopedia del Diritto», XXII, p. 149.

Duguit (Léon), *Traité de Droit Constitutionnel*, 2.ª ed., 1923.

Entrena Cuesta (Rafael), *Curso de Derecho Administrativo*, vol. I, Madrid, 1965.

Fernandes (José Pedro), *Comissão*, in «Dicionário Jurídico da Administração Pública», II, p. 509.

Fiorini (Bartolome A.), *Procedimiento administrativo y recurso jerarquico*, 2.ª ed., Buenos Aires, I971.

Forsthoff (Ernst), *Tratado de Derecho Administrativo*, ed. espanhola, Madrid, 1958.

Fromont (Michel). V. Auby e Fromont.

Garrido Falla (Fernando), *Tratado de Derecho Administrativo*, 3 vols., Madrid, 1961-63.

Giannini (Massimo Severo), *Corso di Diritto Amministrativo*, 3 vols., Milão, 1969.
— *Diritto Amministrativo*, 2 vols., Milão, 1970.
— *La giustizia amministrativa*, Roma, 1963.

Girola (Carlo), *Ricorso amministrativo*, in «Nuovo Digesto Italiano», XI, 1939, p. 652.

Gomes (José Osvaldo), *Anotação ao Acórdão STA-1, de 25-11-76 (caso de João Maria)*, in «Rev. Ord. Adv.», 40, 1980, p. 161.

González Perez (Jesus), *Los recursos administrativos*, 2.ª ed., Madrid, 1969.
Gordillo (Agustin A.), *Procedimiento y recursos administrativos*, 2.ª ed., Buenos Aires, 1971.
Guasp (Jaime), *Derecho Procesal Civil*, 2 vols., 3.ª ed., 1968.
Guicciardi (Enrico), *I motivi di ricorso nei rapporti fra ricorso gerarchico e ricorso contenzioso*, in «Rivista di Diritto Processuale Civile», XII (I), 1935, p. 122.
 – *La giustizia amministrativa*, Pádua, 3.ª ed., 1957.
Isaac (Guy), *La procédure administrative non contentieuse*, Paris, 1968.
Jaricci (Pietrangelo), *Il ricorso gerarchico improprio*, Milão, 1970.
Jorge (Fernando Pessoa), *Direito Processual Civil (Recursos)*, lições policopiadas, Lisboa, 1974.
Kraus (Erwin). V. Turegg-Kraus.
Landi (Guido) e Potenza (Giuseppe), *Manuale di Diritto Amministrativo*, 2.ª ed., Milão, 1963.
Laubadére (André de), *Traité élémentaire de Droit Administratif*, 2.ª ed., Paris, 4 vols., 1970-71.
Lessona (Silvio), *Atto confermativo ed atto meramente confermativo*, in «Scritti Minori», I, 1958, p. 671.
 – *Il provvedimento impugnabile in sede giurisdizionale dopo la decisione del ricorso gerarchico*, in «Scritti Minori», II, 1958, p. 887.
Liet-Veaux (G.), *Recours hiérarchique ou gracieux et recours contentieux*, in «La Revue Administrative», 1956, p. 271.
Lima (A. P. Pires de), *A tutela administrativa nas autarquias locais*, 2.ª ed., Coimbra, 1968.
Lopes (A. J. da Silva), *Do recurso hierárquico no direito administrativo portugués*, in «Boletim da Administração Autárquica do Distrito de Aveiro», n.ºs 1, 3 e 4, Aveiro, 1964.
Marnoco e Sousa (José F.), *Comentário á Constituição Política da República Portuguesa (1911)*, Coimbra, 1913.
Marongiu (Giovanni), *Gerarchia amministrativa*, in «Enciclopedia del Diritto», XVIII, p. 616.
Mendes (João de Castro), Aplicação das leis no tempo em decisão de recursos, Coimbra, 1964.
 – *Direito Processual Civil (Recursos)*, lições policopiadas, Lisboa, 1972.
Moreira (Vital). V. Canotilho.
Nigido (Alfonso), *I poteri del giudice di appello in relacione alla sentenza di prima istanza*, Pádua, 1938.
Nigro (Mario), *Decisione amministrativa*, in «Enciclopedia del Diritto», XI, p. 810.
 – *Giustizia amministrativa*, Bolonha, 1976.
 – *L'appello nel processo amministrativo*, I, Milão, 1960.
 – *Le decisioni amministrative*, 2.ª ed., Nápoles, 1953.

Paleologo (Giovanni), *La riforma dei ricorsi amministrativi,* Milão, 1975.
Pereira (André Gonçalves), *Erro e ilegalidade no acto administrativo,* Lisboa, 1962.
— *Da delegação de poderes em direito administrativo,* Lisboa, 1960.
Potenza (Giuseppe). V. Landi e Potenza.
Pototschnig (Umberto), *Appello (diritto amministrativo),* in «Enciclopedia del Diritto», II, p. 781.
Puchetti (Antonio), *Il ricorso gerarchico,* Pádua, 1938.
Puget (Henry), *Les recours quasi-contentieux en droit comparé,* in «Revue Internationale de Droit Comparé», 1953, p. 255.
Queiró (Afonso R.), *Competência,* in «Dicionário jurídico da Administração Pública», II, p. 524.
Questiaux. V. Braibant, Questiaux e Vuiener.
Ragnisco (Leonida), *La revocabilità dei decreti emessi su ricorso gerarchico,* in «Rivista di Diritto Pubblico», 1911, II, p. 382.
— *Poteri dell'autorità superiore e ricorso in via gerarchica,* in « Rivista di Diritto Pubblico», 1942, I, p. 172.
Ranelletti (Oreste), *Le guarentigie della giustizia nella pubblica amministrazione,* 5.ª ed., Milão, 1937.
Reis (José Alberto dos), *Código de Processo Civil anotado,* vol. V, Coimbra, 1952.
Rivero (Jean), *Droit Administratif,* 7.ª ed., Paris, 1975.
Royo-Villanova (A. y S.), *Elementos de Derecho Administrativo,* 24.ª ed., Valladolid, 1955.
Sandulli (Aldo M.), *Manuale di Diritto Amministrativo,* 2 vols., 11.ª ed., Nápoles, 1973.
— *Ricorso amministrativo,* in «Novissimo Digesto Italiano», XV, p. 975.
— *Ricorso gerarchico,* in « Novissimo Digesto Italiano», XV, p. 993.
Satta (Salvatore), *Diritto Processuale Civile,* 6.ª ed., 1959.
Soares (Rogério E.), *Interesse público, legalidade e mérito,* Coimbra, 1955.
Tentolini (Ottorino), *Denuncia amministrativa,* in «Novissimo Digesto Italiano», V. p. 455.
Tranchina (Giovanni), *Impugnazione (diritto processuale penale),* in «Enciclopedia del Diritto», XX, p. 699.
Turegg (Kurt Egon von) e Kraus (Erwin), *Lehrbuch des Verwaltungsrechts,* 4.ª ed., Berlim, 1962.
Valente (Luiz C. da Cunha), *A hierarquia administrativa,* Coimbra, 1939.
Virga (Pietro), *I ricorsi amministrativi,* Milão, 1972.
— *Il provvedimento amministrativo,* 4.ª ed., Milão, 1972.
— *La tutela giurisdizionale nei confronti della pubblica amministrazione,* Milão, 1971.
Vital (Domingos Fezas), *Recurso hierárquico e recurso contencioso,* in «Revista de Legislação e jurisprudência», 64, p. 321, 337, 353, 369 e 385.
Waline (Marcel), *Droit Administratif,* 9.ª ed., Paris, 1963.

Wiener. V. Braibant, Questiaux e Wiener.
Wolff (Hans), *Vernaltungsrecht*, 3 vols., Munique, 1970-73.
Xavier (Alberto P.), *Conceito e natureza do acto tributário*, Lisboa, 1972.
— Manual de Direito Fiscal, I, Lisboa, 1974.
— O processo administrativo gracioso, Lisboa, 1967.
Zanobini (Guido), *Corso di Diritto Amministrativo*, 6 vols., 8.ª ed., Milão, 1958.
—, *Ricorso amministrativo e annullamento di ufficio*, in «Scritti vari di Diritto Pubblico», 1955, p. 477.

PROJECTO DE REVISÃO DO CÓDIGO DO PROCEDIMENTO ADMINISTRATIVO

O presente projecto surge na sequência de um pedido dirigido pelo Ministério da Justiça no sentido da apresentação de propostas concretas de alteração ao Código do Procedimento Administrativo que permitam a sua adaptação às consequências resultantes da reforma do contencioso administrativo que irá entrar em vigor em 1 de Janeiro de 2004. As propostas formuladas não têm todas a mesma importância e projectam-se em planos diferenciados, nos termos que se passam a explicar.

1 – As alterações aos artigos 14.º, 42.º, 112.º e 151.º dizem respeito a aspectos terminológicos, resultantes das opções feitas pelo Código de Processo nos Tribunais Administrativos. Nuns casos, consistem na substituição da expressão "recurso contencioso" por "impugnação". Nos casos do artigo 151.º, consistem na própria substituição da expressão "impugnação" por outra mais abrangente, que possa corresponder às situações em que haja lugar à propositura de uma acção administrativa comum contra operações materiais de execução *sine titulo*.

2 – As alterações, por um lado, ao artigo 109.º e, por outro lado, a diversos preceitos dos artigos 158.º e seguintes prendem-se com a conveniência, em face da reforma do contencioso administrativo, de dar um novo tratamento às situações de omissão ilegal de actos administrativos, em incumprimento do dever de decidir, designadamente quando essas situações ocorrem no domínio das impugnações administrativas.

Neste sentido, elimina-se, nos artigos 109.º e 175.º, n.º 3, a figura do indeferimento tácito.

Por outro lado, nos artigos 158.º e seguintes, passa a ser dado tratamento autónomo, no âmbito das impugnações administrativas, às situações em que não haja reclamação nem recurso contra actos administrativos, mas se trate de reagir contra a omissão ilegal de actos administrativos. Esta mudança é impulsionada pelo facto de, no contencioso, se tornar clara a distinção entre as situações de prática e de omissão de actos administrativos e haver necessidade de articular as impugnações administrativas com os meios contenciosos.

As alterações aos artigos 162.°, n.° 2, 168.°, n.° 4, 172.° e 174.° dão, entretanto, resposta a pontos que, até aqui, eram omissos. Referimo-nos à questão de saber qual o prazo para a impugnação administrativa em casos de omissão e à previsão da possibilidade, quer da autoridade recorrida, quer da autoridade para a qual se recorre, de suprir a omissão de acto administrativo no âmbito do recurso hierárquico.

3 – A alteração ao artigo 132.° visa conciliá-lo com o disposto no artigo 59.° do Código de Processo nos Tribunais Administrativos.

4 – A alteração ao artigo 133.°, n.° 2, alínea i), visa conciliá-lo e com o disposto no artigo 173.°, n.° 3, do Código de Processo, na medida em que passa a ser este o preceito que salvaguarda os interesses dos beneficiários dos actos consequentes.

5 – As alterações aos artigos 137.°, 141.° e 147.° orientam-se no propósito, que o Código de Processo nos Tribunais Administrativos assume sobretudo nos artigos 63.°, 64.° e 65.°, de assegurar que os processos do contencioso administrativo são realidades que as partes vão conformando ao longo do tempo, por forma a permitir que se consiga a mais rápida e efectiva resolução dos litígios. No plano da Administração, isto exige que ela possa voltar atrás e corrigir o que tiver feito de errado já na própria pendência do processo, tal como sucede na maioria dos países: seja revogando o acto, por reconhecer que o autor tem razão; seja renovando-o ou substituindo-o, por forma a evitar consequências nefastas, para o interesse público e para os eventuais interesses de terceiros, que poderiam resultar de uma sentença adversa. As alterações propostas procuram acautelar, em qualquer caso, os interesses do autor no processo, que continua a ter direito a uma decisão judicial se a Administração tiver agido de má fé e que não perde o direito à eliminação, para o passado, dos efeitos negativos que tenha sofrido, mesmo quando a Administração dê nova cobertura à situação para o futuro.

6 – As propostas de alteração ao artigo 159.°, associadas ao texto proposto para o artigo 2.° do diploma de alteração, parecem ser, neste momento, a solução mais equilibrada para o problema das impugnações administrativas necessárias. Em princípio, as impugnações administrativas não são necessárias; só o serão quando haja lei expressa que o determine, devendo o legislador ponderar bem a opção de as instituir e os prazos a que as submete. Ao nível do Estado, propõe-se, entretanto, libertar, desde já, os Ministros da apreciação da generalidade dos recursos hierárquicos necessários que até aqui lhes eram apresentados, submetendo os actos administrativos dos órgãos subordinados das Direcções-Gerais a recurso hierárquico necessário para o respectivo Director-Geral, de modo a tornar possível a este,

como responsável máximo do departamento, o conhecimento e o controlo administrativo dos múltiplos actos praticados por numerosos órgãos subalternos em cada direcção-geral. Isto, sem prejuízo da necessidade, preconizada no artigo 2.º, n.º 2, do diploma de alteração, de se ponderar a substituição da via do recurso hierárquico por meios alternativos mais eficazes de resolução dos conflitos. O artigo 167.º, n.º 1, fica prejudicado pelo disposto no novo artigo 159.º, n.º 2.

7 – O artigo 164.º, n.º 2, fica prejudicado pelo disposto no artigo 59.º, n.º 4, do Código de Processo nos Tribunais Administrativos.

8 – Finalmente, a introdução de um novo n.º 3 no artigo 68.º e de um novo n.º 4 no artigo 84.º correspondem a aperfeiçoamentos que se afiguram úteis, no sentido do reforço das garantias dos cidadãos, embora não sejam uma decorrência da reforma do contencioso administrativo.

PROPOSTA DE DECRETO-LEI

ARTIGO 1.º

(Alterações ao Código do Procedimento Administrativo)

Os artigos 14.º, 42.º, 68.º, 84.º, 109.º, 112.º, 132.º, 133.º, 137.º, 141.º, 147.º, 151.º, 158.º, 159.º, 160.º, 161.º, 162.º, 163.º, 164.º, 166.º, 167.º, 168.º, 169.º, 172.º, 174.º e 175.º do Código do Procedimento Administrativo, aprovado pelo Decreto-Lei n.º 442/91, de 15 de Novembro, e alterado pelo Decreto-Lei n.º 6/96, de 31 de Janeiro, passam a ter a seguinte redacção:

ARTIGO 14.º

[...]

1 – ......
2 – ......
3 – ......

4 – O Presidente, ou quem o substituir, pode **impugnar contenciosamente as** deliberações tomadas pelo órgão colegial a que preside que considere ilegais **e requerer a adopção das providências cautelares adequadas.**

ARTIGO 42.º

[...]

1 – ......
2 – Os conflitos de atribuições são resolvidos:
   a) Pelos tribunais administrativos, mediante **acção de impugnação**, quando envolvam órgãos de pessoas colectivas diferentes;
   b) ......
3 – ......

ARTIGO 68.º

[...]

1 – Da notificação devem constar:
   a) ......
   b) ......
   c) O órgão competente para apreciar a impugnação do acto e o prazo para este efeito, no caso de o acto **estar sujeito a impugnação administrativa necessária**.
2 – ......
3 – **Se for judicialmente reconhecida a existência de erro na indicação do meio de tutela a utilizar contra o acto notificado, esse meio ainda pode ser utilizado no prazo de 30 dias a contar do trânsito em julgado da decisão judicial.**

ARTIGO 84.º

[...]

1 – ......
2 – ......
3 – ......
4 – **Os actos administrativos que ordenem medidas provisórias sãoimediatamenteimpugnáveis pela via contenciosa, sem que haja lugar a impugnação administrativa necessária.**

ARTIGO 109.º

(Incumprimento do dever de decisão)

1 – Sem prejuízo do disposto no artigo anterior e **no artigo 9.º, n.º 2**, a falta, no prazo fixado para a sua emissão, de decisão final sobre pretensão dirigida a

órgão administrativo competente **constitui incumprimento do dever de decidir, conferindo** ao interessado **a possibilidade de lançar mão dos meios de tutela adequados.**

2 – O prazo a que se refere o número anterior é, salvo o disposto em lei especial e **sem prejuízo da possibilidade prevista no artigo 58.º,** de 90 dias.

3 – ......

ARTIGO 112.º

[...]

1 – ......

2 – A declaração da extinção a que se refere o número anterior é sempre fundamentada, **podendo ser impugnada** nos termos gerais.

ARTIGO 132.º

[...]

1 – **Na medida em** que constituam deveres ou encargos para os particulares, **os actos administrativos só** começam a produzir efeitos a partir da sua notificação aos destinatários, de outra forma de conhecimento oficial pelos mesmos ou do começo de execução do acto.

2 – ......

3 – ......

ARTIGO 133.º

[...]

1 – ......

2 – São, designadamente, nulos:
    a) ......
    b) ......
    c) ......
    d) ......
    e) ......
    f) ......
    g) ......
    h) ......
    i) Os actos consequentes de actos administrativos anulados ou revogados.

ARTIGO 137.º

[...]

1 – ......
2 – ......
3 – ......
4 – ......
5 – Se a ratificação, reforma ou conversão for, no entanto, decretada na pendência de processo judicial, o autor que nisso tenha interesse pode obter a anulação do acto que envolva a imposição de deveres, a aplicação de sanções ou a restrição de direitos ou interesses legalmente protegidos, relativamente aos efeitos lesivos que o acto tenha produzido durante o período de tempo que precedeu a ratificação, reforma ou conversão.

ARTIGO 141.º

[...]

1 – Sem prejuízo da previsão, em norma especial de fonte nacional ou comunitária, de prazo mais longo para o respectivo controlo, administrativo ou judicial, de legalidade, os actos administrativos só podem ser revogados com fundamento na sua invalidade dentro do mais longo dos prazos previstos na lei para o recurso à via contenciosa ou até à apresentação das alegações finais em processo judicial que tenha sido entretanto intentado.

2 – Se o acto revogado na pendência do processo judicial, nos termos da parte final do número anterior, vier a ser substituído por outro que reincida nas mesmas ilegalidades, o autor pode requerer, dentro do prazo de impugnação contenciosa, que o anterior processo judicial seja reaberto contra o novo acto, com a faculdade do oferecimento de novos meios de prova.

ARTIGO 147.º

[...]

1 – [Anterior corpo do artigo]

2 – A renovação sem vícios de um acto administrativo anulável, ainda que na pendência de processo judicial, sana os efeitos por ele produzidos, assim como os dos respectivos actos consequentes, mas se o acto tiver imposto deveres, aplicado sanções ou restringido direitos ou interesses legalmente protegidos, o autor que nisso tenha interesse pode obter a anulação dos efeitos lesivos que o acto tenha produzido durante o período de tempo que precedeu a renovação.

ARTIGO 151.º

[...]

1 – ....
2 – ....
3 – Os interessados podem **reagir** administrativa e contenciosamente **contra** os actos e operações de execução que excedam os limites do acto exequendo.

4 – São também susceptíveis de **reacção** contenciosa os actos e operações de execução arguidos de ilegalidade, desde que esta não seja consequência da ilegalidade do acto exequendo.

ARTIGO 158.º

[...]

1 – ....
2 – ....
3 – **Os meios previstos no número anterior também podem ser utilizados para reagir contra a omissão ilegal de actos administrativos, em incumprimento do dever de decidir.**

ARTIGO 159.º

(Natureza e fundamento
das impugnações administrativas)

1 – Salvo disposição em contrário, as reclamações e os recursos administrativos **têm carácter facultativo e** podem ter por fundamento a ilegalidade ou a inconveniência **da prática ou omissão de qualquer acto administrativo.**

2 – **As reclamações e os recursos administrativos só são necessários quando lei expressa faça depender da sua utilização a possibilidade de recorrer à via contenciosa.**

3 – **Salvo quando outra solução resulte das normas aplicáveis, a reacção contenciosa contra actos administrativos praticados por órgãos subordinados das Direcções-Gerais dos Ministérios, no exercício de competências não exclusivas, depende da interposição de recurso hierárquico para o respectivo Director-Geral.**

ARTIGO 160.º

[...]

1 – Têm legitimidade para reclamar ou recorrer os titulares de direitos subjectivos ou interesses legalmente protegidos que se considerem lesados **pela prática ou omissão de qualquer** acto administrativo.
2 – ......

ARTIGO 161.º

[...]

1 – Pode reclamar-se **da prática ou omissão** de qualquer acto administrativo, salvo disposição legal em contrário.
2 – ......

ARTIGO 162.º

[...]

1 – A reclamação **de actos administrativos** deve ser apresentada no prazo de 15 dias a contar:
   a) ......
   b) ......
   c) ......

2 – **Nas situações de omissão ilegal de acto administrativo, a reclamação pode ser apresentada no prazo de um ano, contado desde a data do incumprimento do dever de decidir.**

ARTIGO 163.º

[...]

1 – A reclamação de acto **sujeito a impugnação administrativa necessária** tem efeito suspensivo, salvo nos casos em que a lei disponha em contrário ou quando o autor do acto considere que a sua não execução imediata causa grave prejuízo ao interesse público.

2 – A reclamação de acto **não sujeito a impugnação administrativa necessária** não tem efeito suspensivo, salvo nos casos em que a lei disponha em contrário ou quando o autor do acto, oficiosamente ou a pedido dos interessados, considere que a execução imediata do acto causa prejuízos irreparáveis ou de difícil reparação ao seu destinatário.

3 – ......
4 – ......
5 – ......

ARTIGO 164.º

(Suspensão do prazo de interposição do recurso administrativo)

[Anterior n.º 1]

ARTIGO 166.º

[...]

1 – [Anterior corpo do artigo]
2 – **O recurso hierárquico também pode ser utilizado para reagir contra situações de omissão ilegal de actos administrativos, em incumprimento do dever de decidir.**

ARTIGO 167.º

(Âmbito)

[Anterior n.º 2]

ARTIGO 168.º

[...]

1 – ......
2 – O recurso hierárquico facultativo deve ser interposto dentro do prazo estabelecido para a **reacção contenciosa contra** o acto em causa.

3 – **Os prazos previstos nos números anteriores contam-se desde a ocorrência dos factos indicados no n.º 1 do artigo 162.º.**
4 – **Nas situações de omissão ilegal de acto administrativo, o recurso hierárquico pode ser interposto no prazo de um ano, contado desde a data do incumprimento do dever de decidir.**

ARTIGO 169.º

[...]

1 – ......
2 – **Sem prejuízo do disposto no artigo 159.º, n.º 3, o** recurso é dirigido

ao mais elevado superior hierárquico do autor do acto, salvo se a competência para a decisão se encontrar delegada ou subdelegada.

3 – ....

ARTIGO 172.º

[...]

1 – ......

2 – ......

3 – **O órgão responsável pelo incumprimento do dever de decidir também pode praticar o acto ilegalmente omitido na pendência do recurso hierárquico, disso dando conhecimento ao recorrente e ao órgão competente para conhecer do recurso.**

4 – **Na hipótese prevista no número anterior, o recorrente pode requerer que o recurso prossiga contra o acto praticado, com a faculdade de alegação de novos fundamentos e da junção dos documentos que considere pertinentes.**

5 – **O requerimento a que se refere o número anterior deve ser apresentado dentro do prazo previsto para a interposição de recurso hierárquico contra o acto praticado.**

ARTIGO 174.º

[...]

1 – ......

2 – ......

3 – **No caso de ter havido incumprimento do dever de decidir, o órgão competente para decidir o recurso ordena a prática do acto ilegalmente omitido, podendo substituir-se ao órgão omisso na prática desse acto se a competência não for exclusiva.**

ARTIGO 175.º

[...]

1 – ......

2 – ......

3 – **Quando o recurso hierárquico for necessário, o decurso dos** prazos referidos nos números anteriores sem que haja sido tomada uma decisão **confere ao interessado a possibilidade de utilizar o meio adequado à actuação contenciosa da sua pretensão contra a pessoa colectiva ou o Ministério em causa.**

ARTIGO 2.º

(Impugnações administrativas necessárias previstas em lei especial)

1 – O prazo mínimo para a utilização de impugnações administrativas necessárias é de dez dias, passando a ser esse o prazo a observar quando haja norma especial que preveja prazo inferior.

2 – Os serviços do Estado e das demais pessoas colectivas públicas procederão, no prazo de um ano a contar da data da publicação do presente diploma, à revisão de todos os casos em que existe previsão de impugnações administrativas necessárias em diplomas avulsos, para o efeito de ponderar a respectiva eliminação ou substituição por mecanismos mais eficazes de resolução de litígios em sede administrativa.

ÍNDICE

ÍNDICE

Pág.

Prefácio da 2.ª edição 7
Plano da obra 13
Abreviaturas 15

INTRODUÇÃO

§ 1.º Objecto e método do presente trabalho 19
§ 2..º Razão de ordem 27

PARTE I – CONCEITO DE RECURSO HIERÁRQUICO

CAPÍTULO I – Noção de Recurso Hierárquico

§ 1.º Definição adoptada 33
§ 2.º O recurso hierárquico como recurso administrativo 35
    I – Noção de recurso 35
        A) Principais opiniões 35
        B) A nossa opinião 42
    II – O recurso hierárquico como recurso administrativo 46
§ 3.º Recurso hierárquico e hierarquia 49
    I – Preliminares 49
    II – Noção de hierarquia 50
        A) Principais opiniões 50
        B) A nossa opinião 51
    III – Hierarquia e recurso hierárquico 59
        A) A hierarquia como condição do recurso hierárquico ... 59
            1) Hierarquia interna e externa 59
            2) Concentração e desconcentração 63
        B) A hierarquia como critério do recurso hierárquico ... 65
            1) A competência do subalterno 66
            2) *A* competência do superior 72

　　　　　　C) A hierarquia como fundamento do recurso hierárquico 79
　　　　　　　　1) Opinião tradicional 79
　　　　　　　　2) Discussão 80
　　　　　　D) A hierarquia como limite do recurso hierárquico 91

CAPITULO II – Distinção de Figuras Afins

§ 1.º Garantias de tipo não impugnatório 95
　　　I – A petição e a representação 95
　　　　　A) Generalidades 95
　　　　　B) A petição 98
　　　　　C) A representação 103
　　　II – A queixa e a denúncia 104
　　　III – A oposição administrativa 109
§ 2.º A reclamação 115
　　　I – Conceito 115
　　　II – Direito comparado 116
　　　III – Direito português 119
　　　　　A) Até 1977 119
　　　　　B) Depois de 1977 121
　　　IV – Reclamação e recurso hierárquico 122
§ 3.º Os recursos hierárquicos impróprios 127
　　　I – Noção 127
　　　II – Exemplos 130
　　　III – Recursos hierárquicos impróprios e recurso hierárquico 144
§ 4.º O recurso tutelar 147
　　　I – Noção 147
　　　II – Exemplos 151
　　　III – Delimitação 155
　　　　　A) O problema da hierarquia sobre os órgãos colegiais das pessoas colectivas públicas 156
　　　　　B) O problema da hierarquia sobre os presidentes das pessoas colectivas públicas 162
　　　IV – Recurso tutelar e recurso hierárquico 167

CAPÍTULO III – Classificação dos Recursos Hierárquicos

§ 1.º Preliminares 171
§ 2.º Classificação dos recursos quanto às suas relações com o recurso contencioso 177
　　　I – Preliminares 177

II – A classificação dos recursos hierárquicos em necessários e facultativos, na doutrina portuguesa 178
III – Crítica; tipos de relações entre o recurso hierárquico e o recurso contencioso, em direito comparado 181
    A) Preliminares 181
    B) Direito francês 182
    C) Direito italiano 186
    D) Direito alemão 192
    E) Direito português 194
IV – Conclusões: reformulação da classificação tradicional 196
§ 3.º Classificação dos recursos quanto aos seus fundamentos 207
I – Os termos da distinção 207
II – Recursos de legalidade 208
III – Recursos de mérito 210
IV – A regra do carácter misto do recurso hierárquico 219
    A) Formulação da regra 219
    B) Excepções 220

PARTE II – NATUREZA JURÍDICA DO RECURSO HIERÁRQUICO

CAPITULO I – Análise Estrutural

§ 1.º Generalidades 235
§ 2.º Tipologia estrutural dos recursos 239
I – Reexame e revisão 239
II – Distinção dos dois tipos de recursos 243
    A) Quanto ao objecto do recurso 243
    B) Quanto aos poderes de cognição do superior 245
    C) Quanto aos poderes de decisão do superior 248
    D) Quanto à natureza da decisão de negação de provimento 251
    E) Conclusão 259
III – Principais modalidades de cada tipo 261
§ 3.º O problema no direito português 267
I – Apreciação das principais opiniões 267
    A) Exposição 267
    B) Apreciação crítica 269
II – Critérios de solução 272
    A) A regra da competência própria dos subalternos 272
    B) O efeito devolutivo 274
        1) Em que consiste 274
        2) Quando se verifica 281

　　　　III – Soluções 284
　　　　　　A) Competência simultânea 285
　　　　　　B) Competência separada 288
　　　　　　C) Competência reservada 290
　　　　　　D) Competência delegada 293
　　　　　　E) Síntese 297
　　　　IV – Confronto das soluções anteriores com as dos recursos hierárquicos impróprios e .do recurso tutelar 298
　　　　　　A) Recursos hierárquicos impróprios 298
　　　　　　B) Recursos tutelares 301
　§ 4.º Conclusões 305

CAPITULO II – Análise Funcional

　§ 1.º Colocação do problema 313
　§ 2.º Discussão do problema 323
　　　　I – Preliminares 323
　　　　II – Aspectos subjectivos na função do recurso 326
　　　　III – Aspectos objectivos na função do recurso 328
　　　　IV – Carácter misto da função do recurso hierárquico 332
　§ 3.º Solução do problema: a questão da «reformatio in pejus» 335
　　　　I – A «reformatio in pejus»: noção e espécies 335
　　　　II – A «reformatio in pejus» no direito comparado 338
　　　　III – Concepção adoptada 339
　§ 4.º Conclusão 351

Bibliografia 353
Projecto de Revisão do Código do Procedimento Administrativo (2003) 361
Índice 373